韓流憑什麼!

全方位解析撼動世界的韓劇、電影、K-POP、條漫與時尚

金炫敬（Rosalie Kim）◎主編

Youna Kim、陳達鏞、達西・帕奎特（Darcy Paquet）、宋鍾喜、金韶慧、
克莉絲朵・安德森（Crystal S. Anderson）、瑪麗安・艾巴（Mariam Elba）、
李松、Lia Kim、成達森、李善貞、Joanna Elfving-Hwang、
崔維真、池恩、李尹兒、呂寅海
◎合著

韓流憑什麼！
全方位解析撼動世界的
韓劇、電影、K-POP、條漫與時尚

作者：金炫敬（Rosalie Kim）
譯者：黃瑜安

副總編輯：賴譽夫
資深主編暨責任編輯：賴虹伶
美術設計：汪熙陵
行銷總監：陳雅雯
行銷企劃：張詠晶、趙鴻祐
出　　版：遠足文化事業股份有限公司（讀書共和國出版集團）
發　　行：遠足文化事業股份有限公司
地　　址：231新北市新店區民權路108之2號9樓
郵撥帳號：19504465 遠足文化事業股份有限公司
電話：(02) 2218-1417
信箱：service@bookrep.com.tw
法律顧問 / 華洋法律事務所 蘇文生律師
印　　製 / 呈靖有限公司
出版日期 / 2025年8月 初版一刷
定價 / 720元
ISBN 978-986-508-369-4（紙本）
書號 0WSE0016

國家圖書館出版品預行編目(CIP)資料

韓流憑什麼!: 全方位解析撼動世界的
韓劇、電影、K-POP、條漫與時尚
金炫敬(Rosalie Kim)編著; 黃瑜安譯. -- 初版. -- 新
北市: 遠足文化事業股份有限公司, 2025.07
248面; 19x26公分
譯自: Hallyu! : the Korean wave
ISBN 978-986-508-369-4(平裝)

1.CST: 流行文化 2.CST: 韓國

732.3　　　　　　　　　　　114007057

Copyright ©Rosalie Kim , 2022.
The moral rights of the authors have been asserted.
This edition arranged with The Victoria and Albert Museum, London through
Andrew Nurnberg Associates International Limited.
All rights reserved.
著作權所有・侵害必究 All rights reserved
特別聲明：有關本書中的言論內容，不代表本公司/出版集團之立場與意見，文責由作者自行承擔。

編輯及拼音說明

在本書中,我們使用「韓國」來指稱大韓民國(Republic of Korea),只有在為了避免混淆的情況下,才會使用「南韓」的名稱。「北韓」則用來指稱朝鮮民主主義人民共和國(Democratic People's Republic of Korea)。

本書的羅馬拼音系統遵循韓國國立國語院(National Institute of Korean Language)制定的「2000年修訂版羅馬拼音規則」(Revised Romanization 2000),最新版本詳見官網https://www.korean.go.kr/front_eng/roman/roman_01.do)。

我們大致上遵循2022年5月起適用的個人姓名羅馬拼音規則,但在下列情況仍有例外:

· 當事人有特定偏好的羅馬拼音。
· 姓氏具有普遍使用的傳統羅馬拼音方式,例如「金」用「Kim」而非「Gim」、「朴」用「Park」而非「Bak」等。
· 當事人姓名的羅馬拼音是其專業身分的重要一環,例如他們有特定羅馬拼音的同名藝名、使用特定羅馬拼音的姓名展出作品,或採用特定羅馬拼音的姓名作為品牌名稱等。
· 在使用羅馬字母的語言所撰寫的文本中,作者姓名以特定的羅馬拼音方式呈現,例如在英語新聞、法語學術出版品等刊登的署名等。
· 在臺灣知名且已有常用中文譯名之人物、地名或機構名稱,不另附羅馬拼音,以保持閱讀流暢。

另外,本書提及南韓總統時,括弧中的年份為任職時間。

封面圖片說明

手指愛心的手勢用來表達愛與感謝,在韓國流行音樂與韓劇偶像及其粉絲的推波助瀾下,目前已在亞洲各地普遍使用,近來更在全球流行(詳見p.39)。這個版本是由史蒂芬·史托姆(Steven Storm)為英國維多利亞與艾爾伯特博物館(V&A)所設計。

內頁圖片說明

p. 5	權五祥創作的韓國流行音樂偶像 G-Dragon 雕塑〈無題 GD〉(*Untitled GD*),2015年。
p. 7	身穿韓服的模特兒韓音德在首爾的東大門設計廣場騎著賽格威(Segway)滑板車,由攝影師姜惠元(Hyea W Kang)為《*VOGUE*》韓國版拍攝,2014年1月。
p. 8	《魷魚遊戲》(*Squid Game*)中著名的階梯,2021年。
p. 10	圖片細節詳見 pp. 144–145。
p. 14-15	申光(Shin Gwang),Internet Made Studio設計團隊,《我們住在首爾》(*We live in Seoul*)海報,2017年。
p. 44-45	首爾的遊客與當地民眾穿著傳統韓服可獲得五大宮殿的門票優惠,照片攝於2018年的景福宮。
p. 234-235	韓國流行音樂粉絲參加首爾的公開演唱會,2015年8月。
p. 237	泰國曼谷的嘟嘟車司機以韓國流行音樂偶像的看板裝飾車輛,以等待顧客上門,2021年。
p. 239	《寄生上流》(*Parasite*)電影場景,2018年。美術指導為李河俊。

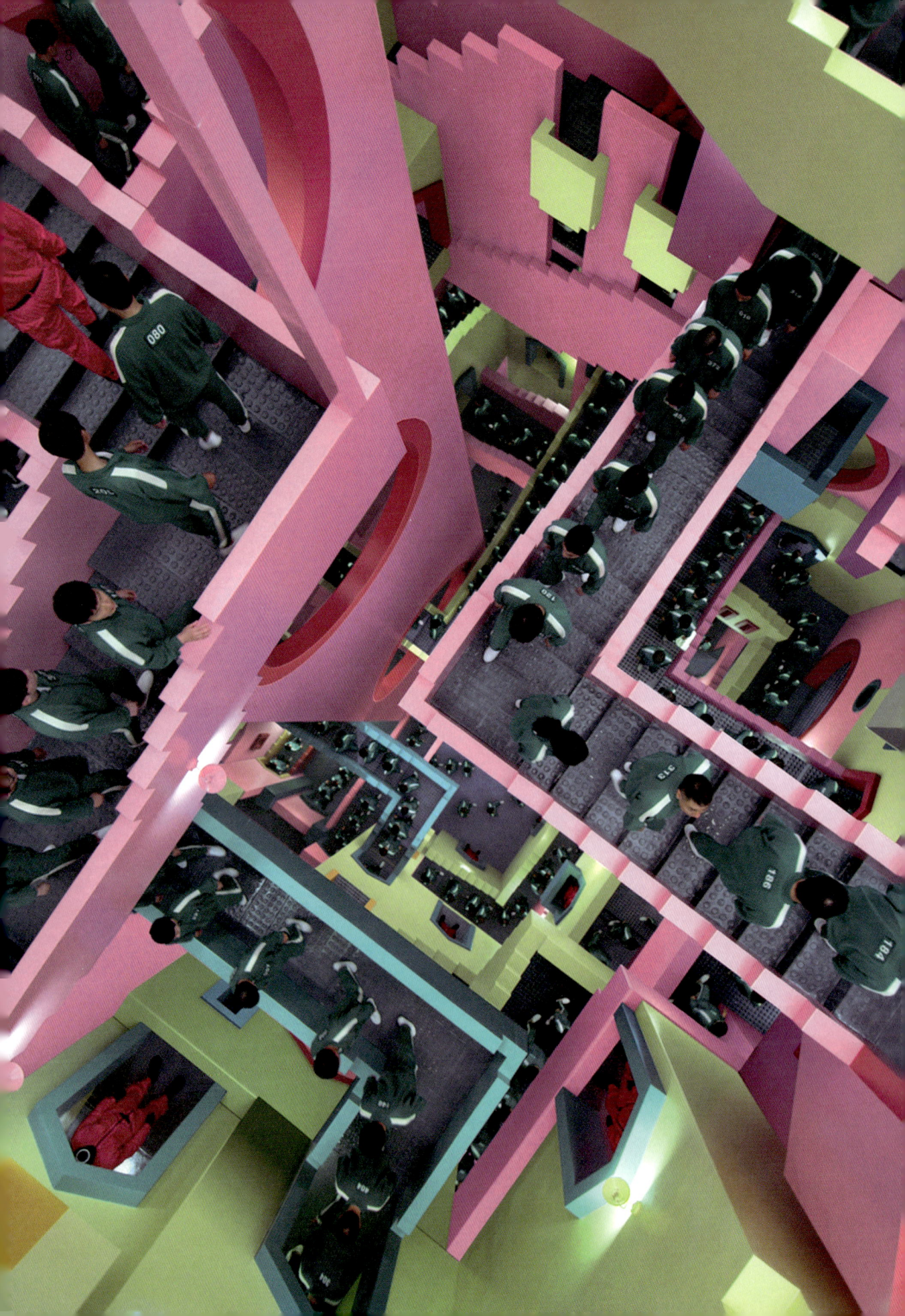

目錄

英國V&A博物館館長序	11
贊助單位序	12
前言：韓流崛起	16
韓國文化與軟實力	**30**
韓流：軟實力與政治	36
數位韓流：從電競到韓國流行音樂	46
韓劇、條漫與電影	**56**
邁向《寄生上流》之路	66
條漫：從網路漫畫到串流影音	78
電影妝髮：尋找合適的關鍵字	90
韓流的難題：從《魷魚遊戲》看全球熱潮下的矛盾	96
韓國流行音樂與粉絲社群	**104**
不只是挪用與欣賞：K-POP風靡世界的跨文化力量	112
踏入新世界：K-POP粉絲文化與全球南方的公民行動	122
K-POP舞步的魅惑魔力：專訪編舞家Lia Kim	130
K-POP的虛構宇宙：MV的符號與隱藏線索	138
K-POP與YouTube	146
剛柔並濟：K-POP的陽剛美學	152
韓國美妝與時尚	**160**
韓國美妝的崛起：現代韓國美容的新世紀	182
韓服：韓國傳統與現代時尚服飾	194
韓國街頭時尚	204
韓國流行音樂風格	212
注釋	222
作者簡介	236
致謝	240
圖片來源	242
索引	244

英國V&A博物館
館長序

　　在1961年開創性的展覽「韓國國家藝術寶藏」(National Art Treasures of Korea) 之後,「韓流！韓國浪潮」(Hallyu! The Korean Wave) 是英國V&A博物館首次舉辦的大型韓國展覽,首度向歐洲大眾介紹南韓作為獨立國家的概念。這也是第一個探討「韓流」(hallyu) 的展覽。「韓流」一詞表現出南韓充滿活力的流行文化在全球迅速崛起的景象,並將韓國定位為社群媒體與數位時代的文化強國。

　　這次的展覽及出版品,透過戲劇與電影、韓國流行音樂 (K-POP) 及其粉絲文化、美妝與時尚等角度深入探討韓流,並觀察韓國快速的現代化及該國在二十世紀受到的影響,如何塑造了每個領域的混合性質。展覽與書籍皆突顯了全球粉絲扮演的重要角色,他們利用社群媒體平臺公開參與政治、社會與環境議題,提升韓流在國際上的知名度與重要意義。

　　本書透過文化歷史學家、業界人士以及粉絲的視角仔細爬梳這些主題,揭開政府策略、創新技術與媒體平臺之間發揮的加乘作用,了解韓國在文化強權間穩居一席之地的原因。

　　我想在此感謝金炫敬 (Rosalie Kim) 以及策展與展覽團隊在緊迫的時間內促成這場複雜的展覽,也要感謝我們眾多的借展單位和展覽支持者,特別是韓國文化體育觀光部、Genesis汽車公司、巴格里基金會 (The Bagri Foundation)、LG 電子 (LG Electronics) 和LG 顯示 (LG Display),以及Netmarble Healer.B公司。少了他們,這場歡樂又充滿活力的展覽就不可能有如此豐富的面貌。

崔斯坦・杭特 (Tristram Hunt),英國V&A博物館館長

贊助單位序

韓國文化體育觀光部

　　韓國文化體育觀光部的成立目的，是在國內和世界舞臺上保存、推廣並分享韓國文化。數十年來，韓流已從地區性的流行趨勢演變為全球現象，為世界各地的粉絲帶來愉悅及享受，對此我們深感自豪。英國敞開心胸迎接韓流的到來，使韓國的語言、餐廳、美妝產品、流行音樂、電影以及電視成為日常文化景觀的一部分。

　　2019年，韓國文化體育觀光部和英國V&A博物館展開為期五年的夥伴關係，並提供一筆重要資金，不僅支持了本次展覽的重要進展，更促成以韓國當代文化為主軸的廣泛計畫。未來幾年內，這項夥伴關係將透過各式各樣的博物館計畫來提升大眾對韓國文化的認識，包含藝術家駐村、一系列的出版品以及新的學習計畫，例如工作坊、研討會以及會議等。來自韓國的頂尖創意人才也將有機會參與「時尚動態」(Fashion in Motion) 和「週五夜幕」(Friday Late) 等既有的熱門活動，向英國V&A博物館的觀眾展示他們的作品。

　　英國V&A博物館是倫敦第一間為韓國藝術與設計作品設立專門展廳的博物館。這些不同凡響的收藏品歷史橫跨了四世紀至今，值得注意的是，這是韓國境外規模最大且最具聲望的當代工藝和設計藏品之一。因此，我們很榮幸能贊助這次開創性的展覽。我們希望這次的展覽能進一步促進國際對話與交流，並讓更多新的觀眾認識韓國文化史以及英國V&A博物館。

贊助單位序

Genesis

　　Genesis於2015年在韓國成立,其使命是創造全新的豪華汽車體驗。Genesis的靈感來自當代韓國文化的精髓,並擁有挑戰汽車產業傳統的大膽抱負。

　　這種思維方式正是我們業務與品牌的核心精神。

　　受到韓國設計與款待之道的啟發,我們非常自豪地將客戶視為尊貴的賓客,並尊重最珍貴的資產,也就是「客戶的時間」。在Genesis,您不必花時間尋求協助,我們會主動為您提供服務。

　　我們與韓國一樣熱衷於科技與創新,並期望在2025年前成為第一批實現全面電動化的汽車品牌。我們的目標是創造全新、永續的豪華汽車體驗,注重企業責任、以人為本並擁抱未來。

　　我們的品牌結合了至高的美學追求與嚴謹的韓國工藝。我們的設計靈感來自韓國現代性與悠久傳統之間的美妙張力,如此大膽而雋永、靈活而優雅、精緻而簡約,外型與性能兼具。

　　作為這股韓流中的韓國品牌,我們非常榮幸能夠支持這次在歐洲設計與文化中心「英國V&A博物館」舉辦的展覽。將現代韓國的樣貌呈現給倫敦的觀眾,既自然又契合,彷彿這份融合早已深植於東西方的文化基因中。

　　我們誠摯希望這次的展覽能夠啟發您,就像它啟發我們一樣。

前言：
韓流崛起

金炫敬

PSY在美國國家廣播公司(NBC)《今日秀》(Today)節目中表演他的全球熱門歌曲〈Gangnam Style〉，紐約，2012年。

在人們的記憶中，南韓經歷了迅速的發展，從1950年代中期飽受戰火摧殘的國家，一路躍升為二十一世紀初領先全球的文化強國。在過去二十年間，南韓充滿活力又多采多姿的流行文化引起了全球觀眾的想像力與關注。配合英國V&A博物館的大型展覽，本書以韓流為主題，探討這股源自南韓（以下稱為韓國）的驚人流行文化浪潮。

這是一個國家從「貧窮到富裕」的故事，其特點為具有潛在風險的策略與創新，以及「快點、快點」(ppalli-ppalli)的精神，速度在此扮演了關鍵角色。從1990年代末期開始，韓國電視劇與電影在亞洲各地日益流行，到了2000年代中期，韓流藉由韓國音樂產業的蓬勃發展，開始在全球打響知名度，同時全球也見證了網際網路、社群媒體以及Z世代的誕生。韓國將大量資源投注在文化領域，希望藉由投資資訊與通訊技術(ICT)和文化產業來重拾經濟信心，在政府的支持和私營企業的資助下，韓國透過文化的「軟實力」促進其國際地位的提升。正如作家洪又妮(Euny Hong)所言，韓流已經成為「現代史上全球規模最大、最迅速的文化典範轉移」。[1]本書不僅透過文化歷史學家的觀點，也讓推動韓流發展的業界人士一同訴說這個故事。本書分為幾個部分，第一部分強調政治、科技以及商業模式的轉變，其他部分則探討韓劇與電影、韓國流行音樂及其粉絲社群、韓國美妝與時尚，揭開《寄生上流》、《魷魚遊戲》、防彈少年團(BTS)與BLACKPINK如何主宰世界的祕密。[2]但首先，我們必須介紹韓流的起源，突顯韓流的發展歷程，以及韓國在韓流形成前後的強烈對比。

Oppan Gangnam Style

2012年7月15日，韓國創作型歌手兼製作人朴載相（更廣為人知的名字是PSY）在YouTube推出他朗朗上口的歌曲〈Gangnam Style〉，從此締造了歷史。那令人腎上腺素飆升、色彩鮮艷的音樂錄影帶和古怪的騎馬舞在一夕之間爆紅，打破多項銷售和觀看紀錄，啟發了無數的模仿作品，並獲得許多著名獎項和來自全球的追蹤者。截至2014年5月，這首歌在YouTube上的

趙峻民（Jun Min Cho）的攝影作品捕捉了1978年江南狎鷗亭洞經歷都市化前的景觀。

觀看次數已突破二十億次，迫使Google重新調整其播放計數器：「（我們）從來沒想過影片的觀看次數會超過三十二位元整數......但那是在我們遇到PSY之前。」³ 儘管PSY因為扮演西方種族刻板印象下的滑稽亞洲跟班⁴而遭受抨擊，並被北美媒體斥為「怪異事件」⁵，但PSY「讓全世界的人都認識了南韓」。⁶

除了在全球大受歡迎之外，這首歌最重要的是點出韓國社會文化中對物質主義的追求，尤其是針對那些渴望成為時髦江南圈一份子的「裝模作樣者與夢想成名者」。如今，位於漢江以南的江南區已成為首爾最迷人、最富裕的區域，但我們很容易忘記在四十年前，這裡還是一片貧困、荒廢的田地，河岸兩旁坐落著空蕩蕩的混凝土公寓。

從日本到美國的文化帝國主義

經歷兩個世代的發展，韓國大部分的農村土地與風景已被科技城市的混凝土高樓大廈取代，反映出韓國從依賴農業、林業以及漁業迅速轉型為以數位、服務為主的經濟體系。如今，韓國社會存在許多次文化，先進的科技和整型手術與擁有數百年歷史的薩滿教和儒家儀式共存。1990年代初，首爾大學社會學教授張慶燮提出「壓縮現代性」（compressed modernity）一詞，解釋這些矛盾與時代錯置現象，如何源自於經過壓縮、突兀的現代化歷程，而非逐漸成熟所產生。⁷韓國長期以來的社會文化、經濟與政治價值觀建立在新儒學思想的基礎之上，並承襲自五百多年來的朝鮮王朝統治（1392-1910），但這些價值觀卻在一夕之間面臨新規範與外來政策的刺激，韓國社會幾乎沒有時間去消化與徹底接受。

相對地，二十世紀的韓國發生了一連串迅速發展的災難性事件，首先是與日本簽訂不平等的《江華島條約》（1876），隨後是《日韓合併條約》（1905-1910），揭開了殖民時期（1910-1945）的序幕。這段時期的韓國在社會政治上屈從於日本統治，並被迫接受日本文化的同化，目的

聲稱是讓韓國與現代世界接軌。第二次世界大戰結束並獲得解放之後，韓國再次淪為冷戰下的犧牲品。1945年，韓國領土被同盟國任意以北緯三十八度線一分為二，北方由蘇聯托管，南方則由美國托管。冷戰的對立最終導致韓戰爆發（1950-1953），繼而演變成殘酷的意識形態代理人戰爭，摧毀了朝鮮半島。⁸ 由於尚未達成和平條約，嚴格來說，北韓和南韓至今仍處於戰爭狀態。⁹儘管韓戰涉及了五十八個國家，導致兩百五十萬人喪生，並促使新成立的聯合國盟軍指揮部（United Nations Command）首度實施軍事干預，這場戰爭仍稱為「被遺忘的戰爭」（Forgotten War），原因有三：美國軍方的媒體審查制度、第二次世界大戰後公眾對戰爭的厭倦，以及其重要性被越戰（1954-1975）所掩蓋。

在這種急劇轉變的背景下，朝鮮王朝時期備受大眾喜愛的在地民間文化逐漸被另類的娛樂形式取代，這些娛樂形式既令人著迷，又令人厭惡。在殖民地時期，日本版本的現代歐美音樂（統稱為爵士樂¹⁰）傳遍韓國，日本的流行音樂也是如此。韓國模仿這些外國旋律，翻譯並混用其中的歌詞（與今日的韓國流行音樂並無不同），甚至賦予全新的詞語，孕育出現在稱為「韓國演歌」（teuroteu、trot、ppongjjak）的韓國音樂類型。¹¹1927年韓國第一家廣播電臺JODK成立、1933年韓國第一家音樂錄音室Okeh成立，再加上1930年代廣受歡迎的留聲機逐漸普及，在在促進了這種新的音樂風格。

電影在十九世紀末首度從美國傳入韓國，到了1910和1920年代，隨著商業電影院的增加，電影逐漸受到市場的歡迎，當時主要放映進口的歐美電影和日本公司在當地製作的宣傳影片。在這段時期出現了以韓國人為主角、由韓國人執導並為韓國人製作的電影，題材為民間傳說或當地故事。其中一個例子是由羅雲奎執導的《阿里郎》（Arirang, 1926），其愛國主義風格與導演的反殖民立場讓當地觀眾為之振奮。¹²

這些新的娛樂形式拓展了韓國的世界觀，還反映出當時深刻影響許多韓國人生活的現實變化，從而喚起人們對殖民現代性的意識。從電力和汽車的普及，到咖啡館和百貨公司的出現，城市正出現翻天覆地的變化，而「現代女孩和男孩」選擇西洋服飾和髮型，享受著被多國社會視為輕浮與頹廢的生活方式。此時的韓國仍受到新儒學倫理的影響，因此，韓國對新的流行文化接納程度不一，反映了對日本引入的殖民現代性所抱持的複雜態度。¹³

1939年二戰爆發後，殖民地政府禁止西方音樂與電影的流通，進而鞏固了日本在朝鮮半島上的文化強權地位，直到1945年韓國光復為止。殖民統治結束後，南韓在強烈的反日情緒中努力找回自己的身分與文化。1945年，韓國開始禁止日本電影、音樂以及漫畫等文化商品的輸入，此一禁令直到半個多世紀後的1998年才解除。¹⁴

美國透過在韓國軍事基地的表演以及駐韓美軍廣播電台（AFKN）的廣播服務，取代日本成為影響南韓文化的主要力量。為了提振美軍士氣，美國聯合服務組織（United Service Organization, USO）安排了各式各樣的公開電影放映會與演唱會，例如1954年好萊塢明星瑪麗蓮·夢露（Marilyn Monroe）為美國第八軍團演出¹⁵，以及1963年路易·阿姆斯壯（Louis Armstrong）在「八百位韓國與美國軍方高層」面前為沃克山莊渡假村（Walker Hill Resort）揭幕。¹⁶這種軍事娛樂巡迴演出也為韓國的表演者提供了固定收入，也以此作為在本地與國際間發展音樂事業的跳板。他們透過翻唱西洋歌曲來取悅觀眾，有時唱著他們幾乎聽不懂的歌詞。例如金氏姊妹花（The Kim Sisters）便展現了從美國軍營到拉斯維加斯的成名之路，她們以其「異國情調」的東亞外型以及出色的音樂才華征服了美國觀眾。這些樂團代表了美國帶來的成功結果，成為美國政府凝聚民意的管道，藉以支持美方在韓國的軍事目標。儘管如此，金氏姊妹花、Korean Kittens以及Add 4等早期樂團成了先驅，為未來世代的韓國藝人在海外的發展奠定重要基礎。¹⁷

1950年代也為韓國電影的黃金年代揭開序幕。當時觀眾急需電影作為逃避現實與娛樂的來源，到了1954年，韓國本土電影公司獲得政府

韓戰期間,美國士兵讓難民穿越北緯三十八度線大橋之前,檢查他們是否攜帶違禁品(1950年12月8日)。時至今日,許多韓國家庭仍因領土分割而分隔兩地。

〈你所看到的是看不見的/五個城市的吊燈 SR 01-03〉(*What you see is the unseen/Chandeliers for Five Cities SR 01-03*),2015年,南韓藝術家咸京我設計的大型刺繡作品,由北韓的匿名刺繡工匠製作。倒下的水晶吊燈象徵了盟軍任意將國家一分為二的決定。

的財政獎勵,目標是提升電影的產量和觀眾人數。[18]事實證明,這項措施大受歡迎:上映的電影數量不斷增加,吸引了破紀錄的觀眾進場,更多的電影公司和電影院相繼落成,以滿足龐大的需求。年輕導演致力於創作當代主題的電影,如文化頹廢、社會不平等以及女性解放,體現著韓國五十多年來未曾享有的自由。1953到1960年代初期,韓國拍出了一系列經典電影,包括大膽前衛的《自由夫人》(Madame Freedom,韓瀅模執導,1956年);被導演奉俊昊譽為《寄生上流》前身的《下女》(The Housemaid,金綺泳執導,1960年);描繪疏離脆弱景象的《誤發彈》(The Aimless Bullet,俞賢穆執導,1961年);以及人道主義作品《馬夫》(The Coachman,姜大振執導,1961年)。《馬夫》成為第一部獲得國際肯定的韓國電影,贏得1961年柏林影展評審團大獎銀熊獎。

同一時期,新藝綜合體(CinemaScope)與彩色技術融合,為觀眾帶來生動且身歷其境的體驗。[19]導演申相玉首次採用這些技術拍攝《成春香》(Seong Chun-hyang, 1961),為這部改編自備受喜愛的民間故事且主題為道德和忠貞愛情的電影,栩栩如生地呈現了色彩繽紛的服裝設計與布景。這部電影的大獲成功,確立了一種受歡迎且收益可觀的電影類型,促使片廠在整個1960年代持續製作大量的歷史史詩片。[20]

軍事統治與文化保護主義

韓戰引發的政治動盪和經濟不穩定,為1961年朴正熙少將策劃的政變提供了合適的條件,長達二十年的獨裁統治就此揭開序幕(1962-1979)。他接管南韓時,南韓被視為破敗的第三世界國家,比北韓還要貧窮,人均國內生產毛額「低於海地、衣索匹亞和葉門,比印度還要低40%」。[21]朴正熙的軍事政權急欲推動南韓快速現代化與經濟復甦,在日本殖民企業的基礎上,南韓也得到歐洲、美國以及日本在財政與基礎建設方面的支持,隨後南韓也在1965年恢復與日本的關係。[22]政府很快確立了出口導向、以重工業為基礎的經濟方向,以彌補疲弱且有限的國內市場,同時也挑選一些政府認為可靠且具有發展性的公司,以支持其雄心壯志。正是在這個時期,三星(Samsung)、LG和現代(Hyundai)等大型家族企業集團的財閥崛起。這些財閥受惠於財政優勢與政治關係,吸引不少外國資本並擴大其貿易量。從1960到1980年代,這些公司成為韓國快速現代化和工業化的主要動力,促成了「漢江奇蹟」。

隨著現代化的快速發展,朴正熙政府於1962年實施《文化遺產保護法》。[23]一旦被視為對韓國具有「高度歷史和藝術意義」的遺址、紀念碑和技藝將受到保護,並獲得「重要有形/無形文化財產」的稱號。這一系列的政策不僅是為了保護韓國的文化遺產,更將目標放在重建韓國的國家認同,擺脫日本殖民時期的影響,期望恢復韓國文化與歷史的自豪感,同時確立朴正熙政權的權威。政府的雄心壯志清楚體現在1968年揭幕的李舜臣將軍雕像,這座十七公尺高的作品是由「愛國先賢立像委員會」委託製作的第一項作品。這位海軍名將是韓國歷史上著名的戰爭英雄,因在壬辰之戰(1592-1599)中擊潰規模更大的日本艦隊而備受尊崇。朴正熙下令將這座「日本人最害怕的人物雕像」[24]矗立在世宗路上,也就是直通往景福宮的大道。景福宮曾經是朝鮮王權的象徵,後來在殖民時期遭到日本人占據與全面控制。朴正熙將自己的形象,與挺身而出對抗日本的韓國軍事領袖李舜臣將軍連結起來。

朴正熙認為,流行文化的目的是推廣道德與

首爾（京城）的本町（日語為Honmachi）購物區，拍攝於1920／1930年代，象徵日本殖民時期引入的現代性與消費主義文化。這個區域的西式建築、百貨公司、咖啡館以及劇院吸引許多穿著「現代」服飾、和服以及韓服的韓國人與日本人。

愛國價值，而非用來娛樂大眾。他反對日益湧入的歐美流行音樂與伴隨而來的嬉皮文化，認為其「放蕩」的視覺畫面與訊息不僅威脅到當地文化，也挑戰了他個人的權威。由於越戰、與日本恢復經濟關係以及消費文化成長所帶來的不平等現象，韓國陷入動盪時期，為了避免異議分子出現，朴正熙在1962至1975年間匆忙宣布一連串倫理委員會與審查法規，旨在扼殺表達自由與反國家行為。[25]其中包含《輕犯罪法》，該法禁止男性留長髮、女性穿迷你裙；韓國廣播倫理委員會則禁止一系列煽動性歌曲與歌詞。[26]同時，電影製作也成為受到國家嚴密監控的大規模工廠。重量不重質的做法促使低成本電影興起，同時也帶動更多類型電影的發展，包含喜劇與文學改編電影。維新改革（1972–1979）對社會施加愈來愈多的限制，無情地鎮壓反對意見，確立了朴正熙的終身任期，隨後更強制納入政治宣傳，加上當時電視時代的來臨，使得韓國電影的黃金時代在1970年代初逐漸沒落。

1960和1970年代，收音機和電視在韓國愈來愈普及。執政者將這些科技視為控制、宣傳反共與現代化思想的絕佳工具，而觀眾則在生活條件改善（例如全天候使用電力）之際，將這些科技視為家庭娛樂的來源。[27]經濟實惠的Goldstar A-501 收音機是自1959年以來第一部由韓國本土設計、製造的收音機，後來成為重要的產品，讓人們能夠隨時了解當時瞬息萬變的社會政治環境。電台也開始播放《山茶花女士》（*Camellia Lady*, 1963）等扣人心弦的廣播劇，隨後更衍生出同樣大獲成功的電影與原聲帶。

起初電視機是財富的象徵，但在這幾十年間，電視機的數量持續增加，從1962年的八千臺增加到1980年的將近六百萬臺[28]，同時在1960年代，韓國廣播公司（KBS）和文化廣播公司（MBC）等許多公共與商業電視廣播公司相繼出現。[29]電視成為客廳的重心，家家戶戶都圍繞在電視機前收看國家審查通過的綜藝節目、美國電視劇、韓國戲劇與電影。[30]1969年，政府解除了禁止廣播公司藉由廣告獲利的禁令，促使韓國電視劇在1970年代崛起。[31]電視製作的水

（上圖）
瑪麗蓮·夢露在美國聯合服務組織的巡迴表演中為駐韓美軍表演（1954年2月）。

（下圖）
金氏姐妹在美國大獲成功。此處可見她們在1966年《生活》（Life）雜誌上為 National Electric 吉他宣傳。

前言：韓流崛起

金基昶（又名雲甫）在1934年的水墨畫〈安靜的聆聽〉（*Quiet Listening*）中呈現了殖民時期韓國現代性的各種層面，其中包含改變音樂消費模式的留聲機。

準隨之提高，廣播公司之間的競爭也更加白熱化。當時由東洋廣播公司（TBC）製作的《夫人》（*Assi*, 1970）是重要劇集之一，描繪一名女性在父權社會中的艱苦生活，背景為殖民與戰後時期。這部連續劇非常受歡迎，甚至在播出時會出現一句警語，請觀眾「在觀看本劇集前，請先確認門已妥善鎖好以避免盜竊，並關掉水源。」[32]但值得注意的是，當時很少有電視劇觸及非傳統或進步的主題，目的是避免政府以道德為由進行審查。

到了1970年代末期，電子業逐漸成為主導性的出口產業。由於電子業被視為具有競爭力與高附加價值的產業，長遠來看將帶來可觀的利益，因此獲得政府的支持。[33]在1980年代邁向經濟自由化的過程中，工業生產逐步轉向更精密、技術密集的電子工業產品（如半導體）。同時，三星、現代和LG等財閥以及大專院校也致力於該領域的研發[34]，使韓國成為全球重要的先進技術生產國與消費國。

首爾走向世界，踏上民主之路

朴正熙的軍事政權隨著他在1979年10月遇刺身亡而突然告終，但很快就被全斗煥少將領導的另一個獨裁政權所取代（1980-1988）。1980年5月惡名昭彰的光州起義是全斗煥殘暴統治下最令人痛心的時刻，從此深深烙印在韓國人集體記憶裡。其更廣為人知的名稱是光州大屠殺，在美國軍方的默許下[35]，全斗煥的武裝傘兵無情鎮壓了由學生和工會領導的民主示威，這些示威者呼籲民主改革並結束戒嚴令。新聞自由和人權受到嚴格的壓制，反美情緒也在韓國人民之間蔓延。直到七年後，韓國才在中產階級壓倒性的支持下發起1987年劃時代的「六

月起義」示威運動,推翻獨裁統治,逐步取消審查制度,讓韓國穩定踏上全面民主化的道路。

為了從上任初期留下的災難性形象中東山再起,全斗煥政權將目光轉向流行文化。此時,流行文化不僅僅是政治宣傳的工具,更成了轉移焦點的手段,讓公眾無心監督政治,同時也為人民提供宣洩沮喪之情的出口。除了取消宵禁和解除髮禁等措施,政府還實施了一套稱為「3S」的文化政策,也就是體育(Sports)、性(Sex)以及螢幕(Screen)。[36]1980年代見證了許多體育界的重大發展,包含1982年職業體育聯盟的誕生,以及1986年由韓國主辦的第十屆亞洲運動會(10th Asian Games),該項賽事被視為1988年第二十四屆夏季奧運會(24th Summer Olympic Games)的預演。[37]儘管在奧運籌備期間,韓國政府遭控貪汙,而且江南區激進的都市更新計畫導致大批民眾無家可歸,但這場盛會仍然是韓國現代史上重要的轉捩點,

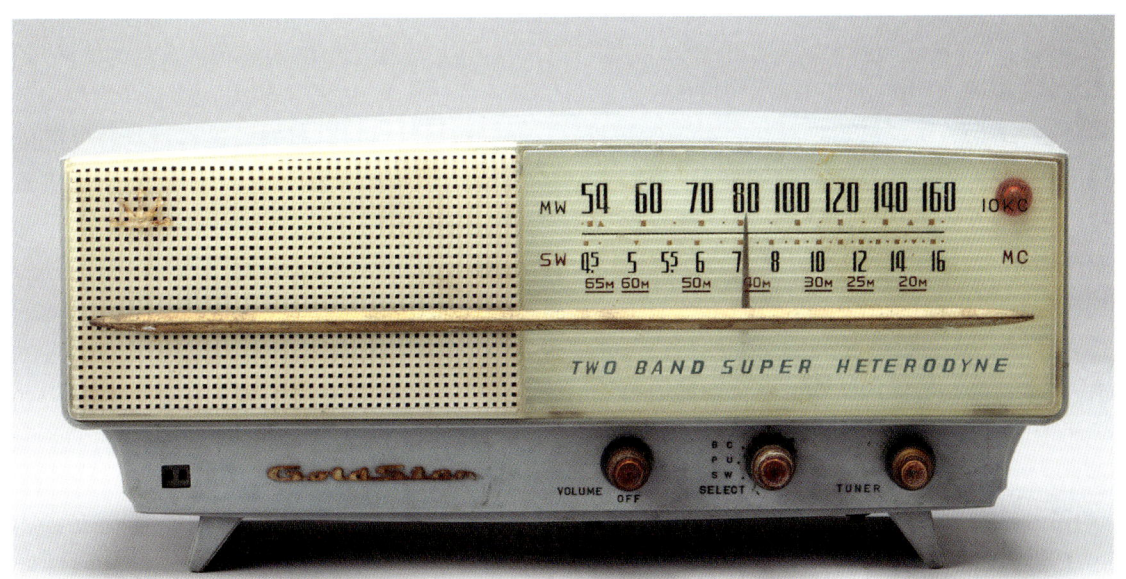

(上圖)

The Mymy (1982)是韓國第一臺可攜式迷你卡帶播放器,推出後迅速成為學生間夢寐以求的商品,反映1980年代韓國流行音樂地位的提升。這則廣告約來自1987年。

(下圖)

1959年,A-501成為韓國製造的第一臺收音機。這項產品由朴容貴(Park Yong-gui)為金星公司(Goldstar,即現在的LG電子)所設計。

一名軍警在其他人面前剪掉一名年輕人的頭髮。1973年,朴正熙政府通過《輕犯罪法》,禁止男性留長髮。

1980年,由學生領導的民主示威在光州遭到全斗煥軍隊無情鎮壓,史稱光州大屠殺。

也讓韓國首次以民主與經濟發達國家之姿登上國際舞臺。最終,1988年的夏季奧運成為慶祝的場合以及人民引以為傲的成就,帶領韓國走出韓戰的陰霾,展現出嶄新的國家形象。

1980年後,彩色電視的銷售量急遽成長,使得這些比賽和體育賽事都受到密切關注。彩色電視的出現加速了消費主義文化的萌芽,華麗、色彩繽紛的廣告讓消費者忍不住掏錢購買商品。電視劇的藝術水準也得到提升,更加生動的布景、服裝以及色彩豐富的化妝都掀起了新的潮流。同一時期,錄影機在家家戶戶迅速流行,錄影帶出租店和非法錄影帶市場也跟著蓬勃發展。由於全斗煥政權對性的態度較為開放,色情電影在低迷的時期逐漸主導錄影帶與電影產業的發展,有些電影甚至直接製作成錄影帶。38然而,1980年代後半情況開始出現轉變,韓國電影產業見證了重大的立法變化,其中影響最大的是外國電影市場的自由化。自1986年起,好萊塢的電影公司獲准在韓國直接發行電影,除了不受任何數量限制,也不需經由當地的中介機構,嚴重危及了已經式微的國內電影產業。39

在音樂方面,青少年是新的文化消費者,他們透過活躍而有組織的粉絲社群發揮力量。趙容弼是韓國第一位擁有粉絲社群的藝人,他的粉絲自稱為「歐巴的部隊」,這個名字也讓人聯想到今日的BTS ARMY。趙容弼涉獵不同的音樂類型,從復古搖滾到韓國演歌,從民謠到爵士,他用日語為日本聽眾演唱歌曲,並在海外舉辦演唱會,包含中國和紐約等地。40隨著年輕文化、彩色電視以及可攜式卡帶播放器的結合,1980年代的舞曲大放異彩。備受歡迎的綜藝節目和以選秀比賽為主的電視節目,讓大眾認識年輕、有魅力又時髦的歌手,他們精湛的舞技特別吸引青少年。同步編舞、現代時尚,還有以美國流行音樂為藍本的樂曲,為韓語的「流行歌曲」(gayo)賦予全新的概念;在此之前,「流行歌曲」指的是韓國演歌、搖滾樂或

1988年在首爾舉辦的夏季奧運會開幕典禮,是民族自豪感的泉源。

演員崔民秀在1999年的集會,抗議政府減少銀幕配額制的政策。

民謠。這些動感十足的表演與前幾代的流行歌曲表演大相逕庭,以前的表演者會在臺上唱歌或演奏樂器,很少在舞臺上四處跳動。引領這股潮流的藝人包含三人男子團體消防車(Sobangcha)與金元萱,後者經常被稱為「韓國瑪丹娜」、「舞后」或「性感天后」。與許多同行不同的是,金元萱以十七歲之姿出道之前(1986年),先經由她身為著名經紀人的阿姨訓練了三年,這是當代韓國流行音樂練習生的前身。在這個時期,韓國有更多受過教育、具備技能的女性開始投入勞動市場(包含持續成長的電子業),但歧視與不平等的現象仍屢見不鮮。41在這種背景下,女歌手的形象(以及廣義的韓國女性形象)往往被設計成符合父權社會想像下不具威脅性、順從的角色。金元萱的品牌形象——從端莊到性感的多元曲目,打破了這種社會規範,為女歌手的多樣化發展鋪路,卻也引來物化女性的批評,就像日益滋長的情色電影文化一樣。

韓流序曲:壓迫、抑制、釋放

二十世紀的韓國經歷了一連串的暴力壓迫和令人發狂的壓制措施。自從擺脫日本占領與軍事統治,韓國經歷了快速的現代化,這無可避免地影響到韓國的文化認同。在中產階級消費主義不斷成長的背景下,韓國在傳統價值觀、現代化帶來的矛盾形象以及顛覆性的新殖民文化影響之下,塑造出新的自我。

在此背景下,地方政府在韓國形塑文化認同與產業發展中扮演了積極的角色,這正如同他們策劃了韓國經濟的快速復甦。朴正熙的軍事政權建立一系列以文化保護主義為基礎的五年漸進式計畫與政策,並以審查制度作為監控生產的主要工具。後來的政府根據政治或經濟目的,修正或取消這些計畫與政策,並逐漸解除審查制度。儘管到了1990年代,韓國的民主制度日漸成熟,經濟發展也逐漸走向新自由主義,但國家仍然持續介入文化領域,只是這次政府的立場,從監管機構轉變為支持私人企業往全球

辦公室職員抗議國際貨幣基金組織在1990年代末韓國經濟危機期間實施的措施。

發展的推動者。

與此同時，隨著新的藝術自由、都市居民購買力的提升，以及可攜式音樂播放器、電視和個人電腦等家用電子產品的蓬勃發展，音樂、戲劇以及電影等文化產業也逐漸擴張。1994年，史蒂芬·史匹柏（Steven Spielberg）的電影《侏羅紀公園》（Jurassic Park）票房超過一百五十萬輛現代汽車的銷售利潤，這個消息並沒有受到金泳三政府（1993-1998，三十年來第一個文人政府）的忽視。⁴政府承認文化產業帶來的龐大經濟潛力與出口價值，這些產業提供了提升韓國國際形象的機會，並可作為推動韓國文化外交的籌碼。在親身經驗並學習美國如何提升軟實力後，韓國意識到可以透過吸引力而非武力來發揮影響力。

大約在同一時期，以前只供大學與研究機構使用的網際網路開始對所有人開放。韓國認為過去因未及時跟上工業革命的腳步而遭致殖民統治⁴³，因此急於擁抱數位革命，並在早期投資網際網路和資訊與通訊技術。1996至2001年間，韓國政府的重點在於拓展高速網際網路基礎建設，為全國百分之三十的人口提供免費的網際網路培訓，並推展行動通訊技術的研發，以建立資訊與通訊技術產業的基礎。1997年的亞洲金融危機讓韓國經濟一蹶不振，促使新一代的失業族群將他們的精力與知識轉移到資訊科技產業上，最終促使韓國經濟從危機中迅速復甦。2001年，韓國提前全額償還了五百八十億美元的國際貨幣基金（IMF）紓困貸款，同時被譽為經濟合作暨發展組織（OECD）國家中高速網際網路技術的典範，在「網際網路使用的數量與品質上」都居於領先地位。⁴⁴

歷經危機之後，金大中政府（1998-2003）重新評估韓國的經濟和金融運作模式。由於新興國家的勞動力市場競爭激烈，政府開始將重心遠離製造業，優先發展以網際網路、知識和技術

韓流憑什麼！

為本的經濟體系,並將重點放在文化產業,積極推動「文化產業出口成長四倍」的目標。⁴⁵

韓國的歷史軌跡描繪出動盪不安的二十世紀,促使韓國培養了非凡的韌性。在追求生存與繁榮的欲望驅使下,韓國學會快速適應不斷變化的環境。韓流就是在這樣的背景下興起,當時文化政策、創意產業和數位技術的結合,為韓國發展成精通科技的文化強國播下種子,並在二十一世紀初的社群媒體與數位文化時代領先群雄。韓國打破傳統、混合各種影響力,並制定出自己的規則,如今已成為挑戰全球流行文化潮流的先鋒,同時也持續強化自身的軟實力。

這款1999年的三星手機 SCH-6200 微晶片上刻有「相信我們辦得到」(The belief we can do it) 字樣,期待韓國能從1990年代末的經濟危機中迅速復甦。

K-Culture and Soft Power

韓國文化與軟實力

2020年9月，韓流達到了新的里程碑。全球韓流粉絲俱樂部的會員人數首次突破一億，相較於2019年，美洲成長30%、歐洲成長25%，而非洲與中東地區則有驚人的270%成長。[1]這相當於2020年韓國文化內容出口比前一年增長16.3%，在新冠疫情對所有出口產業和國內市場造成不利影響的情況下，這是一項罕見的壯舉。[2]這些文化產業以「韓國」(K-)作為品牌名稱（像是K-POP、K-DRAMA等），在數位時代的文化全球化浪潮下塑造出獨特的地位。經歷國際貨幣基金危機之後，韓國政府對資訊與通訊技術產業和娛樂產業的策略性投資，一度被視為是風險極高的賭注，但從疫情期間發展出的社交距離、封城以及零接觸式的生活方式來看，這似乎是大膽且具有遠見的政策。

如今，愈來愈多備受矚目的韓國流行音樂偶像為崇高的目標擔任親善大使，例如防彈少年團的「愛自己」(Love Myself) 聯合國兒童基金會 (UNICEF) 活動提倡自尊與福祉，以及BLACKPINK在第二十六屆聯合國氣候變遷大會 (COP26) 中呼籲對氣候變遷採取行動。韓國流行音樂粉絲社群透過積極的行動來仿效這些善舉，進一步宣傳偶像的慈善形象。韓劇和電影無疑促進了旅遊業、韓國美食與時尚的發展，同時也吸引了大批學生報名參加韓語課程。2021年，《牛津英語詞典》(*Oxford English Dictionary*) 新增了二十六個韓語詞彙，像是「韓服」(hanbok)、「大發」(daebak) 以及「蘿蔔水泡菜」(dongchimi)，展現了韓流的國際影響力。除了文化商品化之外，這些娛樂產業也訴說了弱國崛起的成功故事，徹底改變韓國在海外的形象，從曾經被殖民的國家搖身一變成為令人嚮往的文化潮流領導者（詳見Youna Kim，pp.36-45）。

這種觀念上的轉變以及隨之而來的軟實力提升，因為創新技術而更加顯著，歷史已經證實這些創新技術有助於促成新的文化生產和消費模式。在國際貨幣基金危機後的高速網路普及時代，韓國很快開始探索創新技術的前景。1998年，世韓公司 (Saehan Information Systems) 推出了世界上第一款商用MP3播放器MPMan F10，隨後三星公司也在1999年迅速推出第一款商用衛星電視手機SCH-M220，以及第一款電容式觸控螢幕手機LG KE850，又稱為LG Prada（詳見p.47）。從1990年代中期開始，隨著家用個人電腦的成長，社群網路服務和電競（最初是電腦線上遊戲）形式的新數位娛樂也逐漸崛起，並徹底改變了韓國人的互動方式。社交聚會和思想交流從現實世界轉移到無數的虛擬「聊天室」或「網咖」，讓人

們可以自由且匿名地討論各種主題。例如，典型的社群交友網站Cyworld（1999）讓使用者可以在網頁上分享他們的部落格、照片以及想法。到了2001年，Cyworld開發了有趣且個人化的數位環境，名為「迷你房間」（miniroom），讓使用者可以在此設計自己的虛擬化身、音樂播放清單以及數位裝飾，這些都可以在線上用Cyworld的虛擬貨幣dotori購買。這個平臺廣受歡迎，到了2009年，全國有三分之二的人都擁有自己的迷你房間。隨著Facebook、YouTube以及Twitter在2000年代中期出現，韓國已經熟悉並認識到社群媒體和直播平臺的潛力。

韓國流行音樂產業迅速地採用這些管道，展開策略性宣傳並推廣創意內容，同時培養全球的粉絲社群。SM娛樂公司創辦人李秀滿，也就是H.O.T.、少女時代、EXO、Red Velvet以及NCT的幕後推手，意識到國內市場的局限性，便於1990年代中期設計出一套韓國流行音樂的宣傳制度，他稱之為文化科技（Culture Technology, CT）。[3]文化科技的核心原則是超越文化差異，擴大韓國流行音樂在全球的吸引力。為了達到這個目標，業界將文化與科技相結合，並建立一套基礎制度，讓韓國流行音樂的內容與傳播方式在地化，以提升海外的接受度並強化其粉絲社群。文化科技策略包含為偶像開設語言課程、在世界各地招募練習生，並與國際從業人員和夥伴展開合作。業界迅速將社群媒體納入產業的一環，以促進偶像與粉絲之間的互動和親密感，並集結直播平臺以及身為粉絲的內容創作者，以快速且有效的方式在線上宣傳韓國流行音樂。儘管有人批評這項計畫是以利潤為導向，而且由此產生的藝術成品充滿混雜性、工廠化，但隨著SM旗下藝人在海外大獲成功，文化科技策略獲得認可。其他娛樂公司也很快地採取了相同的做法，韓國明星制度就此誕生。

為了維持競爭力，文化科技策略需要在技術上保持領先。接下來的首要任務是追求擴增實境、虛擬實境以及人工智慧所創造的新現實，由於新冠疫情使得巡迴演出和現場活動陷入停擺，更加速了創新技術的發展（詳見陳達鏞，pp.46–55）。韓國娛樂公司與理工學院、研究實驗室組成合資企業，在眾人垂涎的元宇宙世界中展開全球競賽（元宇宙是建立在沉浸式虛擬環境中的平行宇宙，能透過耳機和其他技術，將我們的感官體驗延伸至現實世界之外[4]）。

〈迷你房間〉(Mini Room)（上）與〈MD03/Min Ji Jo〉（下），出自 Emil Goh 的數位版畫系列《MyCy》，2005年。藝術家探索了人們的真實房間與他們在 Cyworld 的 Minihome 網站上發布的房間有何相似、相異之處。

在元宇宙中，使用者透過遠端遙控的虛擬化身互動，參與各式各樣的活動，並與彼此分享參與線上活動的經驗。新冠疫情提供了合適的時機，讓各界測試發展中的另類視覺、體驗以及敘事裝置，這些都將影響韓國流行音樂下一階段的發展。到目前為止，真人與虛擬混合或完全虛擬的韓國流行音樂樂團，從K/DA和aespa到SUPERKIND和Plave，既迷人卻又令人不安。除了技術專業與商業價值的討論之外，這些團體也掀起了不少倫理辯論，探討數位時代偶像的角色與意義。這段期間也出現一系列直播演唱會並推出新的虛擬偶像。[5] 值得注意的是，源自1900年代末期的電腦線上遊戲產業至今仍然是韓國最大的文化出口產業，創造的營收更超過其他娛樂產業的總和。[6] 2022年，電競進入歷史性的轉捩點，因為亞洲運動會首次正式結合電競與體育運動，進一步模糊了真實世界與虛擬世界的分野。

　　從韓劇到條漫（韓國的網路漫畫）、電影、音樂以及電競，韓國的文化產業都可以透過媒介融合與跨媒介敘事整合不同平臺的數位內容。這些產業攜手突破界限，形成創意的生態系，不僅能促進產業成長，也能強化產品的「韓國」屬性，同時擴大全球粉絲社群。這些文化產業更透過多樣化的產品進一步與彼此建立連結：韓國流行音樂公司通常都會管理自己的模特兒和藝人經紀公司，而這些經紀公司也從事廣播和電影相關的工作。韓國流行音樂公司也投入技術研發，就像電腦遊戲開發商持有韓國流行音樂產業的股份一樣。近期，這些公司也開始涉足韓國美妝領域，音樂教父朴軫永（JYP娛樂）與美容品牌Sioris合作推出化妝品系列，手機遊戲巨頭網石遊戲（NetMarble）則與Coway合作推出Healer.B化妝品。這些娛樂公司正迅速成為韓國出口產業和文化經濟的新指標。

韓流：軟實力與政治

Youna Kim

2016年在巴黎舉辦的韓國流行音樂音樂節(KCON)吸引了大量觀眾。

　　自1990年代後期以來，南韓躍升為新的全球流行文化中心，創造了「韓流」現象。韓流源自於電視劇的傳播，後來更擴及到韓國流行音樂、電影、動畫、線上遊戲、智慧型手機、時尚、美妝、飲食以及生活方式。韓流崛起的關鍵特徵是民族國家的積極參與，致力於打造酷炫的國家品牌，強化商業性的流行民族主義或文化民族主義，透過流行文化來促進政治和經濟利益。流行文化成為宣傳國家活力形象的有效方式。[1]儘管有所局限，韓流正藉由全球化和數位化浪潮建立文化連結的橋梁，成為韓國最強大的軟實力。

　　本章將探討韓流的發展，及其在數位時代對軟實力和文化民族主義的複雜影響。韓流展現出當今全球文化流動去中心、多元化的發展歷程，其意義可被視為在全球不平等與權力結構不均的背景下，有意識（而且往往是刻意）地對抗西方主導的文化市場所帶來的威脅以及對非西方文化的漠視。作為曾經遭到殖民和某種程度上的邊緣國家，韓國強化其國家的文化產業，與主流的西方媒體產品競爭，同時鞏固其在區域市場及其他市場快速成長的地位。

　　韓國的文化產業在1990年代末因社會經濟、文化與政治因素而發展起來。[2]在1997年國際貨幣基金的金融危機之後，韓國政府徹底審視了現代化進程，並將流行媒體文化的出口訂定為新的經濟政策，作為對國家經濟生存與發展至關重要的主要外匯收入來源之一。貿易專家呼籲國家將主要發展策略轉向文化和數位科技與服務的海外行銷，包含電影、電視節目、流行音樂、線上遊戲以及發行服務。韓國政府力求善用韓國流行文化，在出口擴張政策上給予和電子產品、汽車產業同樣的國家支持。韓流現象源自於私部門的努力，但國家主導發展民族主義，對韓流的擴張速度發揮了關鍵的作用。

歷任政府的文化政策：1990至2022年

　　韓國文化產業的發展是全球化競爭下的國家政策，並非與全球化對立。政府與私部門和學術界攜手致力於重塑國家形象和文化認同。[3]金泳三政府(1993-1998)的全球化政策開始回應西方強加的新自由主義與管制措施。金大中政府(1998-2003)為文化產業提供財政支持，著重在內容、創意以及文化，鼓勵大學設立文化產業系所。盧武鉉政府(2003-2008)提倡文化多樣性和創意發展。李明博政府(2008-2013)推動「品牌韓國」，旨在透過韓國流行音樂、韓國飲食等廣泛領域的流行文化來提升國家形

韓國廣播公司電視劇《冬季戀歌》的第一季劇照，尹錫湖執導。本劇於2002年首播，在日本大受歡迎。

象。2016年，為了慶祝韓法建交一百三十週年，全球規模最大的韓國流行音樂節在巴黎舉行，除了時任總統朴槿惠（2013-2017）出席以外，更吸引了一萬三千五百名韓流粉絲，大大提升了韓國文化的能見度。2017年，文在寅總統（2017-2022）宣布未來要將全球韓流粉絲人數增加到一億人。[4]

如今，政策討論持續將文化視為跨國商品與資本。文化體育觀光部和韓國貿易投資振興公社（KOTRA）為推廣國家形象的計畫編列了預算。在民族國家的積極參與下，韓流成為跨越文化、經濟以及政治領域的顯著案例，體現了全球化時代新自由資本主義的典範。

透過出口與美劇相比性意涵與暴力程度較低的電視劇，韓流開始產生重大影響。韓國戲劇融合了現代與傳統，具有自我反思與情感渲染力。[5]隨著浪漫愛情劇《冬季戀歌》(*Winter Sonata*, 2002) 在日本大受歡迎，以及歷史劇《大長今》(*Jewel in the Palace*, 2003) 的播出，韓流在日本達到了高峰；後來還有其他成功的韓劇作品，像是與Netflix聯合製作的歷史超自然驚悚劇《屍戰朝鮮》(*Kingdom*, 2019-2020)。在「快速現代化、高教育程度且具新儒家思想的韓國」，曾被視為感性和庸俗的流行文化現在已成為一股強大的出口力量，為國家創造高經濟價值和文化意義。[6]被稱為「粉絲字幕」(fan-subbing) 的業餘字幕製作對韓流的發展極為重要，分散各地的粉絲貢獻自己的語言專長和時間，為更大的集體利益服務。對於在全球媒體產業中處於邊緣地位的語言而言，這種自發性、協作式的翻譯文化呈現出粉絲對韓劇的情感投入程度。[7]

偶像明星化身文化外交大使

韓國的音樂產業世界上排名第六，是國家經濟收入的重要來源。BLACKPINK等韓國流行音樂團體的成功是韓國「明星制度」的直接成果，透過密集的訓練，提供精緻、辨識度高且具有國際吸引力的產品。繼2012年韓國非主流音樂

2022年6月,防彈少年團在白宮與美國總統拜登(Joe Biden)會面。在韓國流行音樂偶像帶動下蔚為流行的手指愛心手勢,突顯他們反對仇恨犯罪的立場。

人PSY因其歌曲〈Gangnam Style〉意外引發全球轟動並獲得空前的成功後,韓國流行音樂男團防彈少年團於2013年出道,逐漸發展成為廣受認可且極具影響力的全球現象;防彈少年團在美國雜誌《告示牌》(Billboard)專輯排行榜上名列前茅,並成為第一個在聯合國發表演說的韓國流行音樂團體,協助聯合國兒童基金會發起「零極限世代」(Generation Unlimited)活動,在世界各地推廣青年教育、就業和賦權概念。聯合國會員國致力於建立發展目標,以克服貧窮、不平等以及其他國際問題,但聯合國也指出「參與聯合國大會的多數國家元首幾乎都超過六十歲」[8],因此強調青年世代參與的必要性;聯合國對防彈少年團的邀請,反映出該團體有能力透過發展迅速的數位科技和網路通訊來吸引並影響全球的青年社群。在世界各地,防彈少年團的忠實粉絲BTS ARMY透過社群媒體宣傳並傳播偶像的故事和價值觀。韓流不僅成為韓國經濟競爭力的核心,也是全球社會影響力與文化外交的強大資產。[9]

在非西方國家中,韓國的電影產業規模排名第五。1990年代,在政府的國家資本力量與財閥的投資下,韓國開始仿效好萊塢電影產業的發展。韓國的第一部好萊塢風格驚悚大片《魚》(Shiri, 1999)吸引了五百八十萬觀眾進場,超過在韓國觀賞《鐵達尼號》(Titanic, 1997)的四百七十萬觀眾。韓國電影在2019年邁入一百週年;同年,《寄生上流》在全球的成功,代表韓國電影產業經歷一百年來的發展,最終成為國際文化強國的巔峰。《寄生上流》在奧斯卡獎的歷史性勝利所代表的意義,並不只是韓國電影在全球一炮而紅,而是好萊塢和西方首次決定將目光轉向韓國電影。[10]一直以來,流行文化的創意能量和吸引力持續提升韓國的能見度,並展現了新世代的想像力。[11]

以流行文化替代軍事征服

韓流史無前例的成功,讓幾個世紀以來被殖民、處於強國陰影下的韓國得到了不同以往

2021年在YouTube上發布的「感受韓國的節奏」(Feel the Rhythm of Korea)宣傳活動中,韓國觀光公社與盤索里(pansori)說唱藝術樂團Leenalchi以及來自Ambiguous Dance Company的Goblins舞團等藝術家合作,在韓國各城市創造充滿活力的場景。

的關注。如今韓國政府意識到，流行文化是有效的手法，可以透過「軟實力」創造並向國際受眾宣傳充滿活力的國家形象。軟實力是指在不使用軍事或經濟力量的情況下，透過吸引力而非威脅或強迫手段，使他人的行為達到預期的結果，並藉由長期的擴散效應而非立即或短期的行動來達成目標。[12] 雖然軟實力的概念首度出現在以國家為核心的國際關係領域，卻也適用在更廣泛的行為者和領域：軟實力可以是「高階」的，說服目標是國家的菁英，也可以是「低階」的，說服目標是一般大眾。而軟實力可能來自政府和非政府單位，包含商人和流行文化明星。[13] 任何國家的軟實力主要取決於三種資源：文化的吸引力、在國內外展現的政治價值觀，以及被視為合法且具有道德權威的外交政策。[14] 因此，一個國家的流行文化可以提升其整體吸引力和在世界舞臺上的潛在影響力，儘管這些力量無法量化，且往往具有商業性，甚至存在自相矛盾之處。流行文化不只是大規模生產的資本主義娛樂與休閒活動，因為權力及政治往往無可避免地與文化及意識形態交織在一起，而後者總是涉及協商、爭奪與對立的過程。

韓流不僅僅是一種文化現象，其根本意義在於透過跨國的傳播與詮釋過程，創造軟實力、國家品牌以及永續發展。[15] 韓國政府超越了以國家為中心的傳統外交，藉由推廣韓流來創造國家的好感度，並善用明星的文化外交，以數位媒體串連全球受眾和全球公共領域。傳統的外交官定義是國家和國家利益的代理人，儘管近來明星在全球事務的參與獲得重要的肯定，但他們就像所有非官方組織成員一樣，都被排除在外交官的定義之外。[16] 在一個對政客和政治體制信任度極低的國家，明星更有可能填補政治階層留下的信任真空；因此，韓流明星可能受政府延攬，在世界領袖之間的外交領域發揮支持作用，並被任命為國家的榮譽大使，利用他們的品牌力量在海外進行文化推廣。他們能幫助國家緩解外交緊張局勢，為全球大眾重新塑造「酷韓國」(cool Korea)的國家品牌。

「情感政治」的軟性運作

韓流明星的人氣吸引愈來愈多外國觀眾前往他們喜愛的電視劇與電影拍攝地。對於狂熱的觀眾而言，這些地點已成為「必去」景點，他們的到訪也代表人們可自由穿梭於不同的地理或文化空間。[17] 隨著各個城市為了吸引全球遊客而展開競逐，每個城市（或國家）的認同都在「超空間」世界中重新建構；在這個世界中，空間與時間被拉伸，以容納資本與欲望的流動，這些特徵正體現了新自由資本主義。[18] 韓流成為韓國注意力經濟不可或缺的一部分，而注意力經濟則是圍繞在與觀眾的情感關係和數位連結，目的是塑造欲望與渴求。

例如，韓國政府向伊拉克和埃及的廣播公司免費提供電視劇《冬季戀歌》的播映權，希望促使當地對駐伊拉克的韓國士兵產生好感，並在那些對韓國文化知之甚少的國家塑造更好的韓國形象。[19] 在中東地區，韓流首次將其軟實力的非經濟層面擴展到政治領域。此外，電視劇播出後，韓國駐埃及大使館收到了數以千計的粉絲來信。觀眾在阿拉伯文化圈建立了韓流粉絲俱樂部與網站，表達他們對韓國文化燃起的興趣和造訪韓國的渴望。

同樣地，韓流也吸引了世界各地的年輕人從事韓國研究並學習韓語。韓國政府委由明星擔任文化與觀光大使，並為海外的韓流粉絲俱樂部舉辦活動。文化體育觀光部透過「訪問韓國」（Visit Korea）宣傳活動和提供韓流資訊的網站（包含故事情節、拍攝地點以及明星）來行銷韓國：例如，鼓勵《大長今》的全球粉絲前往該歷史劇的拍攝地濟州民俗村，體驗韓服（傳統服飾）、韓屋（傳統住宅）以及韓食（傳統飲食）等傳統文化。在海外舉辦的「韓國日」或「韓國週」等贊助活動，旨在提升韓國的國際地位，並改變韓國在全球印象中經濟硬實力遠超過軟實力的形象。

在今日的數位時代，「由上而下」與「由下而上」的協作創意（「上」指的是民族國家、機構以及媒體產業；「下」指的是身為基層中介者、生產兼消費者以及公眾的數位粉絲）可以借用流行文化，使其國家、語言與文化對國際觀眾更具吸引力，並為軟實力的發展創造可能性。儘管「由下而上」的行為者不一定按照可預測的方式行動，或與自上而下的政府和媒體行為者保持一致，但他們的自發和情感參與（如粉絲字幕），在傳播流行文化與促進軟實力方面扮演了重要的角色。

數位科技開創出「情感政治」，即動員與捕捉情感、情緒的新策略，成為數位時代下媒體文化與政治發展的核心動力，與理性政治行為者的傳統教條背道而馳。[20]情感政治或其他「軟性」的宣傳手法並非新鮮事，但在數位時代的外交策略中卻顯得格外醒目，尤其是涉及流行文化或明星的象徵意義時。

韓流打造的新文化帝國

在政府的積極介入下，韓流很大程度上建立在民族主義的論述與政策框架之中，並被視為文化民族主義：一種披著軟實力外衣的霸權形式。韓流作為後殖民國家的軟實力資源，能夠創造深植於文化民族主義與意識形態的新文化帝國主義，諷刺的是，正是這種意識形態破壞了文化多樣性與軟實力原則。[21]

全球化及其相關的數位科技使得新形式的全球民族主義成為可能，這遠遠超越傳統民族國家的疆界[22]，而過去的歷史創傷也激發了今日的全球民族主義。[23]全球化與民族化力量之間的辯證是流行文化的重要特徵，因為民族國家在促進跨國文化流動上扮演了核心角色。

韓流能見度的提升，被海外的大眾媒體和公眾批評為韓國的準殖民文化入侵。對某些人來說，韓流是一股破壞既有秩序的逆流，目的是服務多元的消費市場，對抗西方施予其他地區的單向文化輸出。相對地，韓流的聲量與傳播速度持續成長，在其他社群中激起了不滿與緊張感，引發東亞[24]與東南亞[25]的反韓情緒。在這些地區，非消費者的線上社群強化了反動的民族主義論述，而當地媒體的產製與國家也參與其中。

然而，韓國文化民族主義的流動符號，即透過流行文化表達出新的自信、驕傲、文化真實性、內在熱情以及能量，正是韓流在數位化、相互交融的世界中擁有強大吸引力的原因。[26]這反映出韓國渴望成為一股獨立的文化力量，即使面臨西方媒體的威脅以及西方全球化的強勢擴張，韓國仍希望在爭取國家文化認同的過程中取得一定的發言位置。[27]韓國正透過非傳統、去中心化的文化流動（如韓流）來重新想像並學習自己的認同與未來。這種想像與反思不僅象徵了新的自信，也反映出韓國在全球媒體環境中日益嚴重的焦慮。

2006年，一架韓亞航空（Asiana Airlines）的客機上印有《大長今》電視劇（2003-2004）女主角李英愛的圖像。

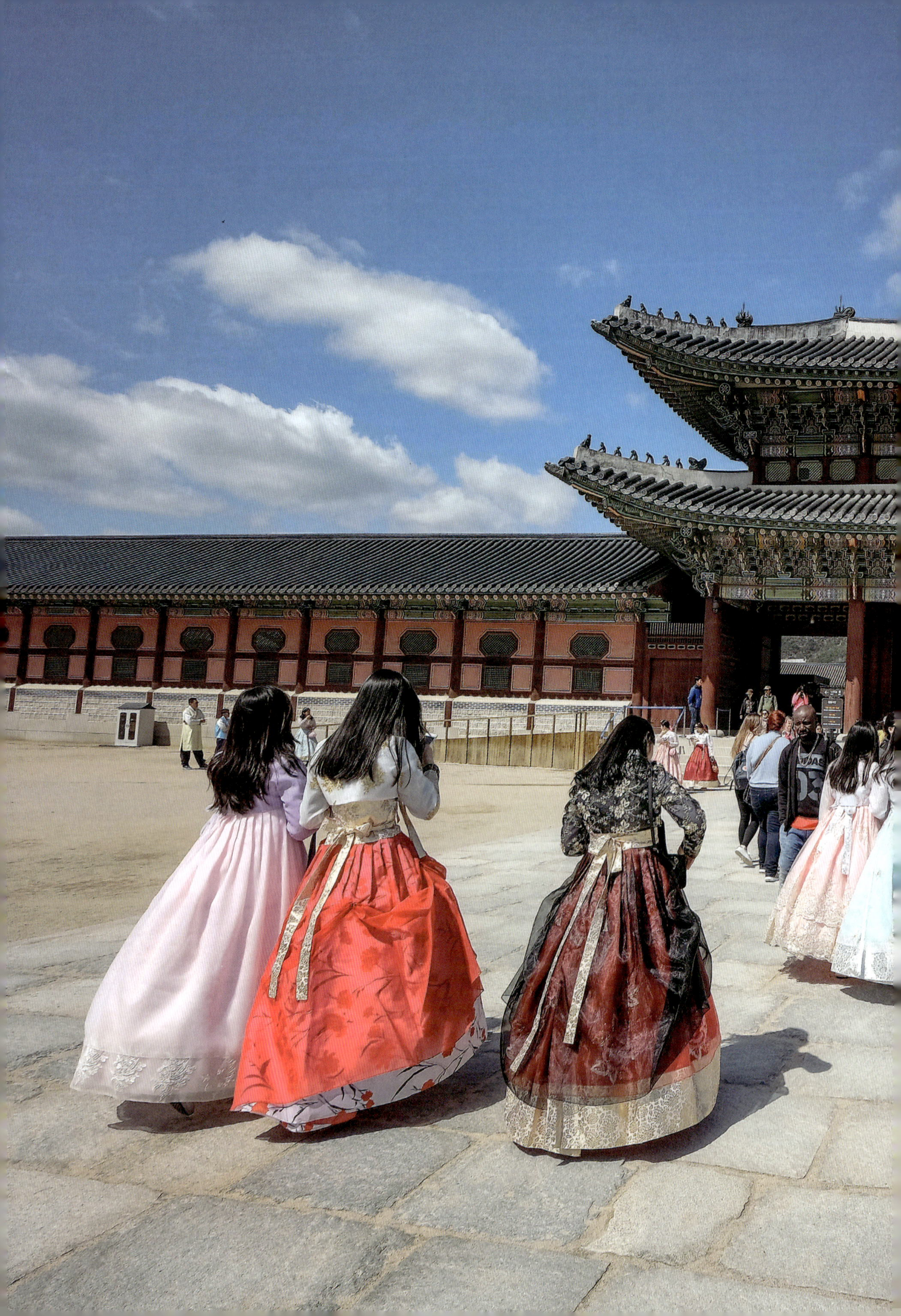

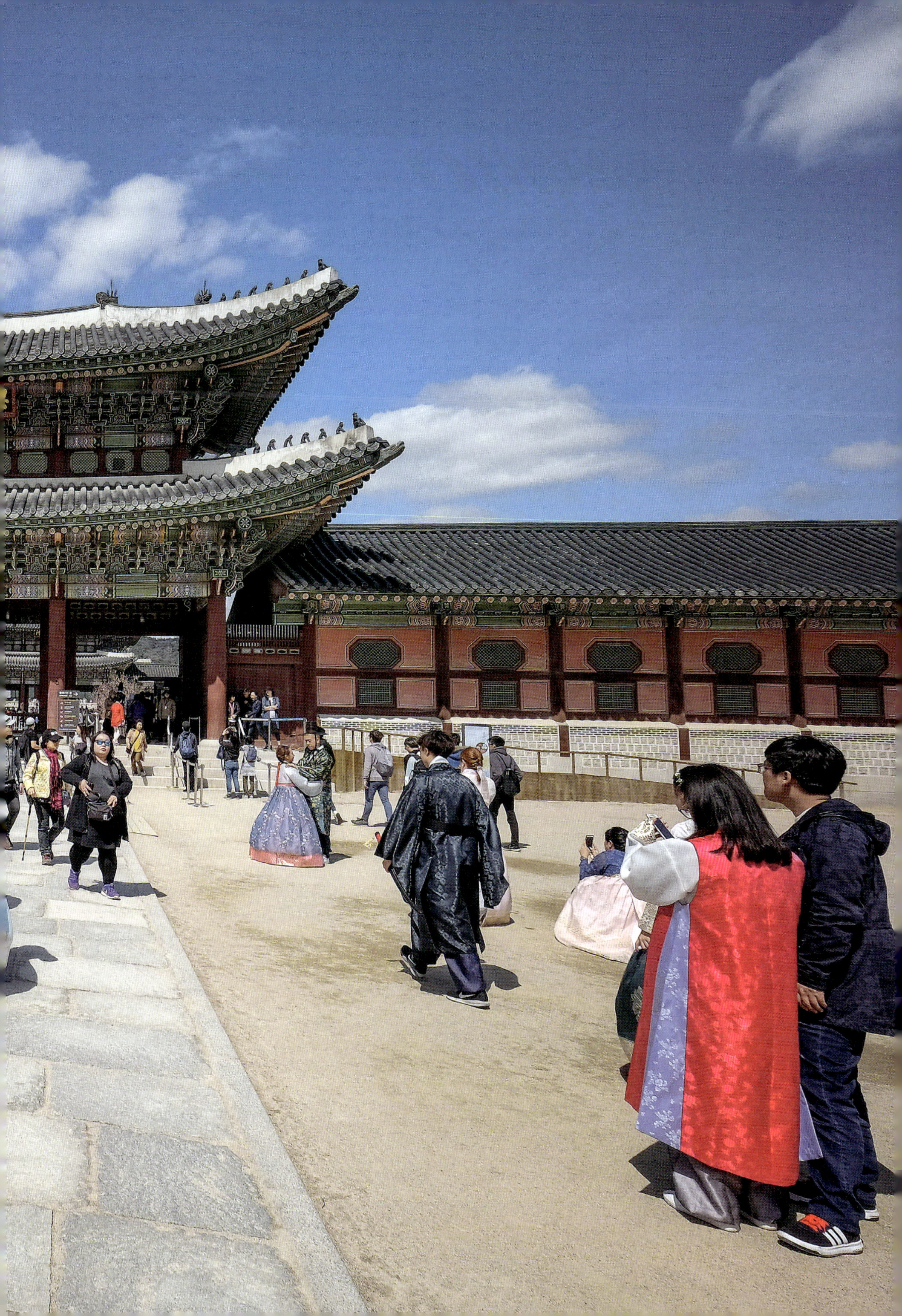

數位韓流：
從電競到韓國流行音樂

陳達鏞

世界上第一臺商用MP3播放器MPMan F10（與其充電座），由Saehan Electronics於1998年打造。

LG Prada KE850智慧型手機是韓國第一款觸控式手機，於2007年5月推出。

自1990年代末韓國推出高速網路服務以來，智慧型手機、數位遊戲等數位技術以及Naver、Daum和Kakao等入口網站已成為韓國社會的標誌。在過去二十年間，韓國發展了各式各樣的數位科技與數位文化，對人們的日常生活和文化活動皆產生了根本性的影響。在本章中，我將探討數位科技的出現與韓國流行文化變化之間的緊密關係。在簡短介紹1990年代中期數位科技的快速成長之後，我將解釋網際網路與社群媒體如何造成韓流內容（包括數位遊戲與電競）以及韓國流行音樂在全球文化領域迅速流行。我也探討Naver和Daum（現為Kakao）等入口網站（它們本身也轉變為數位平臺），以及KakaoTalk和Line等行動通訊服務如何推動新的數位文化。最終，我將討論人工智慧和元宇宙等各種尖端數位科技的發展，以及這些新科技對韓國流行音樂界的影響。

韓國數位科技的興起

韓國曾經處於資訊科技領域的邊陲地位，但自1990年代中期以來，推出幾項數位科技服務之後，此領域已經成為國家經濟與青年文化的重要一環。韓國政府於1995年3月成立韓國資訊基礎建設計畫（Korea Information Infrastructure, KII），試圖將國家的產業轉型為知識型經濟。韓國政府了解到「現有的全國數位網絡並沒有足夠的能力處理二十一世紀需要傳輸的大量多媒體資料，因此韓國的未來取決於先進資訊基礎設施的建設」。[1]政府希望建構全國性的基礎設施，包含通訊網路、網路服務、應用軟體、電腦以及資訊產品與服務。[2]韓國資訊基礎建設計畫的目標是透過市場競爭、私部門投資以及政府政策來建立高速、高容量的網路，進而支援政府、私營企業以及終端使用者等多方參與者。[3]原本的計畫是在2015年前為所有的家戶提供寬頻網路，但在1999年，這項目標提前至2010年，總計畫成本為兩百四十五億美元，其中政府投資占十五億美元。[4]

在這項基礎建設的支持下，三星電子和LG電子等大型財閥（企業集團）開始在1990年代末研發新的手機和音樂技術。「分碼多重進接」（Code Division Multiple Access, CDMA）技術在1990年代末推出時，能讓多個發射器同時透過單一的通訊頻道傳送資訊，讓使用者能夠共享頻段。當時LG經濟研究院已經發展出智慧型手機構想，將手機、網路以及電子郵件結合在一起。[5] 三星電子在1998年的年度報告也使用了「智慧型手機」一詞，並解釋：「智慧型手機是一種多功能的行動電話，包含電子郵件和網路搜尋，同時與個人電腦共享資料。智慧型手機最常見的定義是具有多功能的手機，像是傳真、

2017年在釜山廣安里海灘舉行的《星海爭霸》職業聯盟總決賽，展現了韓國龐大的電競觀眾人數。

電子郵件、呼叫機、電子記事本、通訊錄、日曆和計算機，以及具有特定作業系統的觸控螢幕來執行這些應用程式。」[6]這段期間，隨著政府與手機製造商開始發展新的技術與概念，韓國逐漸邁向2000年代後半期的智慧型手機時代。[7]因此，韓國的科技巨頭開發了多款手機，包含LG Prada，即韓國第一款配備電容式觸控螢幕的手機。觸控螢幕底部的四個圖示可以讓使用者撥打電話、傳送訊息或前往主選單。側邊還有音量控制、相機和MP3播放器按鈕。LG Prada於2007年5月推出，比 Apple 的 iPhone 還要早一個月。[8]自2009年起，三星和LG持續生產自家的智慧型手機，但後來LG電子在2021年停止智慧型手機業務。[9]與此同時，Naver和Kakao已成為韓國的兩大數位平臺，許多韓國人非常仰賴這兩間公司提供的新聞、資訊、娛樂和條漫（日本漫畫風格的網路漫畫，通常以「集」為單元在線上發行）服務（詳見金炫敬，pp.78-89）。[10]

　　Naver Corp是全球性的數位公司，提供Naver搜尋網站的服務；其子公司和分支機構提供的服務包含Line messenger、Snow相機應用程式、Naver Webtoon數位漫畫平臺、Naver Band群組社群媒體平臺以及Zepeto元宇宙平臺。另一個韓國的數位平臺Kakao成立於2010年，目前已開發出多個應用程式與服務，包含KakaoTalk和KakaoPage。這些平臺已成為「數位韓國」的主要參與者，既是使用者也是生產者。

　　「數位韓國」不僅改變了國家經濟，也改變了人們參與的文化活動。韓國人透過數位科技享受文化內容，大大增加了他們對新數位科技的使用頻率與依賴度。正如經濟合作暨發展組織（OECD）所指出，「韓國是新興數位科技領域的佼佼者，擁有卓越的數位基礎設施和充滿活力的資訊與通訊技術產業」；同時也指出，「數位科技有機會提升企業生產力和人民福祉」。[11]正如我們將看到的，數位科技與相關文化的融合，大大促成了數位韓流的成功。

數位遊戲與電競

　　數位遊戲已經成為全球許多地區重要的文化活動，韓國更發展出各種數位遊戲與相關文化，包含PC房（PC Bang）遊戲中心（主要在1997年經濟危機前後成立）以及電競。1997年，韓國擁有個人電腦與網路設備的家戶數

2021年《英雄聯盟》玩家參與 Riot Games 在首爾 Lion Internet Café 舉辦的PC房錦標賽。

量不多，但由於政府的基礎建設計畫，高速網路逐漸普及，使得造訪PC房的人數迅速攀升，原因是在PC房玩遊戲不會遇到訊號中斷的情形。不久之後，美國暴雪娛樂公司（Blizzard Entertainment）於1998年推出的《星海爭霸》（StarCraft）遊戲也進軍韓國。這款以科幻為主題的線上策略遊戲成為韓國電競的支柱，同時也是「韓國數位遊戲文化的一大福音，正好出現在PC房擴張的高峰期。《星海爭霸》似乎在一夕之間成為韓國的流行文化的焦點。」[12]

隨著PC房的擴張以及《星海爭霸》的爆紅，電競比賽的數量也迅速增加。1999年，韓國有二十五場電競比賽，2000年更增加到五十一場，甚至早在電競直播時代之前就是如此。由於電競對於年輕文化的重要性與日俱增，並具有提升企業形象的潛力，三星、現代證券公司（Hyundai Securities Co.）等財閥以及Sport Seoul、Tooniverse、Digital Chosun和首爾廣播系統（SBS）等媒體公司都舉辦了電競比賽。[13]《星海爭霸》以及隨後電競的成功，也促使遊戲開發商打造出新的線上遊戲：例如NCSoft開發的大型多人線上角色扮演遊戲《天堂 I》（Lineage I），這款遊戲在1998年推出後立即大受歡迎，開啟了韓國線上遊戲發展的黃金年代。[14]

隨著有線電視頻道開始直播職業選手的電競比賽，電競產業呈現蓬勃發展，隨後電腦網路也開始直播比賽，加速了電競運動和觀眾人數的成長。2001年，MBCGame（以訂閱制為主的韓國電視台，是相當受歡迎的電競頻道）開啟了二十四小時的遊戲直播。其他頻道也紛紛效仿，對電競觀眾的拓展貢獻良多。與此同時，Ongamenet專門播報電玩遊戲的資訊以及比賽，內容涵蓋《星海爭霸》、《魔獸爭霸III》（WarcraftIII）、《國際足盟大賽》（FIFA Series）、《絕對武力》（Counter-Strike）、《世界足球競賽》（WinningEleven）、《世紀帝國III》（Age of Empires III）以及《生死格鬥》（Dead or Alive）。為了回應大眾對於電競的熱愛，三星、SKT和KT等許多資訊科技公司也成立了自家的職業電競代表隊，以提升企業形象。

科技發展是網路遊戲與特殊觀眾模式興起的關鍵，但韓國的活絡氛圍與大眾遊戲文化等社會文化因素也扮演了重要角色。身為高度發展的網絡社會，韓國人習慣一起玩樂、一起工

作,而他們想要參與遊戲過程的渴望(在相互競爭、沉浸式的環境中一起玩遊戲)是數位遊戲成長的重要因素。[15]除了在國內推動電競產業之外,韓國也在全球各地推動電競的發展:在2000年代,韓國成立了世界電競遊戲聯盟(World Esports Game League),多年來已成為全球遊戲玩家的重要競技場。

從創造並出口許多線上與手機遊戲到發展電競產業,韓國在數位遊戲領域的全球影響力遠遠超過廣播、電影甚至韓國流行音樂。2020年,韓國數位遊戲的出口達到七二·五四億美元,而廣播電視節目的出口僅有四·八六億美元,電影業的出口則是五千四百萬美元。[16]

社群媒體與韓國流行音樂

韓國流行音樂風靡全球的原因有很多,但社群媒體、人工智慧以及元宇宙等數位科技在其中扮演了關鍵的角色。如今,韓國流行音樂歌手仍持續在觀眾面前唱歌、跳舞,看似是極度傳統的文化形式,但當代的韓國流行音樂已經成為融合流行文化與尖端數位科技的象徵。

首先,社群媒體一直是韓國流行音樂在全球樂壇大獲成功的重要因素。從2010年代初開始,社群媒體迅速取代了傳統媒體的角色,讓使用者可以跨國接觸到韓國流行音樂內容。北美主流媒體缺乏韓國流行文化內容,甚至可能促成了線上韓流社群的興起:許多全球粉絲指出,除了極少數的衛星或有線電視頻道外,多數廣播和有線電視媒體都沒有定期播出韓流內容,因此勢必要仰賴社群媒體。[17]從PSY的〈Gangnam Style〉(2012)到防彈少年團的〈Dynamite〉(2020)和BLACKPINK的〈How You Like That〉(2020),韓國流行音樂偶像團體和藝人不僅利用社群媒體發布新單曲和專輯,更透過社群媒體與全球粉絲建立連結。

正如金炫敬在前言中提到的,韓國流行音樂偶像團體使用社群媒體平臺已經是業界行之有年的做法,而粉絲與偶像之間互惠的參與也成為當代音樂消費的典型特徵。許多一流的韓國流行音樂偶像(包含 EXO、BLACKPINK 和 TWICE)都廣泛利用社群媒體為他們的音樂培養觀眾。防彈少年團尤其以使用社群媒體而聞名,他們在2010年代末至2020年代初屢屢獲得「最佳社群媒體藝人獎」(Top Social Artist),便與他們和粉絲之間的廣泛互動有相關,這也被視為他們的重要優勢。[18]

從2010年代中期開始,韓國音樂產業開始發展另一種形式的媒體融合,即納入人工智慧以拓展文化生產和全球影響力。有趣的是,最早融合韓國流行音樂和人工智慧的其中一個例子是在數位遊戲領域。2018年,Riot Games在韓國仁川舉行的《英雄聯盟》(*League of Legends*)冠軍賽期間推出了名為K/DA新團體。K/DA由真實的韓國和美國歌手(包含其他韓國流行音樂團體的兩位成員)以及虛擬化身所組成。這些真實與虛擬的表演者在舞臺上輪替演出,替連接真實和虛擬世界踏出了重要的一步。這並不是首度出現在舞臺上的虛擬化身,但他們顯然開創了韓國流行音樂虛擬化身的時代。[19]就像線上演唱會一樣,這股新趨勢在新冠疫情期間尤為重要,因為當時人們無法親自出席活動。透過參與線上演唱會,粉絲成為韓國流行音樂的一份子,如今他們可以透過「虛擬」連結來享受虛擬韓國流行音樂團體帶來的樂趣。

K/DA的單曲〈More〉封面，2020年，呈現了《英雄聯盟》冠軍以及流行樂團成員阿卡莉(Akali)、阿璃(Ahri)、伊芙琳(Evelyn)、凱莎(Kai'Sa)和客座藝術家瑟菈紛(Seraphine，左二)。由麥狄森·碧兒(Madison Beer)、(G)I-dle、劉柏辛以及傑拉·伯恩斯(Jaira Burns)配音。

韓國文化與軟實力

2019年12月的「AI萬人迷挑戰賽」(AI Simkoong Challenge) 海報，邀請大眾為虛擬的韓國流行音樂團體票選出最喜愛的面孔，以及根據結果由人工製作的Eternity團體最終陣容。

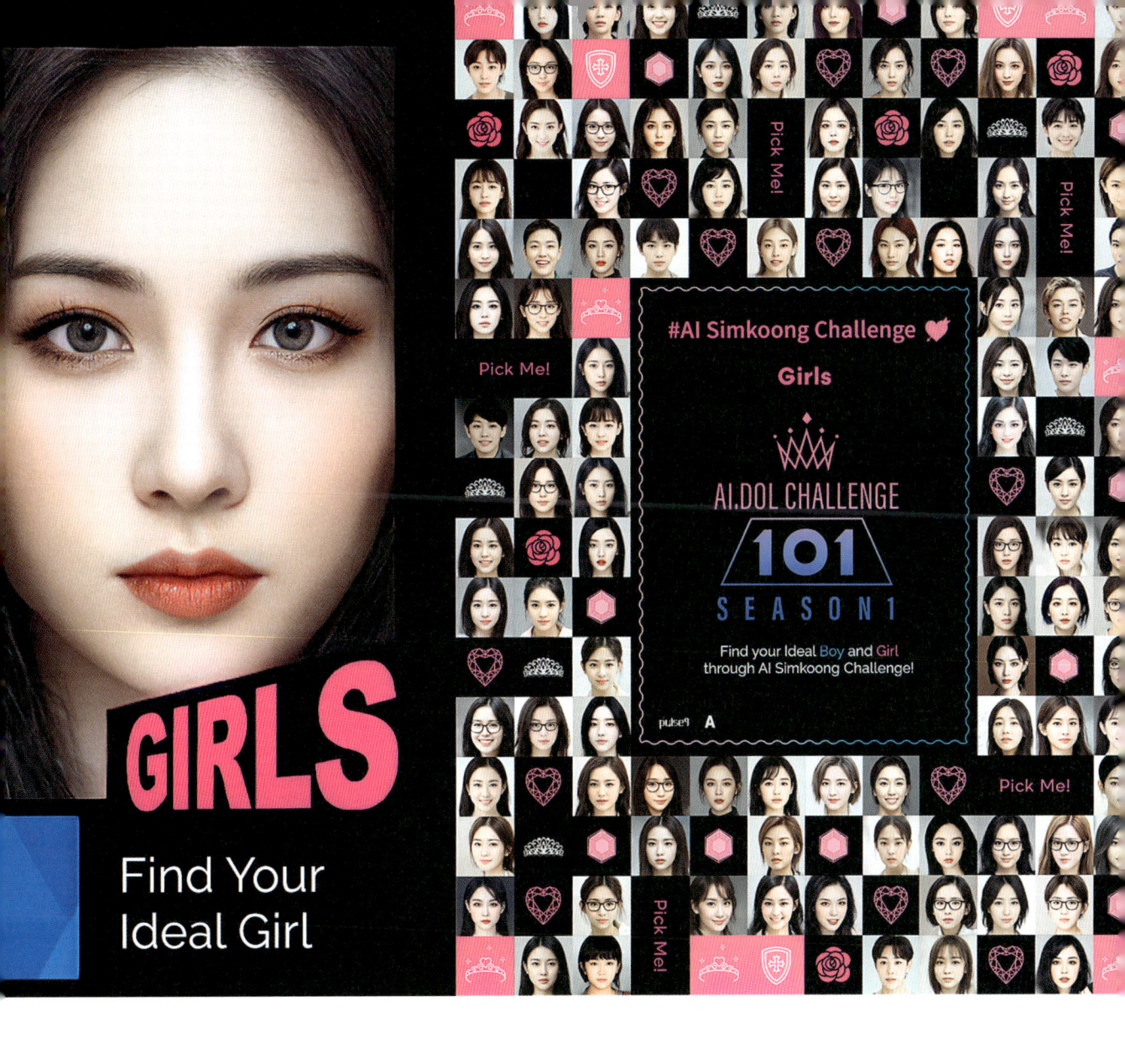

GIRLS
Find Your Ideal Girl

#AI Simkoong Challenge

Girls

AI.DOL CHALLENGE
101
SEASON 1

Find your Ideal Boy and Girl through AI Simkoong Challenge!

pulse9 A

Pick Me!

ETERNITY

2020年10月，SM娛樂創立新的女子團體aespa，結合了真實偶像成員及其對應的虛擬「ae」角色。擴增實境（AugmentedReality, AR）、虛擬實境（Virtual Reality, VR）以及延展實境（Extended Reality）等合成宇宙的開發商往往被視為元宇宙相關企業。[20]換句話說，元宇宙可視為多種技術元素的結合，包含虛擬實境、擴增實境以及影片，讓使用者生活在數位宇宙中。雖然aespa的成立在網路上引發了去人性化的疑慮，但樂團大受歡迎，他們的單曲〈Next Level〉是2021年最熱門的韓國流行音樂歌曲之一，而他們的迷你專輯《Savage》更一舉登上美國《告示牌》排行榜的第二十名。其他藝人也更進一步將虛擬化身融入他們的音樂計畫：2021年3月，由首爾科技新創公司Pulse9所組成的十一人女子團體Eternity發表了單曲〈I'm Real〉。據說Eternity是第一個純粹使用人工智慧創立的韓國流行音樂團體，每個成員都有自己獨特的個性和經歷，甚至可以接受視訊訪問。[21]

這只是一個開始。其他大型韓國流行音樂公司也開始投入以人工智慧和元宇宙為基礎的新韓國流行音樂運動。2017年，YG娛樂與Naver展開合作，藉由整合Naver的技術（包含人工智慧）、資源以及全球影響力，建立新的全球音樂服務平臺。Naver和YG的附屬公司YG Plus正在擴大其音樂資料庫，以納入更多不同的音樂類型和韓國流行音樂曲目。[22]這只是一個例子，說明了韓國的文化產業如何從根本上改變產業規範，並在數位科技的協助下，透過各種策略與戰術來發展文化內容。

在韓國，高速網路、智慧型手機、社群媒體以及人工智慧等新興科技已經在實質上取代了

傳統媒體,成為公共領域的主要工具。由於韓國身為世界上網際網路高度發展的社會,韓國文化活動中日益增加的數位科技運用尤其顯著。科技的進步不僅創造並發展出流行文化和尖端數位產品,同時也促成了這兩個不同領域的融合,以推進數位韓流的進展。

可以肯定的是,數位科技的運用將持續下去,其影響力也將進一步增強。對於1990年後出生的人來說,他們從小就生活在數位媒體的環境中,對國家文化的影響愈來愈大,他們對數位科技的運用與仰賴既普遍又實際。儘管Facebook和Netflix等美國數位平臺在韓國市場的角色日趨重要,數位韓流仍具有足夠的優勢能持續成長茁壯。重要的是,數位韓流不僅僅是國內發展流行文化與數位科技之間的匯流,也是本土創作的文化內容與西方數位平臺之間的融合。隨著這種快速的本土化創新和全球適應性的融合持續刺激韓國流行文化的發展,將數位科技理解為韓流不可或缺的一部分,對於開拓韓流未來的前景尤為重要。

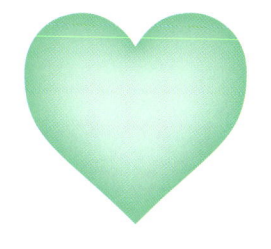

K-Drama, Webtoons and Film

韓劇、條漫與電影

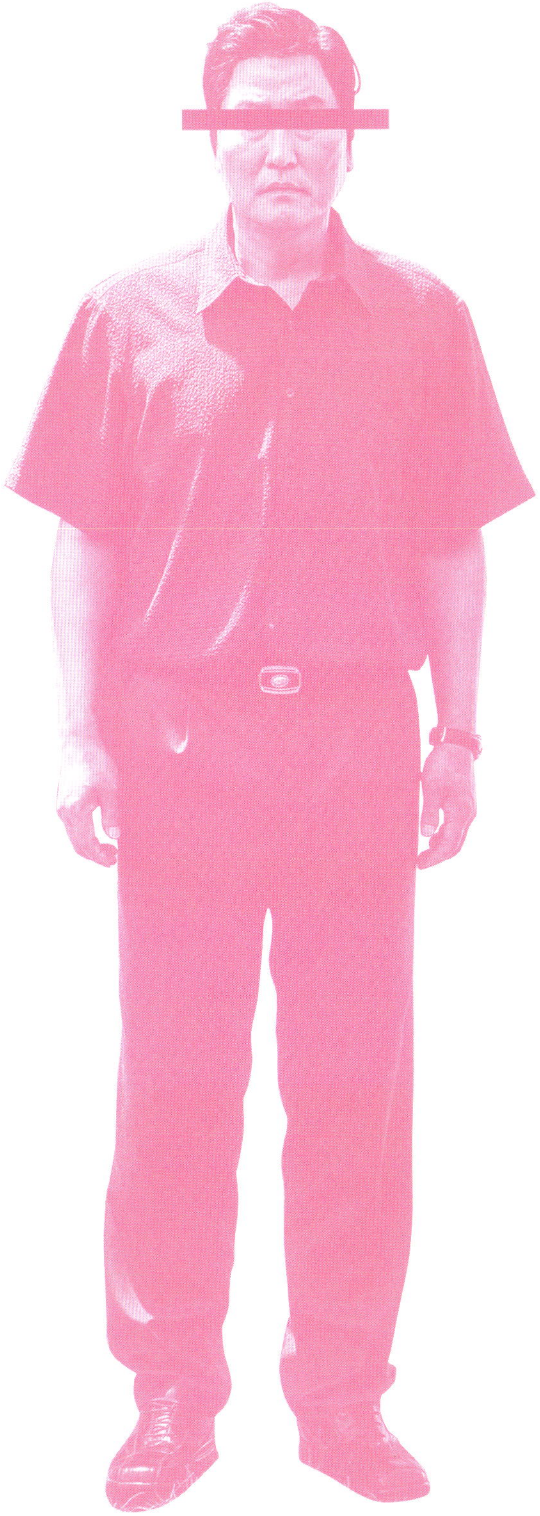

在韓劇和電影的帶動下，第一波韓流在1990年代末席捲亞洲各地。「韓流」一詞源自「韓國潮流」，《北京青年報》在1999年的報導首次提及「韓流」一詞，描述了北京青年對韓國流行文化的狂熱，而這股熱潮是由當時持續湧入中國的韓國電視劇與流行音樂所引發。[1]

1997年，中國中央電視台（CCTV）播出的家庭劇《愛情是什麼》（*What is Love*）大受歡迎，帶起這股韓流狂熱。隨後韓劇也吸引日本、越南、印尼以及其他亞洲國家的觀眾，並在二十一世紀初透過Amazon Prime、Netflix和Hulu等串流媒體服務引起了全球關注。在新冠疫情時期，韓劇的發展更創下亮眼的成績，為許多被迫在家隔離的民眾提供了逃離現實的出口。印度媒體《經濟時報》（*The Economic Times*）指出，僅僅在2019至2020年間，Netflix上的韓劇觀眾就增加了370%以上。[2]如今，《魷魚遊戲》和《殭屍校園》（*All of Us Are Dead*）已成為全球家喻戶曉的影集；《魷魚遊戲》在2021年上線後連續十週登上Netflix全球觀看次數最高的影集[3]，而《殭屍校園》則在2022年1月上映後，一舉躍上全球榜首[4]，分別名列Netflix全球最受歡迎影集的第一和第二名。

韓劇的成功源自於廣電產業的蓬勃發展，隨著韓國在1980年代末和1990年代初進入民主萌芽期，廣電產業開始獲得更多的自主權。當時電視被視為主要的娛樂來源，1996年的每日平均收視時間達到三‧二小時。[5]國家審查制度逐步放寬，使得廣告收入逐漸增加，到了1991年，新的商業電視台「首爾廣播系統」（SBS）成立。隨著1955年有線電視的引入，韓國電視產業又增加了三十個頻道。上述所有因素都刺激了收視率的競爭，並促使電視劇的故事情節和主題呈現多樣化，同時提升了製作品質。[6]現代韓劇的製作模式正是在這種背景下形成：以「邊拍邊播」[7]的方式製作十六至二十四集的影集，每集時長約為一小時，並在日本流行文化式微之際以具競爭力的價格出口到亞洲各地。[8]

韓劇迅速發展並吸引了大量的粉絲。《冬季戀歌》（2002）或《大長今》（2003）等影集因其文化接近性而引起亞洲和穆斯林社群的共鳴；劇情強調深植於新儒家思想[9]的亞洲式情感，包含健康的家庭、教育以及道德價值觀，同時避免性愛和裸露場景，偏好純潔和含蓄的愛情。這些依西方標準來看較為保守的社會價值觀，藉由全球化環境傳播到各地，為這些地區觀眾提供了能引發認同的社會想像，呈現出一種融合西方和東方經驗的亞洲現代性形象，在歐美電視產業中實屬罕見。[10]相對地，稱為「史劇」（sageuk）的歷史劇則展現了優雅的傳統建築（韓屋）和華麗的服飾（韓服），與觀眾熟悉的中國和日本連續劇形成強烈的對比。

(上圖) 在2018年的平昌冬季奧運會,韓國女子冰上曲棍球隊對戰瑞士隊。北韓和南韓派出一支聯合隊伍參賽,如他們球衣上的徽章所示。

(下圖) 2019年的韓劇《愛的迫降》呼應了兩韓統一的政治意願。

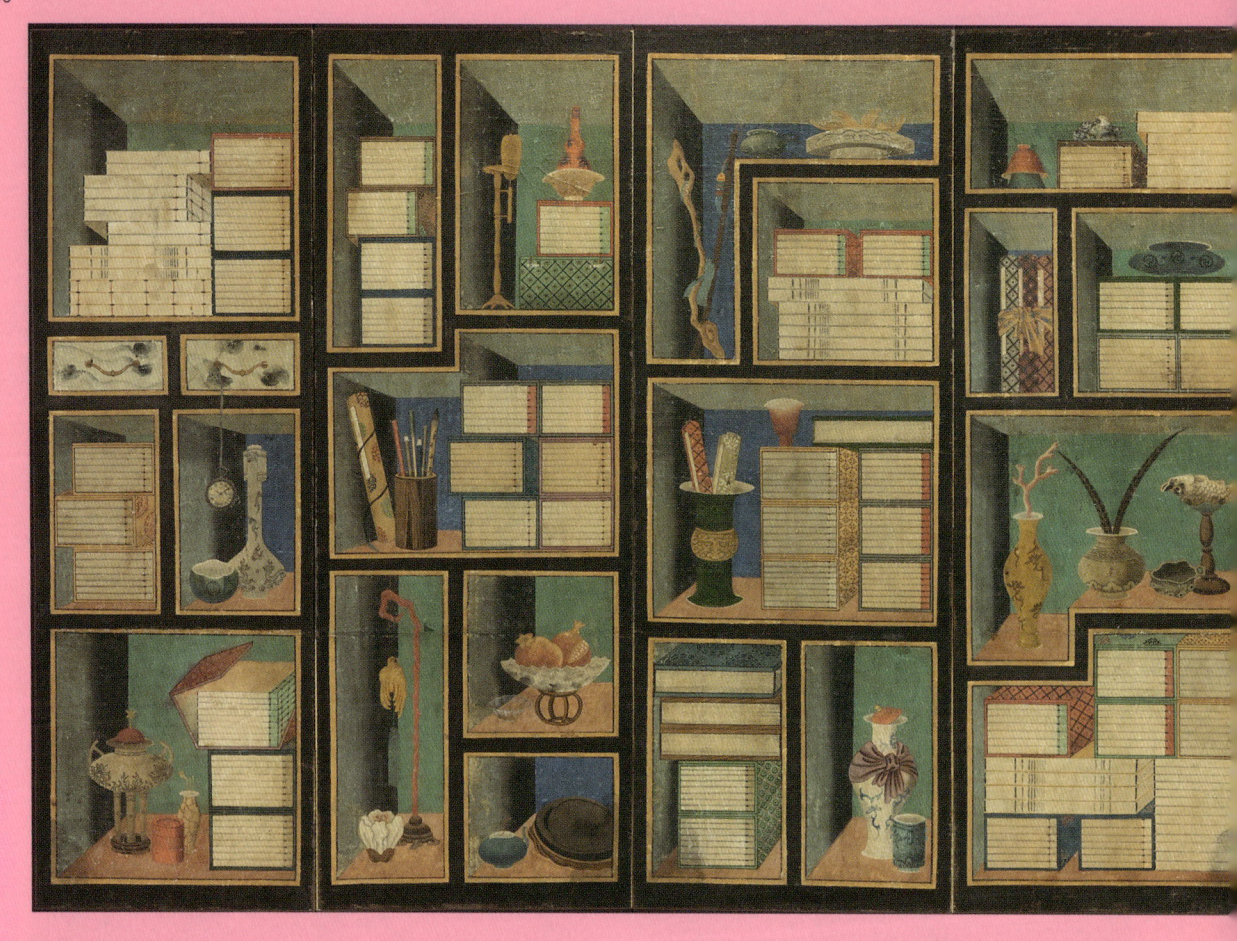

冊架圖（Chaekkeorl，又音譯為「冊巨里」）是展示書籍、學者用具以及珍貴物品的折疊式屏風，象徵朝鮮王朝（1392-1910）士大夫所具備的知識、自我修養以及高雅品味。現代韓國仍然崇尚同樣的價值觀，如電視劇中經常描繪學業壓力的情節。

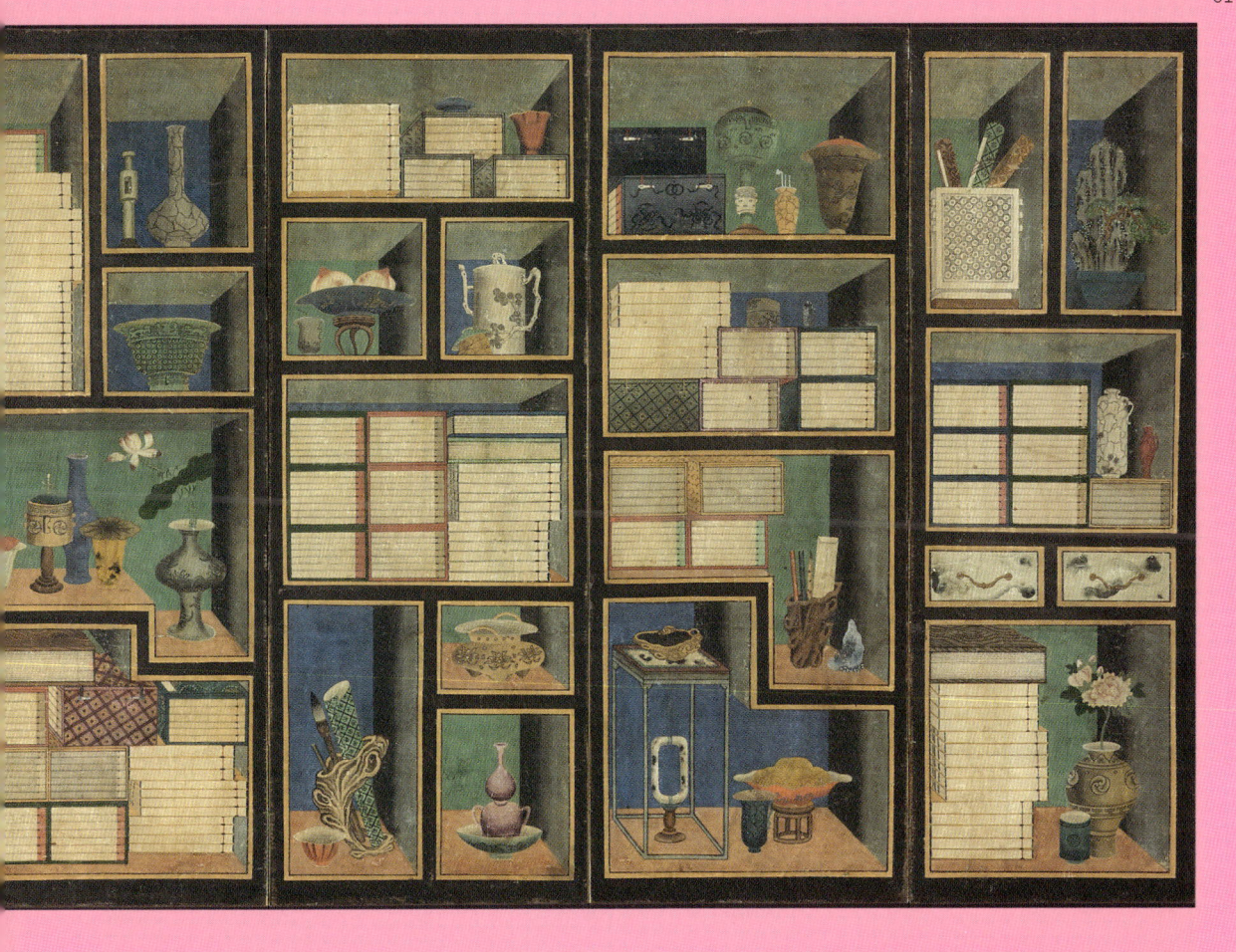

情與恨，韓國故事兩大原動力

　　串流媒體服務加速了韓劇在全球的傳播與成功，吸引千禧世代和Z世代的消費者，他們對多元文化的包容與欣賞，讓他們更樂於以開放的態度接觸並接納邊緣文化。韓劇中燈火閃爍的城市景觀、酷炫的時尚以及迷人的演員（包含韓國流行音樂偶像）吸引了年輕族群，而情感豐富的本土故事，也讓在歷史上被邊緣化的少數族群產生共鳴。

　　韓國文化中有兩種主要的情感，同時也是推動韓劇情節的動力：其一是「情」，是一種讓人感受到美好的敘事手法，指的是溫暖的情感和因共同經歷而產生的集體情誼；另一則是「恨」，暗指由無情的壓迫和不公不義引起的無助感、深切悲傷以及怨恨——這是韓國經歷了慘痛的近代史後產生的情感。韓劇平衡了「情」與「恨」，不僅提供娛樂來源，也帶來安慰與幸福感，特別對全球的亞裔移民社群來說更是如此。近期由朴凡塔（VanTaPark）博士主持的臨床研究，揭示了韓劇作為亞裔美國青少年心理健康治療和教育工具的潛力。[11]目前有愈來愈多的韓劇開始關注社會議題，包含家庭中的世代衝突，以及在學校或職場上遇到的霸凌行為。最重要的是，這些作品在故事中替心理健康問題去汙名化，為許多觀眾帶來希望與寬慰。

白南準於1986年創作的《海市蜃樓》(Mirage Stage)，由三十三臺電視螢幕及四十臺電視木殼組成的裝置，播放著三個頻道的影像。白南準見證了1960年代以來韓國與西方的廣電革命，並認識到這種新型通訊工具所代表的巨大社會文化衝擊。

韓流憑什麼！

最後,「地獄朝鮮」¹²或北韓等題材的本土故事也對觀眾構成很大的吸引力,值得注意的是,像《愛的迫降》(*Crash Landing on You*, 2019)中對北韓人的描繪,正好呼應了政府對朝鮮半島統一的立場,這也反映在2018年平昌冬季奧運會上南北韓共同組成的女子冰上曲棍球隊。¹³

過去十年來,許多韓劇和電影都從韓國的網路漫畫(稱為條漫)中取材,就像好萊塢超級英雄電影和影集從漫威(Marvel)和DC漫畫(DC Comics)中汲取靈感一樣。條漫的製作成本低廉且快速,讓許多專業人士和業餘愛好者能創作出大膽、原創的故事,提供無窮無盡的改編素材。有些作品擁有忠實的粉絲基礎,讓韓劇、電影以及線上遊戲產業都能輕易地利用這項優勢。

韓國電影復興之路

在1980年代末和1990年代初,軍事統治期間制定的《電影法》逐步放寬,讓藝術電影製作得以發展,並首次透過寫實主義,以批判性手法描繪國家動盪不安的過去。這些電影被視為對現代韓國社會與政治所做的評論,與十年前的電影大相逕庭。然而,好萊塢電影仍然在韓國電影票房上名列前茅。1988年的首爾奧運會之後,首爾各地放映外國電影的戲院發生了一系列抗議和破壞事件。¹⁴抗議者聲稱,1986年的《電影法》允許外國公司直接在韓國發行電影,讓大批的好萊塢電影湧入市場,嚴重打擊韓國本土電影的產出,將韓國電影產業推向滅絕的邊緣。與此同時,三星和大宇(Daewoo)等財閥開始透過投資電影業來確保其投資組合多元化,並為同樣受到《電影法》影響的錄影機部門尋找新內容。¹⁵在追求商業成功的驅使下,財閥為電影製作投入大量預算。他們制定了電影規劃和製作的戰略方案,接著進一步將觸角延伸至發行和放映領域,並從1998年起開始在全國各地建立多廳影院。因此,財閥對1990年代的韓國電影風貌擁有極大的塑造力和影響力。

隨著新一代年輕導演和編劇的崛起(許多人曾在海外留學,有機會接觸到各式各樣的電影),以及逐漸取代財閥地位的私人資金興起,促成了1990年代中期的韓國電影復興。為了吸引新的觀眾踏入電影院,投資者給予電影工作者財務上的支持,讓他們能夠在不必擔心商業壓力的情況下大膽實驗。這個爆炸性的組合,帶來了一系列在國內廣受好評的賣座鉅片,由1999年姜帝圭執導的《魚》揭開序幕。電影工作者巧妙結合不同的電影類型,利用具有普世吸引力的本土

故事,拓展了電影的可能性。此外,新的電影美學也逐漸茁壯,這要歸功於一群渴望實驗且懂得善用資源的電影創作者,包含調色師、美術指導、服裝設計師、化妝師以及道具師。在這段期間,韓國的電影節和電影雜誌迅速增加,同時電影出口也有所成長,在亞洲各地的成長更加顯著。

　　到了2007年,韓國電影產業在1990年代末和2000年代初的實驗精神和原始能量,在國內外都已消耗殆盡。製作成本增加到超過收入的地步,再加上網路盜版猖獗(諷刺的是,韓國高速寬頻網路的普及擴大了盜版現象),使得整個電影產業體系無以為繼。不久後,私人投資基金逐漸減少,產業勞動力也跟著下降。[16] 與此同時,Hulu和Netflix等隨選影音和串流媒體服務在2017年崛起,成為一種新的娛樂形式,迅速將電影院體驗帶入舒適的家中。電影消費模式再次出現轉變,讓電影產業瀰漫著不安的氛圍,直到2019年,奉俊昊的《寄生上流》締造歷史,成為第一部贏得奧斯卡最佳電影的非英語電影。2019和2020年,《寄生上流》在國際電影節上贏得許多令人印象深刻的知名獎項,讓全世界的目光重新回到韓國電影。然而,在《寄生上流》大獲成功的數年後,新冠疫情導致全球電影製作陷入停擺,電影市場大幅轉移到線上平臺。儘管如此,根據韓國電影振興委員會(KOFIC)的紀錄,2020年韓國已完成電影的出口量增加了43%,主要買家分別是臺灣、日本、中國以及香港。[17]

　　值得注意的是,自2010年代中期以來,年輕一代的女性導演透過YouTube等社群媒體平臺,發布獨立短片和自製電影而嶄露頭角,為韓國電影的未來帶來了新的前景。

(上圖) 由金寶拉執導的《我們與愛的距離》(House of Hummingbird, 2019) 劇照,本片以沉浸式和寫實的手法描繪一位經歷悲劇事件的中學女生,備受好評。

(下圖) 由李玉燮執導的《一條鯰魚救地球》(Maggie, 2018) 劇照,本片非寫實、活潑的喜劇風格背後隱藏著嚴肅的訊息,訴說當今韓國年輕人所面臨的挑戰。這兩部電影展現了韓國新一代電影導演的嶄新敘事模式。

邁向《寄生上流》之路

達西·帕奎特
Darcy Paquet

韓石圭和崔岷植主演姜帝圭執導的動作片《魚》(1999)，製作公司刻意將本片定位為賣座鉅片。

1999年初，導演姜帝圭和發行公司三星娛樂(Samsung Entertainment)在首爾召開記者會，宣布即將推出電影《魚》。姜帝圭導演強調電影的製作規模、動作場景以及明星陣容，將《魚》形容為「韓國賣座鉅片」，企圖與大製作的好萊塢電影在韓國票房上一較高下。

這些說法或許會讓一些觀察家覺得他們野心過大，而這些懷疑似乎也是有道理的。1990年代後期的韓國電影，往往難以吸引觀眾走進電影院，在國外也幾乎毫無知名度。1998年，也就是《魚》上映的前一年，詹姆斯·卡麥隆(James Cameron)執導的《鐵達尼號》(Titanic)在首爾創下破紀錄的一百九十七萬的觀影人次[1]，而且同年票房前十名的電影中有八部都來自好萊塢。其餘兩部擠進前十名的韓國電影分別為通俗劇電影《約定》(A Promise，排名第四，首爾觀影人次為七十萬五千人)以及恐怖片《女高怪談》(Whispering Corridors，排名第六，觀影人次為六十二萬人)。這兩部電影都是以傳統的手法來吸引觀眾：以情感豐富的故事，結合優秀的演技，再加上本土觀眾容易產生共鳴的場景與情境，來達成目的。

《魚》承諾要為觀眾帶來壯觀的場面，但在此之前，沒有任何韓國電影成功達成這項目標。本片劇情圍繞在一群脫離政府的北韓特種部隊，企圖在首爾發動精心策劃的恐怖攻擊，引發第二次韓戰。片中有槍戰、飛車追逐、計時炸彈以及爆炸的建築物等場景。在明星卡司方面，由當紅演員韓石圭擔任主角，飾演試圖阻止恐怖攻擊的南韓特務。其餘的卡司包含往往擔任配角、但備受敬重的演員，如崔岷植、宋康昊以及金倫珍，這幾位不久後都成了發光發熱的大明星。

1999年2月，《魚》在農曆新年假期上映，第一天就讓各界跌破眼鏡。這是貨真價實的電影大片，不僅讓全國觀眾熱議其中的創新和主題，也讓媒體從各種角度對這部電影展開瘋狂的報導。本片在韓國各地電影院上映長達連續十七週，創下首爾兩百四十五萬觀影人次的紀錄，輕鬆超越《鐵達尼號》。最終，全國總計達到約六百二十萬的觀影人次。更令人驚訝的是，《魚》的發行權還賣到日本和香港，分別在初上映時一舉登上票房第一和第三的佳績。對韓國電影來說，這些都是前所未有的成就。

宋康昊、李炳憲以及申河均在朴贊郁執導的《共同警戒區JSA》(2000)演出，呈現出南北韓關係不同於以往、更複雜的一面。

　　《魚》在許多層面都創下了全新的里程碑，像是製作水準（對現今觀眾而言，這部電影的視覺場面或許並不強，但從1999年觀眾的角度來看，已經是驚人的躍進）和發行策略。但更重要的是，《魚》大大改變了韓國電影界的期望和雄心。在《魚》上映之前，電影工作者很難想像一部本土電影的票房有可能超越《鐵達尼號》，尤其是一部標榜大製作的類型片。他們也無法想像有一天韓國電影會登上日本票房排行榜的榜首。現在這些事情都成真了，電影人也開始懷抱更遠大的夢想。

　　出乎意料的是，僅僅一年半後，另一部電影就複製了《魚》的成功經驗。《共同警戒區JSA》（Joint Security Area JSA）與《魚》有某些類似之處：本片也圍繞在北韓與南韓之間緊張的政治局勢，並標榜為重磅鉅片，不過其中的槍戰與動作場景較少，《共同警戒區JSA》的壯觀場面來自板門店的場景，北韓與南韓士兵在邊境兩側對峙，場面逼真，令人印象深刻。本片也利用了本土明星的魅力，像是李炳憲、李英愛以及宋康昊都擔任重要角色。

　　然而，從其他方面來看，《共同警戒區JSA》也創下先例，不同於先前的電影。在前幾任政府的威權統治下，南韓的電影工作者應該避免將北韓的角色人性化，避免觀眾對他們產生認同，這是不成文的規定。1966年，大導演李晚熙甚至因為他那部已經失傳的戰爭電影《七位女俘虜》(Seven Women Prisoners)出現類似的橋段而入獄兩個月。然而，到了1990年代末，新上任的金大中總統宣布推行與北韓接觸、交流的「陽光政策」，明確鼓勵業界發展新形態的南北韓故事。《魚》在將北韓角色人性化方面邁出了重要的一小步，但《共同警戒區JSA》則更進一步。

　　《共同警戒區JSA》開場報導了邊境城市板門店發生的一起槍擊事件，導致兩名北韓士兵死亡，一名南韓士兵受傷。北韓聲稱南韓士兵跨越邊界並無故展開暴力行為，但南韓卻聲稱其士兵遭到綁架，不得不奮力逃回南韓。隨著李英愛飾演的瑞士軍官發動中立調查，真相逐漸浮出水面：實際上，南北韓士兵已經成為朋友，雙方會在晚上越過邊界祕密會面。

　　《共同警戒區JSA》描繪了南北韓關係中的關鍵矛盾，即由上而下強加的緊張關係和分化，並不能抹殺一項事實：在個人層面上，位於邊界兩側的公民有許多的共同點。這部電影是一齣悲劇，以清晰的視角看待政治局勢的嚴峻現實，同時表達對和解的盼望。如此複雜的主題引起了觀眾的強烈共鳴。最終的票房表現與《魚》大致相同：在首爾達到兩百五十萬觀影人次，全國共計五百八十萬人次。這部電影的成功，也為從默默無名的影評人轉行為導演的朴

車太鉉和全智賢主演郭在容執導的《我的野蠻女友》(2001)電影，本片改編自一系列的部落格文章（後來成為小說），在亞洲各地廣受歡迎。

贊郁帶來了聲譽及認可。

《共同警戒區JSA》和《魚》在電影票房上大獲成功，用「賣座鉅片」來形容也不為過。但在其他層面來看，這些作品也代表了南韓電影新的製作模式。從英語直接翻譯為韓語的「賣座鉅片」(blockbuster)一詞與好萊塢電影密切相關，因此使用這個詞本身就意味著一種新的企圖，想要挑戰世界上最成功的商業電影產業。這個詞也暗指將帶給觀眾一定程度的製作規模和視覺饗宴，至少要比先前的韓國電影更盛大。當然，由於韓國鉅片的製作預算只占美國商業大片的一小部分，使得韓國電影無法單靠視覺場面與美國電影競爭，但韓國電影可以透過南北韓衝突等本土主題，更直接地與韓國觀眾對話。這些年來，一些「韓國賣座鉅片」大受歡迎，例如姜帝圭導演繼《魚》之後的大製作韓國戰爭片《太極旗：生死兄弟》(Tae Guk Gi: The Brotherhood of War, 2004) 創下超過一千萬的觀影人次。其他有意成為賣座鉅片的作品，儘管進行了大規模的行銷活動，卻慘遭滑鐵盧。

但除了《魚》和《共同警戒區JSA》這樣刻意打造的賣座鉅片之外，也有其他電影達到了鉅片等級的成功。2001年是韓國電影集體突破的一年，韓國本土電影的票房首次超越總票房的50%。[2]當年票房最高的七部電影中，有六部是韓國電影，只有《哈利波特：神祕的魔法石》位居第四。而成功的韓國電影來自種不同的類型。郭暻澤的黑幫成長電影《朋友》(Friend)是當年最賣座的作品，儘管製作預算不高，卻很難得到投資人的支持。然而，這部電影卻讓觀眾留下了令人興奮的全新感受，因為這是韓國第一部以濃厚的懷舊風格回顧1980年代的電影，並且以深厚的情感歌頌著釜山方言和在地文化。《朋友》最終以八百二十萬的觀影人次創下了新的票房紀錄。

至於2001年票房第二高的作品，則充分展現了韓國電影的未來潛力。《我的野蠻女友》(My Sassy Girl) 最初是在網路上發表的連載小說，作者表示故事內容是根據自己與一位熱情洋溢（但往往咄咄逼人）的女性約會經驗所寫。《我的野蠻女友》首先被知名電影製作人申哲發掘，經由編劇兼導演郭在容改編，並由演員全智賢和車太鉉為角色賦予生命，以犀利、搞笑的方式展現韓國的年輕人文化和性別規範的轉變，引起轟動。《我的野蠻女友》總共累積四百九十萬的觀影人次，捧紅了全智賢，這部電影在亞洲其他地區的轟動程度也讓其他的韓國電影都相形失色。《我的野蠻女友》在香港的票房排行榜上蟬聯兩週冠軍，在中國大陸也大受歡迎；雖然電影從未正式在中國大陸上映，但盜版影片卻相當盛行。（五年後，一項中國的調查訪問年輕的受訪者，請他們說出想到韓國時腦海中會出現的詞彙和短句，「我的野蠻女友」和「泡

李炳憲出演金知雲執導的《不悔》(2005)，本片對黑幫電影類型採取了更細膩的拍攝手法。

菜」、「跆拳道」等都名列最常見的十個答案。)從這個意義上來看，這部電影可視為韓流早期發展的重要貢獻者。

從今天的角度來看，《我的野蠻女友》也代表了南韓充滿活力的網路文化如何為成功的電影提供豐富的素材。隨後出現了一種更有影響力的媒介類型則是「條漫」，其形式類似圖像小說，以可上下捲動的畫面呈現在電腦螢幕和手機上（詳見pp.78–89）。在Naver和Kakao等網路平臺上眾多的條漫已成為當代電影工作者的靈感與故事來源。從這個角度來看，《我的野蠻女友》也點出了未來的趨勢。

大製作的類型電影與劇情簡明、易吸引人的喜劇片，是2000年代初期韓國商業電影發展的主要動力來源，但另外一群導演如奉俊昊、朴贊郁和金知雲等則採取了不同的做法。從某種意義上說，他們堅定地致力於商業電影製作（與在各大影展屢獲佳績的藝術電影導演形成對比，例如李滄東、金基德和洪常秀）。他們的拍片預算從中等到大型製作都有，目標觀眾也盡可能廣泛。即使是在商業領域，這些電影工作者也發展出自己獨特的個人導演風格，並打破了許多類型電影的既定慣例。他們的作品展現了各式各樣風格的影響，從類型電影到極簡主義的藝術電影，不一而足。有些人或許會說，他們結合了商業電影製作的能量以及各大影展所推崇的「作者論」方法。

朴贊郁贏得國際坎城影展大獎的突破之作《原罪犯》（Oldboy, 2003）就是絕佳的例子。這部作品改編自日本漫畫，講述了遭強迫囚禁、絕望復仇的故事，處處挑戰著觀眾的期待。相較於讓觀眾輕鬆掌握劇情發展的古典好萊塢敘事手法，《原罪犯》幾乎在每個場景都呈現了大量的資訊，刻意讓觀眾迷失方向。這部電影摒棄了標準的敘事手法，但仍因其豐沛的能量和驚悚的風格而在商業市場上大受歡迎。

金知雲廣受好評的《不悔》（A Bittersweet Life, 2005）則是另一個例子，表面上看來是流暢

的類型電影,但隨著劇情的展開,卻揭露了其中隱藏的層次與複雜之處。李炳憲在片中飾演冷酷無情的黑幫分子,但他的組織最終卻與他反目成仇。通常在商業電影中,觀眾習慣看見果斷、充滿活力的主角,他們的行為很容易理解,能自然地引起我們的同情。但在《不悔》中,主角的角色動機和內在心理,直到故事的最後仍然模糊不清,令人沮喪。這就像一部極簡主義藝術片的主角誤闖到一部大製作的動作片中。

奉俊昊的第二和第三部成功作品《殺人回憶》(Memories of Murder, 2003)以及《駭人怪物》(The Host, 2006)也採用這種細膩的敘事手法,吸引了國內外觀眾的注意,尤其是歐洲和北美地區。韓國電影業製作的各種作品以不同方式吸引了國內、亞洲以及世界其他地區的觀眾。各界對於韓國電影潛力的樂觀情緒逐漸湧現,尤其是在一系列以當紅韓流明星為主角的電影與在日本達成破紀錄的發行協議之後,韓國電影的前景似乎一片光明。

那這些電影是如何取得資金的呢?從1990年代末的金大中總統時期開始,南韓政府確實為本土電影產業提供了慷慨的資助。但韓國電影振興委員會制定的補助政策本意是發展基礎建設,而非直接投資於個別電影。相對地,除了贊助培訓計畫、資助影展籌辦、向電影院提供貸款等,政府還提供資金,給由創投公司設立並營運的電影投資基金。如此一來,資金直接流入電影產業,政府並不介入資金的使用方式。除此之外,再加上CJ集團和樂天(Lotte)集團等大型企業旗下電影部門所提供的資金,讓韓國的電影產業擁有充足的燃料。

但隨之而來的卻是電影產業的大崩盤。經過數年國際銷售的蓬勃發展(尤其在日本),以及許多電影公司在股票市場上市後,泡沫已經形成。製作預算迅速增加,拍攝的電影數量成長得更快。電影產業出現盈利危機,投資人也迅速從業界撤資。2007年和2008年是韓國電影的黑暗期,許多製作公司宣告破產或勉強維持營運。

蒂妲・史雲頓(Tilda Swinton)在奉俊昊執導的《末日列車》(2013)演出,本片在韓國製作,但主要由英語演員出演。

由延尚昊執導的喪屍驚悚電影《屍速列車》(2016) 海報，本片在國際市場大獲成功。

最終的結果則是產業內部的權力轉移。在這場危機之前，Sidus公司的車勝宰（Tcha Seung-jai）、Myung Films公司的沈載明（Shim Jae-myung）以及Cinema Service公司的康祐碩（Kang Woo-suk）等實力強大的製作人一直扮演了關鍵的角色，他們成立了自己的公司，並願意大膽啟用具有天分的年輕導演。他們往往為這些導演提供避風港，讓導演能夠自由地嘗試各種拍法，而毋需直接面對投資人和大型發行商的壓力。然而，這場危機重重打擊了這些製作人，2007年之後，電影產業逐漸被CJ集團、樂天集團和Orion Group公司（Showbox公司）等本土的大型企業所主導。在這些企業的經營下，電影的製作過程變得精簡，主要投資人在選定電影類型以及電影製作方式上獲得了更大的發言權。

尹齊均執導的賣座鉅片《大浩劫》（*Haeundae*, 2009）講述了襲擊港口城市釜山的大規模海嘯，成功替兩年的危機劃下句點。在當代韓國電影文藝復興的第二個十年，業界的雄心壯志顯然會持續成長。《大浩劫》本身就是很好的例子：儘管從某種意義上來說，這部電影仍然沿襲了以往韓國賣座鉅片的模式，將濃厚的本土元素（本片中釜山的文化和城市景觀）融入到類型化的故事中，但本地視覺特效公司所展示的先進技術意味著如今視覺奇觀有可能成為韓國電影的重心。在未來的幾年間，這些視覺特效公司將持續為韓國電影美學的發展做出重大貢獻。

2013年，奉俊昊的《末日列車》（*Snowpiercer*）上映，成為韓國電影業邁向國際的里程碑。本片改編自法國的圖像小說，故事描繪在冰天雪地的末日世界裡，列車上載著最後倖存在世上的人類。這部由奉俊昊執導的電影完全鎖定全球市場。《末日列車》在捷克拍攝，有國際演員陣容，並主要以英語演繹，但本片卻是完全由發行商CJ娛樂（CJ Entertainment）全額資助的韓國製作。本片在法國、中國以及本土市場都創造了亮眼的票房，但在北美各地的上映計畫卻因導演拒絕讓當地發行商哈維・溫斯坦（Harvey Weinstein）刪除二十分鐘的內容而告吹。我們很難想像如果這部片在英語系國家大受歡迎的話會發生什麼事，但到目前為止，這部電影仍然是極少數在韓國製作、鎖定國際觀眾的大製作英語電影。

或許與一般人所想的相反，許多頂尖韓國導演製作的韓語電影往往比英語電影更能在國際上受到歡迎。2013年，朴贊郁以懸疑驚悚電影《慾謀》（*Stoker*）首度進軍好萊塢，本片由蜜雅・娃絲柯思卡（Mia Wasikowska）和妮可・基嫚（Nicole Kidman）主演。這部電影在日舞影展首映，但最終並沒有在北美或國際市場獲得廣大的迴響。相較之下，朴贊郁在2016年推出的韓語電影《下女的誘惑》（*The Handmaiden*）卻是他自《原罪犯》以來最成功的作品。朴贊郁改編莎拉・華特絲（Sarah Waters）2002年的暢銷小說《指匠情挑》（*Fingersmith*），將故事背景從維多利亞時代的英國改為1930年代日本殖民統治下的韓國，並創造了新的結局。本片在坎城影展首映時引發了熱烈的迴響，在世界各地大受歡迎，並成為韓國第一部贏得英國影藝學院電影獎（BAFTA）最佳外語片的作品。

另一部在國際上大放異彩的作品是《屍速列車》（*Train to Busan*, 2016），這部劇情明快的恐怖片講述一群乘客在高速列車上對抗喪屍危機的故事。導演延尚昊在執導過數部獨立動畫長片後首次執導真人電影，透過巧妙地運用類型片的慣例，並在火車空間中精心安排動作設計，讓本片廣受好評。《屍速列車》橫掃全球票房，尤其在亞洲市場大受歡迎，創下韓國電影在香港、新加坡以及馬來西亞的票房新紀錄。

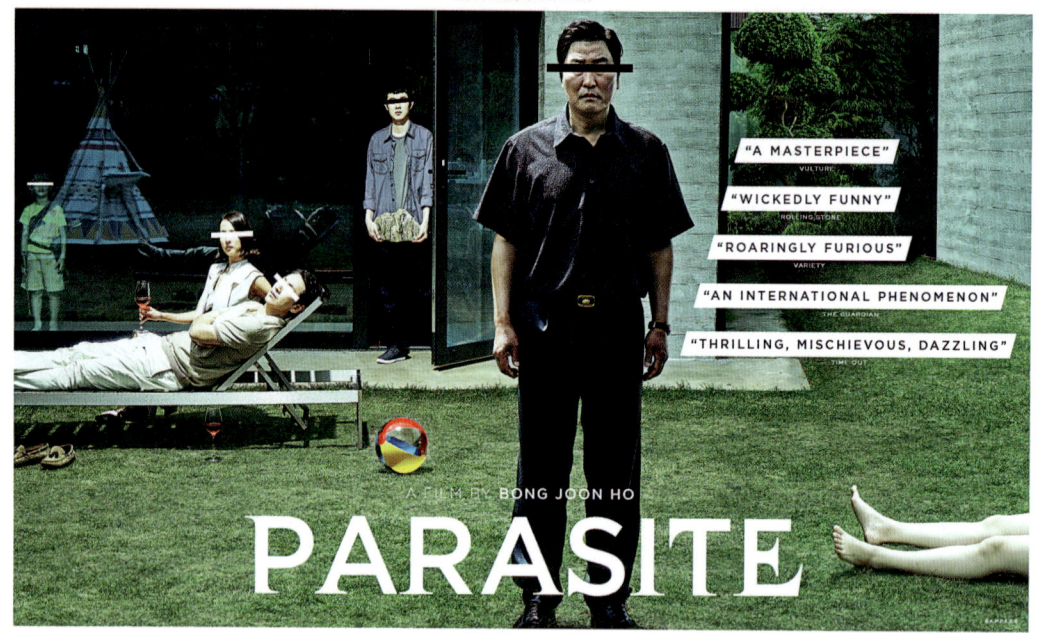

由奉俊昊執導的《寄生上流》(2019) 海報，本片為韓國電影最成功的出口作品，榮獲五項奧斯卡獎。

然而，在韓國電影的文藝復興時期，最成功的電影無疑是奉俊昊的《寄生上流》，這部電影講述了一個貧窮家庭透過層層騙局滲透進富裕家庭工作，藉此賺取豐厚收入，最終卻釀成悲劇。繼奉俊昊的Netflix雙語電影《玉子》（Okja, 2017）之後，《寄生上流》於2019年5月在坎城影展首映，引發熱烈的討論，成為有史以來第一部贏得坎城影展最大獎金棕櫚獎的韓國電影。隨後，《寄生上流》在全球各地創下驚人的票房紀錄，尤其是北美地區。在結構精巧的劇本、切合時事的主題、犀利的幽默感以及電影魅力的結合下，《寄生上流》跨越了語言障礙，成為全球流行現象。在奧斯卡獎季期間，各界對這部電影的熱情持續高漲，直到2020年2月9日，《寄生上流》達到了多數韓國人以為有生之年永遠看不到的成就：贏得包含最佳影片在內的四項奧斯卡大獎。

自從《魚》上映二十多年以來，韓國電影界再次意識到自己必須重新評估本土製作電影可能達到的成就。韓國製作的電影有史以來首次成為全世界觀眾的文化試金石。對於那些還記得《魚》之前產業景況的人來說，這似乎太令人難以置信了。在短暫的時間內，韓國電影業慶祝《寄生上流》在奧斯卡創下的佳績，並試圖想像未來可能的發展。

可惜的是，在奧斯卡頒獎禮僅兩週後，韓國的大邱市爆發大規模的新冠疫情。電影發行商迅速延後了當季主要電影的發行，期望在未來幾個月內恢復上映，但這場疫情卻持續了很長的時間。儘管戲院從未完全關閉，但2020年的票房收入卻比前一年暴跌70%，2021年的情況也僅略有改善。

展望未來，當新冠疫情消退時，觀眾回歸到以往的觀影習慣是否有助於電影產業復甦，這點還很難說。2019年，南韓的每人平均觀影次數高於世界上任何國家，因此業界確實有理由感到樂觀。直到最近，無論是對韓國的年輕人或年長者來說，到戲院看電影都已經成為他們社交習慣的一環。

隨著愈來愈多被迫留在家中的民眾轉而使用Netflix和其他串流平臺，產業內部發生了進一步的權力轉移。在新媒體環境中，串流平臺的製作規模大幅擴張，傳統發行商則減少對劇情長片的投資，也就不足為奇了。因此業界的許多人才，不僅包含演員和導演，也包含攝影師、剪輯師、美術指導以及其他技術人員，都被串流平臺的內容深深吸引。Netflix決定在單單一年內投資五億美元於韓國作品並非毫無道理，此舉將對韓國電影產業產生深遠的影響。

此外，隨著Netflix影集《魷魚遊戲》於2021年9月上線，韓國內容創作者的世界也產生了變化（詳見金韶慧，pp.96–103）。《魷魚遊戲》由執導多部成功劇情長片的黃東赫擔任導演，一推出便在全球爆紅，引發模仿風潮。幾個月以來，《寄生上流》在特定影展和世界各地放映，而《魷魚遊戲》卻僅僅用幾天的時間就登上全球最受關注的影集。《魷魚遊戲》成功的速度得益於Netflix的發行機制與廣大的訂閱族群，但這個現象也顯示出韓國作品的潛在觀眾只會愈來愈多。

未來會如何發展？韓國作品還能實現多少不可能的任務？電影產業應該抱持多大的目標？要完全回答這些問題，可能還要再等幾年的時間。

우리 슈퍼

韓流憑什麼!

2018年《寄生上流》的場景設計草圖。美術指導為李河俊。

韓劇、條漫與電影

條漫：
從網路漫畫到串流影音

金炫敬

自從新冠疫情爆發以來，世界各地有愈來愈多的觀眾透過Viki或Netflix等串流平臺「狂追」韓劇。這些韓劇以電影般的製作水準、溫暖人心的特質、獨特的類型以及引人入勝的情節，在漫長的隔離期間提供了舒適和縱情的享受。2019年，Netflix首度推出了在韓國製作的Netflix原創影集：《喜歡的話請響鈴》(Love Alarm)，這是一部浪漫愛情喜劇，描述一款名為「戀愛鈴」(Joalarm)的應用程式，能夠偵測十公尺範圍內對使用者有好感的人；《屍戰朝鮮》則屬於歷史驚悚片，故事背景設定在十六世紀的朝鮮王朝時期，講述一場讓無辜之人變成嗜血喪屍的神祕流行病。這些劇集一夕之間在全球爆紅，促使Netflix續訂第二季並增加對韓國內容的投資。[1]另一部原創影集《地獄公使》(Hellbound, 2021)發布後，僅一天內就躍居Netflix在八十個國家的收視率榜首，包含沙烏地阿拉伯和南非。[2]

對於剛接觸韓劇的觀眾而言，他們或許不知道這些影集全都改編自備受歡迎的條漫：這種韓國創新技術讓讀者透過手機螢幕的上下滑動，以垂直方式閱讀數位漫畫。你可以隨時隨地觀看，幾乎不必付任何費用，每集閱讀時間不超過五分鐘，無論是在排隊等候、日常通勤或睡前，都能作為輕鬆的消遣。因此，條漫往往被視為所謂「零食文化」的體現，也就是將文化作為一種消費性商品，「包裝成小份，大小方便輕鬆咀嚼，創造最高的攝取頻率與速度」。[3]這個現象貼切地反映了韓國社會的特色，韓國當初以「快點、快點」的思維創造出「漢江奇蹟」，這種思維至今仍滲透到生活的各個領域，像是全天候的快速送餐服務、迅速的網絡連線以及高效率的建築工程。

在這種背景下，條漫被視為一種輕鬆的娛樂形式，用以填補日常生活中無數乏味的時刻，但這種心態讓創作者的真正實力和吸引數百萬人的豐富內容蒙上一層陰影。[4]條漫在經濟上也有利可圖：根據韓國文化體育觀光部轄下負責監督並支持創意內容產業的韓國文化產業振興院(KOCCA)資料顯示，條漫的銷售總額在2020年首次突破一兆韓圓（相當於兩百四十億新臺幣），儘管（或說是因為）新冠疫情肆虐，年成長率仍超過64%。[5]此外，在過去十年間，條漫已經成為其他創意產業的靈感泉源，包含電影、電視劇、音樂劇以及電腦和手機遊戲。這突顯了跨媒體敘事的條漫，在今日韓流創意內容產業中的領導地位日益顯著。[6]

《屍戰朝鮮》(2019-)第二季海報，這部廣受歡迎的Netflix韓劇改編自條漫《眾神的國度》(Sinui nara: beoninghel, 2014-)，由金銀姬撰寫、梁慶一繪製。

故事王國的誕生

條漫在二十一世紀初誕生。1990年代後半期，韓國漫畫市場出現疲軟跡象，當時各界普遍認為漫畫是校園內性暴力、霸凌和暴力問題惡化的元兇。為此，政府在1997年成立「青年保護委員會」，並制定《青少年保護法》，對漫畫的出版和發行實施嚴格的規定。在學校被沒收的漫畫每年都會進行大規模燒毀，「在首爾市政

廳前，市政當局邀請全國各地的媒體記錄成千上萬漫畫書付之一炬的景象。」[7]書店和「漫畫房」（一種漫畫圖書館兼咖啡館）嚴重受到新措施的影響，紛紛停止銷售漫畫或宣告歇業。漫畫雜誌曾經是介紹各種漫畫類型和風格的熱門平臺，卻也相繼消失。[8]此外，漫畫家的智慧財產權也沒有得到良好的保護，掃描的漫畫被非法上傳到網路上，而漫畫房裡高出借率的漫畫書卻沒有讓作者得到應有的收益。此外，1998年，韓國政府解除了長達五十三年的日本文化禁令，讓大量日本漫畫湧入韓國市場。[9]這些因素很大程度上導致韓國漫畫在新的千禧年面臨絕跡的命運。[10]

這段動盪時期恰逢亞洲金融危機和韓國資通訊技術革命的誕生。失業率居高不下，年輕的畢業生尤為嚴重。與此同時，韓國正在為全球數一數二的高速網際網路寬頻建置基礎設施。1988年源自韓國的創新服務「PC房」（PC Bangs），在韓國各地迅速擴張（後來發展為網咖和遊戲中心），為年輕人和失業族群打造了社交空間和社群，讓他們能夠同時玩電腦遊戲並在Cyworld（結合了現今Spotify、Facebook、《模擬市民》遊戲以及比特幣的早期社群媒體平臺）上設計自己的minihomepy。[11]到了2000年7月，46.4%的家戶擁有電腦，上網時間也在三年內增加了一倍以上。[12]

條漫就在這個轉折期出現，當時許多人開始在個人網頁和部落格文章中記錄日常生活軼事。這些簡短的日記往往不是以文字方式呈現，而是粗糙卻有趣的圖畫，絕非精雕細琢的作品。[13]紙本出版通常製作費時且成本高昂，這意味著優秀的繪圖技巧與故事安排，是招募藝術家時必要的標準；而條漫創作卻只需要電腦與電繪筆，藝術家可以迅速將作品上傳到個人網頁或條漫平臺。[14]因此，條漫的熱潮由許多充滿熱情的業餘漫畫家發起，其中許多有抱負的漫畫家把握機會「自行出版」自己的作品。這群人並非單純的業餘愛好者，而是「專業素人，也就是按照專業水準創作的業餘人士」。[15]

摘自姜草創作的《愛情故事》（*Sunjeongmanhwa*, 2003-2004），後來在2008年改編為電影《純情漫畫》（*Hello, Schoolgirl*）。姜草在此引入長條式版面，打破傳統漫畫「頁面」對開翻頁框架。

旗安84（Kian84）創作的《複讀王》（*Bokhakwang*, 2014-2021）說明了條漫作品如何反映當前的社會議題，例如三拋或五拋世代的擔憂（詳見〈韓劇、條漫與電影〉注釋 12）。

河一權和Naver Webtoon的《相遇》(2017-2018) 宣傳影片細節，其中讀者變成虛擬化身，成為條漫作品的一部分。

這些創作者反映了更多元的人口組成，他們的教育背景也與一般漫畫家不同。[16]儘管他們因為缺乏繪畫技巧或漫畫常規知識而經常受到批評，但正因如此，這群專業素人才能自由地以大膽且出人意料的方式來傳達他們的故事，並讓傳統的敘事手法逐漸遭到淘汰。他們的作品往往在敘事的驅動下引入另類的題材，與當代韓國持續演變的社會和科技結構緊密相連。

其中有些人享有日益成長的知名度和忠實讀者群，並透過轉移到條漫專屬網站或吸引入口網站的注意而晉升為收取費用的專業人士。韓國的網路服務供應商Daum和Naver分別在2003年和2004年將條漫納入他們的平臺，起初是為了擴大新聞網頁的流量。為了達到這個目的，他們公開徵求新藝術家的作品，將條漫分段連載，並利用入口網站的線上廣告收入免費提供這些條漫作品。[17]條漫類型的多樣化（驚悚、恐怖、浪漫奇幻、科幻等）和品質不斷的提升，再加上連載系列的成長，有助於擴大讀者群並提高創作者的薪資。不久後，條漫也有了自己的專屬網站：2016年推出的獨立網站Daum Webtoon（現為Kakao Webtoon）[18]以及2017年上線的Naver條漫網站（國際上稱為Line Webtoon）都迅速吸引了全球讀者。[19]

條漫產業的重要資產無疑是這群年輕、背景廣泛且多元的科技人才，而他們正處於競爭激烈的環境中。據韓國文化產業振興院估計，僅2020年就有兩千六百一十七個新系列出版（儘管因為新冠疫情的關係而比前一年有所減少），2021年有七千四百〇七位登記的藝術家，其中83.9%的藝術家年齡在三十歲以下，24.2%的藝術家於2019年後首次出版作品。[20]Naver Webtoon平臺目前擁有十四萬名創作者。每週更新的內容和新集數數量驚人，促使藝術家為了求生存而培養出嚴謹的紀律和不懈的創造力。值得注意的是，讀者可以在每集的結尾留下評論，打造出直接與藝術家互動的線上社群，為藝術家提供即時的滿足或認可。儘管匿名性導致許多人發表負面評論，可能為藝術家帶來傷害或壓力，但這種「互動」形式為新的點子提供了寶貴且快速的測試平臺，而且不需要太多的財務成本。

條漫實驗

最初，條漫是在撥接上網的個人電腦上觀看，但行動裝置的出現（尤其是使用無線寬頻服務的智慧型手機科技）讓條漫變得無處不在，開啟了條漫的黃金年代。2010年至2015年間，條漫的新風格逐漸成形，核心特色是填滿色彩的圖像和上下滑動的觀看方式，與左右翻頁的出版漫畫大相逕庭。

2015年電視劇《未生》(*Misaeng*) 的海報反映了影集改編自條漫作品。條漫原著作者為尹胎鎬。

具有強烈訊息和大量粉絲的條漫,如趙光真的《梨泰院Class》(2016-2018)(右圖)提供豐富的跨媒介敘事來源,其改編成電視劇在全球大受歡迎(上圖)。

　　身為擁有豐富作品的條漫先驅和業界資深人士,姜草在2003年創作了大受歡迎的《愛情故事》(Love Story),開創了長條格式的條漫。21 早期的條漫是以掃描的紙本繪圖並延續了漫畫的傳統慣例,但姜草卻偏好長條狀的形式,以空白來取代圍繞每個場景的僵固框架,以加快敘事的節奏。他的方法是一股「清流」22,徹底改革了條漫的設計,但最重要的是改變了閱讀方式,為讀者提供一種不間斷、沉浸式的體驗,這是傳統出版品無法達到的效果,因為翻頁容易打斷推動劇情發展的動力。

　　為了說明這一點,《神探佛斯特》(Dr. Frost)的創作者李鍾範舉了注視線的例子。在書本中,對話中的兩位主角往往會以面向對方的側面方式繪製,有時甚至會利用跨頁的版面。這樣的版面設計可以讓讀者透過自然的水平眼球移動來解讀場景。但手機或平板電腦狹窄而長條式的螢幕卻無法支援這種排版方式。因此,兩位主角的呈現方式則是輪流面對讀者,邀請讀者成為對話的一部分,而不是旁觀者。這種方式能夠讓讀者對故事情節和角色產生共鳴,而其中的「空白」則為讀者提供了深入敘事的心理空間,進而放大了這種效果。

　　如今,在條漫中使用音樂曲目、動態影像、擴增實境和QR碼技術來烘托氣氛、嵌入祕密訊息或為讀者提供深層的體驗已經很常見。23 2017年,河一權和Naver Webtoon攜手製作《相遇》(Encountered),在年輕受眾中一炮而紅。讀者可以使用Naver Webtoon應用程式上的自拍模式成為虛擬化身,然後透過臉部辨識等程式將虛擬化身製作成漫畫,並融入故事情節之中。24 以「你與條漫角色的愛情故事就此展開」為賣點,《相遇》實際上將讀者置於條漫作品的核心。這是繼前一年引人矚目又廣受歡迎的三集恐怖條漫《手機鬼魂》(Phone Ghost)後又一力作。《手機鬼魂》只能透過Naver應用程式觀看,並根據手機型號提供不同的選項。每一集都提供了獨特、毛骨悚然的體驗:手機的相機會在特定時刻偷偷啟動,通過擴增實境將鬼魂的形象活靈活現地呈現在讀者實際的房間中;當鬼魂從螢幕中跳出來攻擊讀者時,震動模式就會啟動;手機也會突然響起,將鬼魂和讀者連結起來;或者透過在房間內移動手機來獵捕虛擬鬼魂。每一集都在萬聖節期間的晚上十一點上傳,以達到最佳效果。Naver Webtoon與Web Novel CIC的執行長金俊九表示,藝術家與條

韓劇、條漫與電影

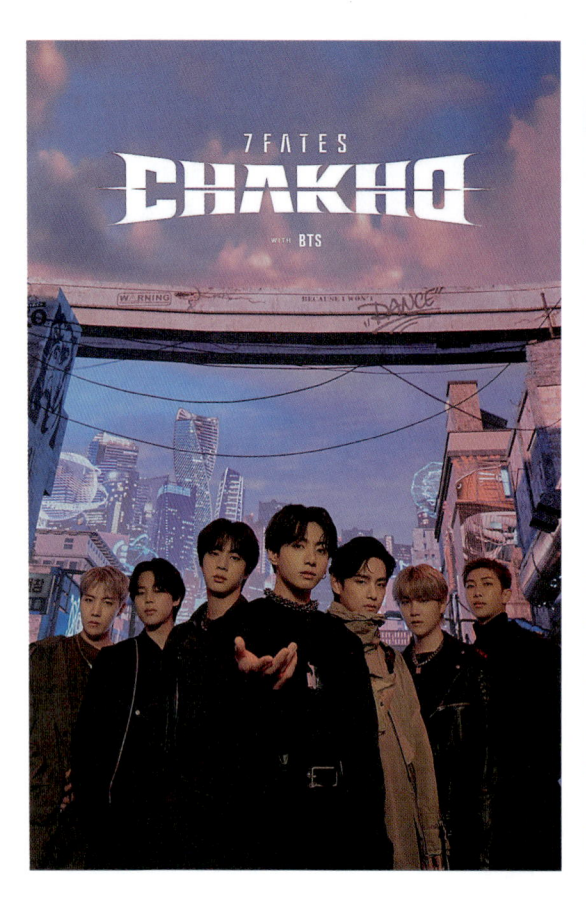

2021年前導宣傳海報，宣布Hybe公司與Naver Webtoon合作推出一系列條漫，由Hybe公司旗下藝人擔任主角，包含防彈少年團（上圖）、TXT以及ENHYPEN。

由Chugong創作的科幻／奇幻網路小說《我獨自升級》（*Na honjaman lebeleop*, 2016）於2018年改編為備受歡迎的條漫。網石遊戲公司預計製作電腦遊戲，美國也計畫製作影集。

韓流憑什麼！

漫平臺都渴望結合並嘗試使用新技術，以豐富數位故事的內容與傳遞方式。[25]儘管有些創新技術被批評為拙劣或噱頭，但這些類型的條漫仍處於起步階段，隨著這些作品持續突破條漫宇宙的界線，讓各界得以一窺條漫產業的未來發展。這些從新手到專家的廣泛人才願意嘗試和冒險，很快就將條漫變成一門有利可圖的生意，為網路廣告、商品銷售和書籍連載提供源源不絕的新點子，也在過去十年間成為電影和電視劇的靈感泉源。

跨媒介敘事

將成功的漫畫系列改編為電影、動畫或電視劇並不是什麼新鮮事，像是改編自漫威和DC漫畫角色的超級英雄系列電影大受歡迎就證明了這一點。然而，條漫將「一源多用」(one-source-multiple-use, OSMU)的概念推得更遠、發展得更迅速。

條漫的製作成本更低、速度更快，而且每天都有更年輕的讀者以更大規模的方式消費。大量的專業素人不斷創造出成功、發人深省又充滿想像力的故事，這些故事捕捉了時代精神，吸引全球的粉絲；讀者提供的線上回饋能夠以迅速且符合成本效益的方式協助形塑故事概念，而這個過程對電影和廣播產業來說則極具挑戰性。因此，受大眾喜愛的條漫為電影和電視製作人提供了可靠且經濟實惠的靈感來源，特別是在媒體匯流的時代。

在Netflix和其他串流平臺出現之前，條漫大多被改編成電影。[26]條漫較短的篇幅以及強大而緊湊的情節很適合電影形式，而且條漫的動態感和近似電影攝影藝術的特性（反映在不間斷的長條式系列場景中），也有助於電影分鏡腳本的視覺化和設計。如今，條漫的連載催生更複雜的情節發展並延長了刊載時間，使得條漫適合改編成多季的電視劇形式。然而，這種跨媒介的過程並不是簡單地將同樣的內容複製到另一種媒介，而是一種衍生作品，將原創條漫作品的精髓和基調保留，但電影和戲劇情節可能會透過新的素材來擴展故事，以提升觀眾在不同媒介上的享受和體驗。[27]例如，為了避免劇透並持續吸引原著粉絲的關注，驚悚條漫的敘事方式必須經過調整。同時，為了維持作品對原著讀者的吸引力，浪漫條漫作品中備受喜愛的漫角色也必須保留他們明顯的特質和經歷的關鍵時刻。

值得注意的是，所有的智慧財產權（IP rights）都屬於專業素人創作者，這有助於條漫改編權的買賣。條漫平臺現在已經將目光轉向發掘並培育最具跨媒介敘事潛力的作品，最終目的是讓條漫成為所有娛樂產業的基石。[28]這些條漫稱為「超級IP」，被視為平臺在全球各地迅速擴張的催化劑。[29]趙光真的《梨泰院 Class》(Itaewon Class, 2016-2018)就是超級IP的絕佳案例。除了復仇和社會不公的核心敘事之外，這部條漫也因觸及了在韓國有爭議的主題而聞名，例如混血兒、種族主義以及 LGBTQ+ 社群。作者趙光真藉由主角的背景與掙扎突顯這些議題，並表達了他對共融社會的支持。《梨泰院 Class》擁有四億的觀看次數和兩千萬名訂閱者，成為Kakao Webtoon上最受歡迎的系列作品之一。

2020年，同名的韓劇同樣由趙光真執筆、JTBC製作，並由Netflix負責全球發行，推出後便獲得影評與觀眾極高的評價，並贏得了許多獎項。《梨泰院 Class》擁有陣容強大的卡司，並由防彈少年團的V（金泰亨）演唱原創歌曲，成為全球各地「酷韓國」的象徵，也是韓國有線電視史上收視率最高的影集之

《由美的細胞小將》(Yumi's Cells) 的條漫 (2015-2020) 和真人版影集 (2021) 宣傳影像。由李東建撰寫並繪製的《由美的細胞小將》是受歡迎的可愛、浪漫條漫作品。

一。Kakao Webtoon日本子公司Piccoma推出原著條漫日文版《六本木Class》；原著韓劇在Netflix日本的成功，促使《六本木Class》（*Roppongi Class*）銷量大增454%。[30]朝日電視台（TV Asahi）預計在2022年推出日本翻拍版[31]，而JTBC則暗示將推出好萊塢的版本。[32] 條漫是跨媒介的多功能敘事載體，如今也跨越了國界，讓韓國作為國際文化強國的領導地位受到肯定。

跨越條漫與韓國的疆界

條漫的出現與崛起源自於韓國早期資訊與通訊技術的發展，以及迅速掌握一源多用策略的經濟價值。條漫的發展得到了政府計畫的支持，這些計畫鼓勵內容多樣化、藝術家養成計畫以及國內市場的創意生態系。自2014年起，這些計畫也透過資助條漫改編以及根除盜版平臺，促進了智慧財產權業務的發展。由於韓國市場有限，Naver和Kakao等條漫平臺也出口其創意內容以維持企業營運。這些雄心壯志也再次得到韓國政府的支持，像是協助翻譯服務、建立海外網絡以及行銷活動等。[33]韓國文化產業振興院的報告指出，條漫的出口呈現上升趨勢，2020年有56%的條漫出口到海外市場，尤其是日本、中國以及北美地區。[34]這些平臺鼓勵在條漫發行國發掘藝術家並讓他們發表作品，儘管此舉可能主要是為了拓展當地讀者群和訂閱量，而非出自包容性的考量。然而，這種擴展過程的在地化，實屬重要的觀點，因為此舉確保了在韓國追求超級IP的過程中，小型、不具商業潛力的故事也能持續發展，維護了條漫在國內市場的多樣性。

正如《梨泰院Class》的全球傳播景象，條漫平臺展開收購或與當地漫畫業者及影片製作公司建立夥伴關係，以擴大條漫的市場，並增加以條漫為基礎的創意產出。隨著韓國流行音樂產業的參與，這種跨媒介、跨國界的方式將條漫提升到更高的水準。2021年，Naver展開與Hybe娛樂的合作，製作一系列以防彈少年團和Hybe旗下偶像為主角的條漫。[35]

條漫世界已經與韓國流行音樂宇宙產生了碰撞，擴大超級IP及其各自觀眾所屬的媒介範疇。這些「超級卡司」計畫將持續發展，主角則是美國的超級英雄，這要歸功於Naver與DC漫畫的創舉以及Kakao與漫威的合作。

最後，另一種比條漫更引人入勝的跨媒介敘事載體也出現了，那就是網路小說（webnovel）。這些連載故事與條漫擁有相同的發展軌跡、工作模式以及發行平臺，只是少了圖像。由於網路小說只需要作家，因此人才的來源更廣、製作成本更低，而且更容易出口，因為這些作品只需要經過文字的翻譯，而不像條漫的翻譯通常需要重新調整版面。在韓國，網路小說不僅逐漸超越條漫成為跨媒介敘事的領導者，也漸漸成為條漫常見的靈感來源。

無論是條漫還是網路小說，韓國的跨媒介敘事正以星火燎原之勢迅速發展，很快就會讓世界各地的讀者欲罷不能地滑起手機。

電影妝髮：
尋找合適的關鍵字

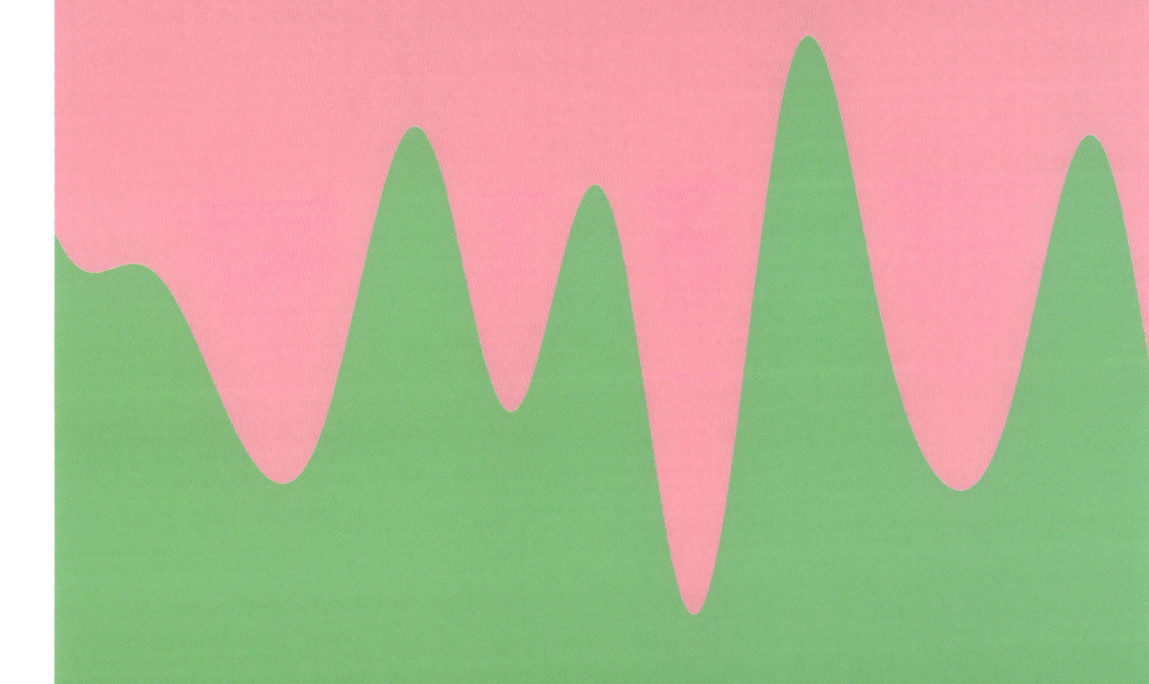

宋鍾喜

(上圖)演員金珉禧在朴贊郁執導的《下女的誘惑》(2016)試妝照中梳著不對稱的髮髻,靈感來自古斯塔夫・克林姆;最終的髮髻造型也在秀子小姐的製作劇照中可見到。

(下圖)宋鍾喜在朴贊郁執導的《親切的金子》(2005)中曾嘗試為李英愛畫上煙燻綠色眼影,隨後才決定採用獨特的紅色眼影造型。

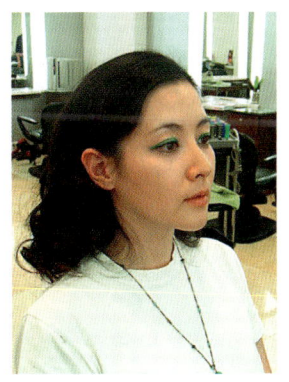

　　我閱讀書籍、報紙以及電影劇本等文學作品的速度相當緩慢。在我答應參與的電影專案中,特別是含有大量對白的電影劇本,我發現自己會一遍又一遍地讀著台詞。在這個過程中,我逐漸與角色產生共鳴,進而在腦海中創造出特定的形象。

　　當我開始研究人物、照片和物件以建立特定的意象時,我再次感受到作品中的各種影響,藉此發現了定義電影及其主題色彩的關鍵字。

　　在《我媽媽是美人魚》(*My Mother The Mermaid*, 2004)中,全道嬿飾演兩個角色,即娜詠和她的母親詠順。娜詠的角色出現在當下,而詠順的故事則發生在過去,也就是她年輕的時候。為了區別這兩個角色(年齡相仿,而且由同一個演員飾演),我確保角色在膚色和髮型上有所不同。我對全道嬿分飾兩角的靈感來自日本電影導演岩井俊二的電影《情書》(*Love Letter*, 1995),其中女演員中山美穗在片中同時飾演渡邊博子和藤井樹。然而,我的靈感不僅來自電影,在為朴贊郁的《下女的誘惑》(2016)中飾演秀子小姐的金珉禧設計角色形象時,我以畫家古斯塔夫・克林姆(Gustav Klimt)的《朱蒂絲》(*Judith*)作為參考,自然而然地引導我創造出秀子的蛇蠍美人形象以及她不對稱的髮髻造型。

　　《親切的金子》(*Sympathy For Lady Vengeance*, 2005)的女主角金子被控綁架和謀殺而入獄十三年,現在的她只為了復仇而活。這次我一心想找到角色所需的復仇色調,四處尋找能代表暴力感和獨立性的顏色,我認為這種顏色會很適合她。我嘗試了各種顏色的眼妝,從煙燻藍到亮藍色或紫色,但最終還是決定用紅色眼影來表達金子的心理狀態。鮮豔的紅色代表著獨立和熱情,也很適合演員李英愛的眼睛顏色。在電影中,另一個角色問:「你為什麼要把臉塗上紅色?」金子用她冷淡而低沉的聲音回答:「否則我看起來太善良了。」這些台詞原本不在劇本之中,而是為了反映我為角色選擇的顏色而加上去的。

在朴贊郁執導的《原罪犯》(2003)劇照中，男主角崔岷植留著代表性的「狂野鬃毛」髮型。

　　我設計的每個電影角色都是經過相當漫長而密集的思考才誕生。每個角色的創造都有其原因和意義，這也是為什麼我有時候會與演員發生衝突。

　　2002年10月的某一天，我參加了朴贊郁《原罪犯》(2003)的第一次概念會議。當我描述心目中對吳大秀這個角色的主要構想時，我立刻面臨到演員崔岷植的抗拒：「我不是什麼龐克族，你知道的。我怎麼能頂著這種髮型演戲？你知道這部電影在講什麼嗎？你真的認為那種風格適合我？那是不可能的！」他堅決地拒絕接受我提出的角色概念。儘管如此，我還是很有自信地回應他：「我所理解的吳大秀是一個突然遭到綁架並監禁十五年的人。他天生有一頭狂放的捲髮，為了適應社會規範，他必須不停把頭髮燙直。但在囚禁期間，他再也沒有辦法去燙頭髮。我認為這種被迫的處境最終會讓他活出自己天生的樣子。吳大秀的囚禁成了轉捩點，讓他變成一個擁有狂放捲髮的男人。我覺得狂放的捲髮就像狂野的鬃毛，也是憤怒的象徵，我希望透過他的髮型來傳達吳大秀獨有的各種情緒。這是必要的設計，也是決定吳大秀風格的重要元素。這些就是我為角色妝髮所提出的關鍵字！」當演員和我無法達成共識時，朴贊郁導演介入了。「我們電影的妝髮指導堅持這樣的概念，一定有他充分的理由。我們何不先做前導海報和形象設計，然後再做決定呢？」

　　初版或「前導」海報是2000年代韓國電影界的趨勢，作為提前行銷的一環，預計投入製作的電影會先設計出海報影像，並分發給視覺藝術相關媒體和戲院，以評估公眾的反應。我立刻進入戰鬥模式，創造出吳大秀應有的「狂放」捲髮，讓崔岷植忍受數小時鋁箔紙裹髮的燙髮過程。就這樣，原本存在於我腦海中的吳大秀髮型化為了現實。吳大秀的角色造型被視為是「跳出框架的思考」，並成為其他工作人員的靈感來源。我的妝髮團隊對於《原罪犯》的成功功不可沒。

　　在加拿大休假期間，我收到導演鄭智宇的電子郵件，我曾與他合作過《快樂到死》(*Happy End*, 1999)。他告訴我，他打算將作家朴範信的原著《蘿莉塔：情陷謬思》(*Eun-gyo*)改編為電影，其中主角是七十多歲的詩人李寂寥。接著他解釋道，他想找一位年輕的男演員來演，然後讓他變老，就像大衛·芬奇 (David Fincher)的《班傑明的奇幻旅程》

（The Curious Case of Benjamin Button, 2008）中布萊德‧彼特（Brad Pitt）的角色那樣。當我問他為什麼想用特殊妝髮來打造這個角色時，導演鄭智宇的回答是，透過呈現青春與衰老並存在同一具身體與臉孔，他想讓觀眾體驗我們身體老化的現實。他希望這個角色看起來比《班傑明的奇幻旅程》裡的角色更真實，而《班傑明的奇幻旅程》正是好萊塢妝髮技術的巔峰，因此他請我幫忙實現這個目標。

我不確定這個點子是否可行，但我還是坐下來，一口氣讀完這本書。對我來說，《蘿莉塔：情陷謬思》是令人著迷的作品，其中傳達了「面對無可否認的老化現實，以及伴隨年老而經常受到忽略的情感。」當時我正渴望創造立體的角色，因此我很快就答應加入這部電影，目標是塑造一個栩栩如生的角色。

當時年僅三十四歲的朴海日確定將飾演年邁的詩人。這個角色需要特殊的妝髮，演員完全理解並接受了挑戰。角色概念的參考對象為愛爾蘭小說家兼劇作家薩繆爾‧貝克特（Samuel Beckett）以及《蘿莉塔：情陷謬思》作者朴範信本人。我將朴海日轉變為一位老人，努力重現原著中李寂寥一角的知性和色調。無數次的嘗試和錯誤持續消磨我的信心。最後，我使採用了Gel 10矽膠和更多劇場用的假肢軟化劑來製作妝容。要使用Gel 10矽膠並不容易，如果調得太稀就很難在現場使用，但這是最適合用來製作鬆弛肌膚和細緻皺紋的材料。隨著我一步步將七十多歲詩人的形象化為真實，我的內心十分滿足。

在影片的某些部分，李寂寥回憶起他的過去。在他五十多歲於大學教課的場景中，我用丙烯酸為基底的假皮翻模、防止下垂的Cab-O-Sil粘合劑以及一種名為Pros-Aide的特殊白膠製作了角色的臉部皺紋和法令紋。我透過局部塗抹乳膠和古老的點刻技巧來打造李寂寥眼睛周圍的皺紋，所有的上色部分則是使用Skin Illustrator的顏料並輔以潑灑技巧完成。演員提議在角色二十多歲的場景中使用剃髮的造型，這樣能夠節省化妝的時間，不需要額外使用光頭套來製作老人時期的造型。

《蘿莉塔：情陷謬思》的工作從2011年2月展開，經過超過十次的試拍和六十次的特殊老化妝髮製作後才告一段落。我的特效化妝團隊由五位成員組成，他們投入數千個小時塑造李寂寥的形象，這個角色後來也成為韓國電影史上的不朽人物。

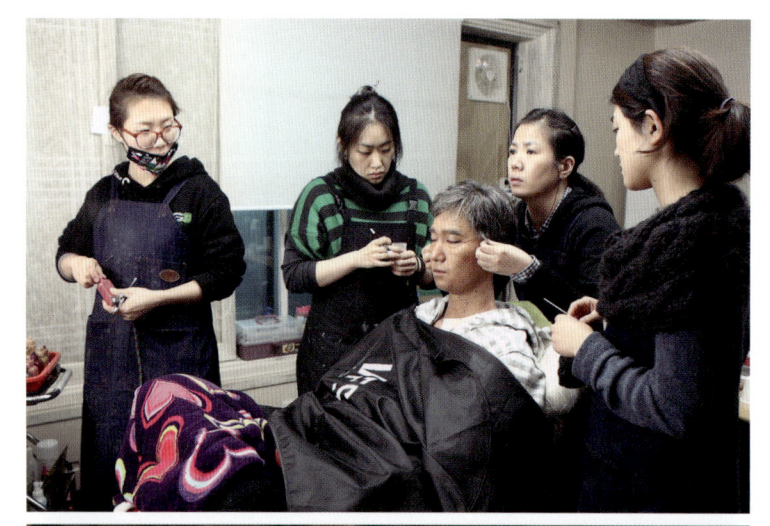

三十四歲的朴海日坐在化妝椅上（上圖）；在改編自朴範信《蘿莉塔：情陷謬思》的電影中飾演主角過去和現在的兩個場景。在他年輕時期的場景中使用了很短的剃髮造型（中圖），這讓團隊在年老時期的場景中更容易打造他老化的妝髮造型（下圖）。

《蘿莉塔：情陷謬思》這個充滿挑戰的案例也有助於韓國電影界發展類似的電影。特殊老化妝髮在電影《噗通噗通我的人生》（My Brilliant Life, 2014)、《國際市場：半世紀的諾言》(Ode to My Father, 2014)、《我的獨裁者》(My Dictator, 2014) 以及電視劇《白先生》(Mr. Back, 2014) 中都扮演了重要的角色。經由化妝團隊之所創造的逼真角色，為某些演員贏得了更多的粉絲，同時也開拓了不同的電影類型。

電影是一門整體藝術，而電影妝髮是一個無法獨立運作的領域。只有與其他電影團隊和不同領域合作，才能演繹出電影的情感和色調，傳達作品的主題並將其融入到角色之中。這需要理解和感受的過程，以及長時間辛勤的工作。

身為電影的妝髮指導，為特定電影創造概念是我獨有的職責。從分析角色到構思妝髮概念的過程中，最初只存在於我腦海中的角色會化身為真實世界中的人。雖然這項工作沒有所謂的「正確答案」，但在首次展示時，工作人員交換認可眼神的那一刻，總是讓我緊張不已，同時也有種奇怪的興奮感。每當我想像觀眾會對我藉由妝髮創造的角色有什麼反應，以及我的設計如何開啟想像的空間，總是讓我感到內心澎湃。

我真心希望我協助打造的角色能禁得起時代的考驗，並永遠留在大家的心中。

2021年11月

韓流的難題：
從《魷魚遊戲》看
全球熱潮下的矛盾

金韶慧

深作欣二執導的《大逃殺》(2000) 開創了最後倖存者的電影類型。

　　隨著奉俊昊2019年的電影《寄生上流》和2021年的Netflix影集《魷魚遊戲》在全球受到熱烈的歡迎，韓國文化似乎已經順利地跨越了國界、或如同奉俊昊在2020年金球獎得獎演說中提到的「一英吋高的障礙」(指字幕)。然而，仔細觀察這兩部作品，我們可以發現一個共同的敘事策略，這比單純地慶祝韓國文化的全球傳播更需要深入的分析。

　　《寄生上流》與《魷魚遊戲》的成就在於普遍性與特殊性之間的微妙平衡；換句話說，即全球普遍主題與各國真實細節之間的平衡。兩部作品都關注到新自由資本主義的問題，這些問題普遍到能讓任何在同一體系中生活並努力求生存的人感同身受。與此同時，他們呈現全球資本主義這個普遍主題的方式，仰賴於看似獨特的韓國場景，例如《寄生上流》中的半地下室住宅以及《魷魚遊戲》中的韓國傳統兒童遊戲。

　　麻薩諸塞州史密斯學院 (Smith College) 的韓國電影學者孫日惠 (Irhe Sohn) 分析了奉俊昊運用誤譯與翻譯的手法 (某些劇情、對白設計，需熟悉韓國文化者才能理解其雙關意義義)，是為了回應南韓觀眾既希望韓國電影成為全球電影的一份子，也希望保留其國家特色的兩難處境。[1] 由於奉俊昊早期的兩部英語電影《末日列車》(2013) 和《玉子》(2017) 在全球和國內市場都反應冷淡，他在《寄生上流》則採取了大膽的手法，盡可能保留一些原汁原味的韓國細節或「不可翻譯性」，而結果似乎是一箭雙鵰：對於全球觀眾來說，完全掌握電影敘事的感覺並非觀影樂趣的關鍵，而韓國觀眾則覺得自己比外國觀眾更能理解電影的複雜之處。

　　《魷魚遊戲》跟隨《寄生上流》的腳步，不僅批判無遠弗屆的資本主義力量，也善用翻譯所扮演的角色 (或者說注定在翻譯中流失的東西)。《魷魚遊戲》的開場便以冗長的篇幅解釋

黃東赫執導的《魷魚遊戲》(2021)中指揮室的三角形布局(下圖),與選秀節目《Produce 101》(2016)的隊形安排相呼應(上圖及右圖)。

韓國數十年前流行的兒童遊戲「魷魚遊戲」。無論是海外觀眾或是韓國的年輕一代，起初可能都很難理解遊戲的具體規則，但隨著故事的展開，他們會意識到遊戲的細節並不是那麼重要。影集中真正的遊戲是他們再熟悉不過的遊戲：資本主義遊戲。然而，有人可能會問，為什麼這部影集以看似不必要的資訊作為開頭，向觀眾解釋這種已經過時的韓國文化？換句話說，這部影集讓我們了解到韓國社會的哪些層面，同時，不進一步談論這些主題又意味著什麼？因此，我們必須先討論全球韓流時代下電影和電視敘事中逐漸被淘汰的韓國社會面向。

東亞流行文化的交流史

《魷魚遊戲》的敘事與視覺風格都受到東亞內部的各種影響，包含流行文化產業和歷史。首先，《魷魚遊戲》可說是汲取自1990年代末在日本流行的「倖存者遊戲」電影類型。當時，日本社會面臨了前所未有的經濟衰退，大眾媒體開始描繪年輕人參與攸關生死的倖存者遊戲，呼應了他們那一代人的挫折感。其中最具代表性的作品是深作欣二的《大逃殺》（*Battle Royale*, 2000）。這部電影將背景設定在不久的將來，講述一群學生為求生存而必須互相殘殺的故事。這部充滿暴力的反烏托邦電影在日本國內外引起了極高的關注，隨後也出現了幾部類似的電影，將這類倖存者或死亡遊戲電影歸類為《大逃殺》的次類型。倖存者遊戲的情節經常出現在日本漫畫中，對韓國人也有極大的影響力。

《魷魚遊戲》也屬於另一種倖存者遊戲類型，就像是《美國偶像》（*American Idol*）系列的「倖存者」電視選秀節目，這種節目形式自1950年代美國電視的黃金時代開始流行。不久之後，倖存者遊戲幾乎成為美國在東亞冷戰盟友國家電視臺的主要節目類型，反映出美國在該地區的霸權地位。在日本，日本電視台（Nippon TV）在1971年推出了《明星的誕生》節目。此節目在全國大受歡迎，數十年來一直是年輕人成為偶像明星的主要途徑。隨著近期韓國流行音樂的明星制度逐漸獲得國際上的關注，這種邀請觀眾參與的歌唱比賽節目，也在南韓的重新塑造下呈現出不同的樣貌。

雖然這類選秀節目對《魷魚遊戲》的全球觀眾來說是熟悉的參考點，但東亞觀眾會更具體地聯想到知名的《PRODUCE 101》系列節目，此節目是由CJ ENM集團製作，從2016到2019年在韓國Mnet頻道播出了四季。每一季中，韓國大型娛樂經紀公司競相從一〇一位練習生中挑選、組織團體。觀眾可以透過手機簡訊投票的方式參與決策過程。這個節目非常受歡迎，版權更賣給日本和中國的製作公司，隨後類似的節目也在東亞各地製作。

《Produce 101》中的練習生穿著校服，讓人聯想到《大逃殺》中的學生。練習生似乎很高興

能有成名的機會,但這種選秀比賽可能被視為殘酷的競爭,與《大逃殺》中描繪的生存遊戲相去不遠。此外,《Produce 101》中練習生排列的三角隊形幾乎完全重現於《魷魚遊戲》的指揮室中。透過這種形式上的呼應,《魷魚遊戲》突顯了觀眾或許在目睹痛苦的「淘汰」過程中享受隨之而來的快感。2

殖民主義與資本主義下的韓國

在《魷魚遊戲》的兒童遊戲中,我們可以發現另一種跨亞洲的影響。在《魷魚遊戲》推出後不久,就有人指出這部影集與三池崇史所執導的2014年電影《要聽神明的話》(As the Gods Will)有一些共同之處。這兩部作品都受到《大逃殺》次類型的影響,因此很難將《魷魚遊戲》視為抄襲日本電影。然而,引發各界質疑的是兩部作品中第一場遊戲的相似之處,即日本電影中的「不倒翁跌倒了」和韓劇中的「木槿花開了」(或是「紅綠燈」遊戲)。儘管很難追溯這兩種遊戲的起源,但日本遊戲和韓國遊戲之間有明顯的相似之處:兩種遊戲的規則以及伴隨歌曲的節奏幾乎完全相同,而且兩者的口號都由十個音節所組成。韓國民族音樂學家洪梁子 (Hong Yang-ja) 認為,許多被視為傳統的韓國兒童遊戲其實是在殖民時期(1910-1945)由日本傳入,並透過殖民政府統治下的現代教育制度傳遍全國。3 她指出,這些遊戲中使用的兒童玩具(例如玻璃彈珠和橡皮筋)在十九世紀末的日本就開始大量生產,隨後也在日本殖民統治期間傳入韓國。她寫道,「木槿花開了」也是從日本傳入,但這句口號可能經歷了轉變,以反映對國家獨立的渴望。燕岐民俗博物館館長林英秀 (Im Yeong-su) 認為,獨立運動人士與教育家玉南宮 (Namgung Ok) 在殖民時期將木槿花(無窮花)作為民族精神的象徵並加以傳播,因而改變了這句口號。4 因此,「木槿花開了」既代表了殖民文化的延續,也展現對國家獨立的渴望;後來,隨著南韓政府將木槿花定為國花,這個遊戲也成為南韓民族國家正當性的象徵。

《魷魚遊戲》第六集中,一面旗幟出現在電影的場景,試圖重現1960或1970年代的南韓社區。這面旗幟上的正方形和三角形構成了魷魚遊戲的符號,但其顏色和形狀與1970年代遍及全國的新鄉村運動旗幟極為類似。新鄉村運動是朴正熙政權(1963-1979)時期由國家主導的農村現代化計畫,象徵南韓經濟的急速成長以及當時殘暴的獨裁統治。

有鑑於此,並考慮到所有的遊戲都是由〇〇一號玩家吳一男這位老人所設計,我們可以說吳一男這個角色代表了南韓的資本主義,而資本主義始於日本殖民統治,並在國家的軍事獨裁統治下持續成長。具體來說,吳一男象徵的是南韓的工業資本主義,其發展主要是靠剝削現代化鄉村所培育的自然與人力資源來維持。因

此,全球化的新自由資本主義在工業資本主義消亡後仍持續存在,就像魷魚遊戲制度即使在創造者死後仍然繼續運作一樣。這種結合父權專制的南韓資本主義寓言或許解釋了為什麼劇中大多選用男孩的遊戲,以及女性角色在影集中受到邊緣化的原因。

南韓社會創傷的去脈絡化

另一個在翻譯過程中流失意義卻值得進一步討論的細節是主角的背景故事。奇勳是個不孝子、不負責任的父親,也是毫無長遠計畫的賭徒。儘管如此,他在劇中與其他參賽者互動時仍展現出團結精神與慈悲心。在第五集中,奇勳過去的創傷終於水落石出,充分展現出角色的複雜性:他是被虛構的汽車公司Dragon Motors解僱的工人之一,並目睹了他朋友在與警察的激烈交戰中死亡。

看到這段情節,許多韓國觀眾或許會想到2009年的雙龍汽車(SsangYong Motors)靜坐示威事件。雙龍汽車公司曾經是韓國主要的汽車公司之一,直到1990年代末期,全球經濟危機迫使公司將控股權出售給外國投資者。2009年,雙龍汽車進行大規模重組,最終解僱了兩千五百名工人。工人宣布展開全面靜坐罷工,從2009年3月起占領工廠;兩個多月來,公司未能回應工會的談判訴求,反而在炎炎夏日中切斷了電力、水和食物供應。七十七天後,警方動員了反恐人力和武器,靜坐示威在警方無情鎮壓被解僱工人的情況下告終。

更進一步加劇工人傷害的是國家訴訟,他們的財產因損害賠償而遭到沒收。2009年,警方對靜坐的參與者提出訴訟,要求他們賠償在罷工期間受損的直升機和起重機。這兩次的審判結果是,法院命令工人必須支付約二十五億韓圓(相當於五千三百萬新臺幣),經過一連串的上訴後,此案仍在等待最高法院的判決。在罷工期間與後續,有三十名工人及其家屬死亡:有些人自殺,有些人則死於鎮壓所造成的創傷。南韓在十多年前目睹了雙龍汽車工人的悲劇,對於一般公民社會而言,這些事件仍然留下了深深的創傷。

《魷魚遊戲》導演黃東赫提到,奇勳的角色靈感直接來自被解僱的雙龍汽車工人。然而,黃東赫將奇勳這種類似創傷後壓力症候群的表現完全個人化(未呈現背後的結構性因素),可能會有問題。在劇中,即使是奇勳的家人也無法完全理解他,只能承受他的疏忽所帶來的苦果。事實上,由於許多前雙龍汽車工人都因為國家訴訟而深陷債務困境,黃東赫導演若要塑造一個因賭博而窮困潦倒的角色,就有可能將2009年的重大社會創傷去脈絡化。但對於許多韓國人而言,這些創傷根本不是遊戲,而是日常生活的一部分。

2009年防暴警察面對抗議雙龍汽車公司裁員的示威者。

考慮到上述所有細節，我不禁好奇韓國觀眾是否能像不知道這些背景的非韓國觀眾一樣享受這部劇。或許所有的細節意義都必須在翻譯過程中流失，才能讓這部由美國大型媒體公司投資發行的影集成為娛樂性的文化商品。黃東赫曾在受訪時提到，這項計畫他已經構思了十年，卻沒有任何韓國製作人對此感興趣。自從黃東赫的唯一投資者Netflix於2016年在韓國成立分公司以來，Netflix不僅讓全球觀眾有機會欣賞到先前無法接觸到的韓國電影和電視節目，也讓許多韓國導演得以實現那些不符合韓國國家電視頻道廣播規範的大膽創意。從這個意義上來說，Netflix看似是最聰明、最慷慨的投資者，讓韓國導演充滿挑戰的計畫跨越國家、文化以及語言的藩籬，傳達給全球觀眾。然而，Netflix的投資與利潤分配制度不禁令人思考，誰才是韓國內容全球化的真正獲利者。一旦Netflix決定投資一項計畫，將預先提供製作人全部的製作預算，幾乎不干涉內容生產，卻也不會分享計畫所獲得的利潤。一方面，這種方式確保了優質節目的穩定製作（相較之下，韓國廣播電視節目為了確保足夠的製作預算，必須加入大量的引導付費廣告）；另一方面，儘管節目的製作人可能獲得國際聲響，但節目的成功卻無法讓製作人獲得同等的金錢收益。從這個意義上來說，《魷魚遊戲》的驚人成功，讓我們再次思考全球資本主義的矛盾之處以及這部影集在全球與本土層面之間的複雜關係。

《魷魚遊戲》中的場景。導演黃東赫表示,他的創作直接受到雙龍汽車公司鎮壓事件的影響(見左圖)。

　　《魷魚遊戲》出乎意料的成功讓韓國開始重新定位這部影集。自推出以來,《魷魚遊戲》在韓國獲得了截然不同的評價。有些人認為這部作品令人不安且充滿問題,尤其是針對暴力和性別歧視的描繪;其他人則認為這部作品既刺激又令人耳目一新。然而,隨著全球對這部影集的關注度提升,韓國國內多數的討論聲浪也開始將其國際上的成功視為韓流力量的象徵。《魷魚遊戲》結合了本土的細節和普世性的主題,同時滿足了國內和全球觀眾的需求,就像《寄生上流》在2019年的成就。但隨著《魷魚遊戲》的影響力遠遠超過《寄生上流》,劇中的遊戲變成了網路迷因,其中的角色也成為萬聖節的熱門造型。與此同時,《魷魚遊戲》所涉及的社會政治意涵似乎已經消失。或許韓國人民在殘酷的資本主義下掙扎求生的事實會在奇觀中消失,就像《魷魚遊戲》中用巨大粉色緞帶包裹著受害者的棺材一樣。或許這才是今日韓流所面臨的真正難題。

K-Pop and Fandom
韓國流行音樂與粉絲社群

韓流憑什麼！

韓國流行音樂（K-POP）推動了近年來韓國流行文化在全球的爆炸性成長。2000年代中期，隨著智慧型手機技術以及YouTube、Facebook、Twitter等社群媒體平臺的興起，精通科技的年輕粉絲透過網路將韓國流行音樂傳播到全球各地（詳見李善貞，pp.146-151）。韓國流行音樂的成功是2008年韓國文化出口首次超越外國文化進口的主要因素。[1]如今，防彈少年團和BLACKPINK占據了世界各地的排行榜，並打破了多項全球紀錄。

多元而奔放的音樂舞臺

儘管存在語言障礙，韓國流行音樂仍然在世界各地受到喜愛，因為這種音樂風格將令人上癮的曲調、引發共鳴的歌詞、流暢的舞蹈編排以及引人注目的視覺效果完美融合，創造出身歷其境的感受。韓國流行音樂傳達的是「興」，也就是一種具有感染力、難以抵擋的歡樂與熱情，能夠將社群凝聚起來。

韓國流行音樂經常從各式各樣的世界文化和音樂類型中汲取靈感並加以混合，包含民謠音樂、電子舞曲、爵士樂、嘻哈樂、饒舌樂以及根植於當地傳統曲目的旋律，像是傳統的音樂說唱藝術「盤索里」。這些歌曲和舞蹈都是由魅力十足且才華洋溢的偶像來演繹，其中許多人都在競爭激烈的環境中接受了多年的嚴格訓練。韓國流行音樂的代表性特徵是同步編舞以及如電影規格般的音樂錄影帶（MV）。編舞家（有些甚至還是十幾歲的青少年）可以在短短幾天內構思出複雜的舞蹈動作，捕捉新歌的概念，同時反映偶像的個性（詳見Lia Kim，pp. 130–137）。作為將歌曲轉換為迷人視覺敘事的重要工具，音樂錄影帶有時也會加入隱藏的線索，讓粉絲在反覆觀賞的過程中享受解謎的樂趣。這些最終都有助於建立每個韓國流行音樂團體獨特的藝術世界（詳見成達森，pp. 138–145）。

1992年，徐太志和孩子們在《週六夜間音樂秀》（Saturday Night Music Show），類似X Factor的知名電視選秀節目上首次演出，徹底震撼了韓國音樂圈。[2]在一片柔和旋律和憂鬱的韓國演歌（「teuroteu」或「trot」，源於殖民時期的韓國流行音樂類型）中，這支嘻哈樂團脫穎而出，他們充滿活力的舞蹈動作、寬鬆的街頭風格服裝，以及混合了民謠、金屬搖滾、新傑克搖擺節奏和饒舌（更難得的是用韓語演唱）的實驗性曲風，讓評審團目瞪口呆。在長期的審查制度解除後，美國黑人青年音樂才在1980年代末期透過美國軍事基地傳入韓國，因此大多數觀眾對於樂團的音樂風格並不熟悉。這個三人組合在當晚獲得最低分，卻吸引了渴求新鮮刺激音樂的「新世代」（或稱X世代）[3]，他們的首張專輯甫推出就創下銷售紀錄，並一路贏得許多知名獎項。

身為充滿理想的叛逆份子，徐太志的歌詞傳達出他對學業壓力、韓國統一和世代隔閡等社會文化議題的觀點。這些歌詞為青少年發聲，反映出青少年的焦慮和抱負，與經歷了經濟與政治動盪的前幾個世代有根本性的差異。徐太志在音樂類型的選擇和實驗上同樣大膽，他將非裔美國人的通俗音樂與當地的語言、喜好和傳統韓國曲目相結合，為現代聽眾重新演繹出新的風格。如此一來，徐太志和孩子們不僅將嘻哈、節奏藍調以及雷鬼等音樂類型帶入韓國主流音樂

圈,同時也創造了一種獨特的音樂類型,如今被視為是今日韓國流行音樂的先驅。[4] 1996年,這個三人團體在事業巔峰時宣布解散,但他們對韓國音樂產業留下的影響卻深遠而長久。

寄託於出口市場的流行音樂

在同一時期,錄音工作室和廣播公司逐漸由娛樂公司取代,財閥也以投資韓劇和電影的方式提供財務上的支持。1997年亞洲金融危機發生後,財閥撤回了資金,而音樂產業見證了韓劇和電影在中國和日本的成功發展後,同樣將生存的希望寄託在出口市場上。[5] 在此背景下,SM、YG以及JYP三家公司開始製造大量的韓國流行音樂藝人,很快就吸引了東亞各地的大批粉絲,並因此獲得了發展動力(詳見Joanna Elfving-Hwang, pp 152–159)。這場運動由SM公司的H.O.T.領軍,他們在2001年的北京演唱會確立了韓國流行音樂作為韓國最重要的文化出口,而「韓流」則成為描述這股崇拜韓國文化浪潮的關鍵詞。

光鮮亮麗背後的暗面

韓國流行音樂的成功也招致了一些批評聲浪。許多人譴責韓國流行音樂對美國黑人音樂和黑人表演的文化挪用,認為這反映了高度單一的民族社會中仍然存在的種族歧視和文化多樣性問題。有些人則研究催生韓國流行音樂的跨文化力量與社會經濟背景,對這場爭論提出更細膩的觀察(詳見克莉絲朵‧安

徐太志和孩子們的1992年《徐太志和孩子們 I》(*Seotaiji and Boys I*)專輯封面,專輯中融合了各種年輕世代的音樂類型與韓國本土曲目,創造出全新的聲音。

德森，pp.112-121）。娛樂公司被貼上「偶像工廠」的標籤，並因其艱苦的培訓計畫、大量生產的音樂以及重視商業成果而非藝術價值，受到嚴厲的譴責。練習生和偶像的身體疲勞、心理健康問題以及情感勒索故事經常出現在新聞報導中，甚至還有所謂的「奴隸契約」，這種契約將韓國流行音樂練習生和公司捆綁在一起，直到他們償還了公司為培訓他們所投入的資金。

針對女性偶像團體的性騷擾和性別歧視報導也屢見不鮮。與男性偶像團體相比，女性偶像團體的壽命往往更短，也更注重成員的外貌，使得她們在創作過程中的投入相對有限。各界期望女性偶像團體展現出極性感的形象，同時又以「撒嬌」（aegyo）這種幼稚的可愛或行為來中和，好迎合韓國國內外的男性凝視。她們的行為、個人生活方式、飲食習慣以及穿著都受到嚴密的檢視，在這個仍然保守的父權社會中，她們經常得面對厭女的問題。[6]這些問題並非韓國獨有，也並非音樂領域獨有[7]，但在近年來韓國流行音樂獲得文化挑戰者地位以及全球社會對公共事務參與度更高的時代，這些事件出現在媒體報導的規模與速度也跟著增強。

事實上，「偶像工廠」的概念最初是由1980年代日本的演藝經紀公司Johnny & Associates所設計：偶像與公司簽訂長期合約，在公司提供的資源下接受歌唱與演技訓練。[8]然而，這些日本流行音樂偶像是針對本地觀眾（至今仍然是全球第二大音樂市場）所設計，而韓國的娛樂公司則進一步拓展了日本的系統，以觸及全球各地的觀眾。

從本土走向全球的混種音樂實驗

此外，有些人認為，韓國流行音樂偶像工廠與摩城唱片（Motown）並沒有太大的區別。摩城唱片是由前汽車工廠工人轉型為音樂大亨的貝瑞・高迪（Berry Gordy）於1960年代在美國底特律創立的音樂公司。摩城唱片的Hitsville是「黑人擁有、以黑人為中心的企業，為美國白人提供了他們渴望已久的東西──歡樂、悲傷、浪漫、瘋狂、律動與動人的音樂」。[9]高迪的音樂生產線尋求與白人音樂人合作，並提供包含演講和禮儀課程在內的「藝人發展」課程，總體目標是在美國種族隔離盛行時期嘗試打入白人主導的音樂市場。[10]值得注意的是，我們可以將這個案例，與身為邊緣文化的韓國走向全球的過程所採取的混合策略進行比較。

也有人認為，韓國流行音樂練習生嚴謹的紀律和勤奮是韓國人根深蒂固的特質，其根植於主導韓國社會的新儒家思想，而朝鮮王朝重視的不懈學習和自我修養不過是移植到二十一世紀的娛樂產業中。[11]韓國流行音樂歌曲的混合風格與混雜本質可說是「唱歌」（Changga）的歷史延續，這種音樂風格在十九世紀末期由英美傳教士所引入，融合了西方旋律與韓國的五聲音階、歌詞以及主題。[12]這股融合的趨勢一路持續到殖民時期，從日本演歌類型汲取靈感的韓國演歌出現，一直到戰後的韓國，駐紮在朝鮮半島的美國軍人帶來了歐美流行歌曲，韓國各地也迎來在地化的翻唱版本。總而言之，每當韓國碰上外來文化時，混雜的過

程總會在歷史上反覆上演，而韓國流行音樂則顛覆了以往的模式，扭轉了文化的流動。

除了顛覆過往的模式，韓國流行音樂的混雜本質還表現在多種形式上，像是在團體中加入來自韓國以外的亞洲成員、與國際作曲家和作詞人合作，以及俏皮又有意義的雙語歌詞。近年來，這種混雜性還延伸到韓國流行音樂的呈現方式，音樂產業開始利用電競等其他領域的技術為觀眾提供新的體驗。

與此同時，韓國流行音樂背後的全球粉絲社群本身也成為一種文化現象。粉絲不僅僅是消費者，他們已經成為譯者、內容創作者、募款人、檔案管理員以及社運人士等角色（詳見瑪麗安·艾巴，pp.122-129）。他們以偶像的名義行善，宣傳韓國流行音樂的正面形象，進一步提升韓國的軟實力。隨著韓流的興起，韓語課程在世界各地蓬勃發展，許多韓劇和韓國流行音樂的粉絲紛紛在一夜之間為電影對白和歌詞加上字幕，迅速地在當地社群傳播韓國文化內容。事實上，韓語為拼音語言、僅使用二十四個韓古爾字母，讓學習韓語可說是輕而易舉，而且不像中文或日文的表意文字，韓語拼音可以透過傳統的QWERTY鍵盤或AZERTY鍵盤輕鬆輸入。

韓國流行音樂的粉絲也共同主持並管理最大的韓國流行音樂線上資料庫。這群生產性消費者（prosumers）和生產性使用者（produsers）不斷製造新的韓國流行音樂數位內容，從而擴大了韓國流行音樂在網路上的聲量。[13] 這些為傳播韓國流行音樂內容而開發的複雜、網狀式組織結構可以讓粉絲迅速動員，聯合全球力量，積極解決他們所關心的各種社會政治和環境議題。韓國流行音樂的粉絲來自多元的文化背景、跨越不同的世代，他們對這些社會議題的發聲進一步提升了韓流的能見度和時代意義。

2011年韓國流行音樂粉絲聚集在倫敦的特拉法加廣場（Trafalgar Square）參與YG家族的快閃演出。

韓國流行音樂與粉絲社群

韓流憑什麼！

這些出自女子團體橙子焦糖（Orange Caramel）2014年《卡塔蓮娜》（*Catallena*）的音樂錄影帶劇照，可視為對偶像文化的幽默評論，其中偶像化身為消費產品且具有效期限。

₩ 1,000
(Mackerel)

₩ 1,000
(Salmon)

₩ 1,000
(Shrimp)

₩ 8,000
(Octopus)

₩ 8,000

韓國流行音樂與粉絲社群

不只是挪用與欣賞：
K-POP風靡世界的跨文化力量

克莉絲朵・安德森
Crystal S. Anderson

韓國流行音樂藝人太陽（Taeyang）的2013年單曲〈Ringa Linga〉封面造型展現了非裔美國人流行音樂的影響。

　　隨著近年來韓國流行音樂（K-POP）的全球知名度呈現爆炸性成長，《告示牌》等音樂媒體以及Spotify等平臺經常透過直播和觀看次數等指標，宣揚韓國流行音樂的成功。韓國流行音樂能見度的提高，也引發各界對於韓國流行音樂如何融入外國音樂風格和文化的討論，包含那些源自黑人流行文化、或與黑人流行文化高度相關的元素。這些討論往往以文化挪用或文化欣賞兩種截然不同的角度，來描繪韓國流行音樂與黑人流行文化的互動。儘管從音樂記者到Podcast主持人等各類評論家，都使用這些概念作為觀察韓國流行音樂的視角，但這兩種標籤並沒有清楚地呈現韓國流行音樂領域中複雜而細膩的文化交流。這篇文章將聚焦在韓國流行音樂的跨文化力量，說明韓國流行音樂如何像爵士、搖滾、嘻哈等其他音樂傳統一樣，將音樂傳統融合在一起，並確保黑人表演文化的能見度。具體來說，韓國流行音樂不僅以實際且有意識的方式融入黑人的表演文化，也直接受益於黑人創作人才的音樂貢獻。

挪用與欣賞

　　評論家對韓國流行音樂提出文化挪用的指控時，往往涉及了各式各樣的行為和事件。文化挪用的例子，像是未能承認韓國流行音樂藝人借用了黑人表演文化的起源和創新（韓國流行音樂藝人從中汲取了這些文化），或是宣揚負面的刻板印象。《Dazed Digital》在2020年的文章〈韓國流行音樂如何回應其長期存在的文化挪用問題〉（How K-pop is responding to its longstanding appropriation problem）中指

ONEUS的〈Lit〉音樂錄影帶(「跆拳道版」，2021年)劇照，展示了韓國傳統建築、服飾、樂器、舞蹈以及武術，正是韓國流行音樂向世界分享韓國文化的例子。

出，韓國流行音樂藝人的黑臉造型以及融入非裔族群風格的做法，是韓國流行音樂構成文化挪用的證明。[1]黑臉造型顯然是一種嘲弄或貶低的負面種族表演形式，但採用非裔美國人的風格則有些不同。有些人批評韓國流行音樂藝人模仿黑人的髮型、時尚造型以及表演方式。儘管這些並不是帶有貶低意圖的負面種族表演，但批評人士抱怨這些藝人未能認識到他們行為背後的文化脈絡，並指控藝人將這些風格視為一種展演。這類的批評也延伸到藝人將黑人音樂融入到自己的作品之中，許多人認為這是他們在全球大受歡迎的重要關鍵，卻在過程中抹殺了黑人族群的存在。

這些都是圍繞著黑人流行音樂長期遭到非黑人社群剝削的最新事件。白人藝人挪用黑人音樂的批評可以追溯到爵士樂時期，當時白人藝人將主流社會不認識的黑人先驅作品歸功於自己，早期的搖滾明星也曾翻唱過黑人藝人的歌曲，進而成為開創性音樂運動的代言人。近期，賈斯汀‧提姆布萊克(Justin Timberlake)等白人表演者被指控利用黑人流行音樂而獲得知名度，卻沒有在政治上參與黑人文化。在為《柯夢波丹》雜誌撰寫的文章中，肯德拉‧詹姆士(Kendra James)抨擊提姆布萊克：「賈斯汀‧提姆布萊克從未做過或說過任何事情來證明他與美國黑人有任何關聯或關心——尤其是錄音室以外的美國黑人。」[2]即使是非白人的表演者也面臨類似的挪用指控：火星人布魯諾(Bruno Mars)被形容為不引述其來源的創作者，儘管他承認黑人藝人啟發了他的作品。對某些人來說，韓國流行音樂藝人似乎也屬於同一類，他們「取用」了黑人流行文化，並從中獲取關注度與利潤。

另一方面，有些評論家呼籲將韓國流行音樂藝人的作為視為文化欣賞，有助於提升黑人流行文化的影響力。文化欣賞代表著對不同文化的真誠探索，以促進深入理解，因此這個論點認為韓國流行音樂能作為外國粉絲學習韓國語言、歷史和文化的管道，也讓韓國人有機會欣賞非裔美國文化的巨大貢獻。文化挪用的論點通常由主流媒體傳播，而文化欣賞的觀點則往往由粉絲推動。例如，在接受德州科佩爾(Coppell)某所高中的新聞網站採訪時，參加達拉斯市韓國文化節的范仁(Nhan Pham)表示：「(文化節)的重要性，尤其是在美國以及全世界，(是)所有人都應該學習每個人的文化，

韓流憑什麼！

這樣你才能欣賞它⋯⋯沒有文化欣賞，我們就會忽視他人的信仰與傳統。」3此外，文化欣賞有助於促進軟實力，因為文化資本可以透過說服和交流來獲得，而非正式外交或軍事脅迫。

然而，文化挪用和文化欣賞這種二元對立的觀點未能考慮到韓國流行音樂所蘊含的複雜性。有時候，文化挪用的主張未能承認文化交流是文化傳播的結果，而且從某些方面來看是無可避免的；在其他方面，這類的批評卻突顯了對韓國流行音樂中的音樂文化混雜性缺乏理解。另一方面，文化欣賞的論點則往往聚焦在對文化的讚頌，而忽略了歷史背景和作品之間的互相關聯。文化欣賞的視角或許會引導觀眾認識到原始素材和文化，但這種視角往往不帶批判地強調其中的正面特質，同時迴避了文化挪用的論點。

跨文化力量

如果我們聚焦在韓國流行音樂的跨文化力量及其發展史，而不僅僅是近期的全球流行現象，我們會發現韓國流行音樂與其他混合音樂傳統的共同特徵。韓國流行音樂是韓國製作和宣傳策略融入外國音樂傳統的結果；韓國流行音樂一直具有全球化願景，期望吸引全球聽眾以傳播自身文化。綜觀歷史，政治與經濟因素協助推動韓國流行音樂走向全球：韓國政府透過政府機構與公司的力量支持韓國流行音樂的推廣，而創意與商業人才則從中看到機會，能夠將音樂作品傳播到韓國以外的全球聽眾。然而，如果沒有韓國國內政治和經濟的轉變，這一切都不可能發生，這些轉變為韓國流行音樂的跨文化力量奠定了重要基礎。

1980年代末期，南韓經歷了民主化運動，但到了1990年代末期，南韓經濟因為國際貨幣基金危機而遭遇挫折。因此，南韓開始投資文化產業（包含音樂產業），期望恢復其全球聲譽。除了推出科技與媒體領域的現代化策略之外，南韓也欣然接受外國文化的湧入。此外，由於1940年代以來美軍的駐紮，韓國早已接觸到各式各樣的美國文化，尤其是深深受到黑人流行音樂所影響的美國音樂文化。到了1990年代，南韓不僅能從靈魂樂、迪斯可和放克等節奏藍調音樂中汲取養分，甚至也能從最新的嘻哈音樂類型得到靈感。

起初，韓國流行音樂的傳播範圍主要是中國和日本等東亞國家。隨著時間過去，韓國流行音樂不僅擴展到英國和美國等地，也涵蓋了拉丁美洲和中東等全球其他地區。然而，即使是以全球市場為目標，韓國流行音樂也在廣泛接觸外來文化的過程中融入了其他文化的元素。韓國流行音樂對於來自中國和日本的各種影響原本就抱持開放態度，但正是黑人流行音樂元素的融入（包含非裔美國文化的風格、表演和視覺元素），才構成了韓國流行音樂的基礎。自此之後，韓國流行音樂展開了跨越全球的合作，除了與來自不同國家的音樂人聯手，也跟隨其他混合音樂（如黑人流行音樂）的腳步。

黑人流行音樂的代表性曲目往往是黑人與白人音樂家、製作人合作下的產物。舉例來說，摩城唱片培養了自家的音樂製作人才；布里爾大廈（Brill Building）也培養了包含卡洛爾・金（Carole King）和伯特・巴卡拉克（Burt

PRISTIN的成員在2017年日本橫濱體育館的亞洲音樂大獎（MAMA）贏得最佳新人女子團體，可見韓國流行音樂在日本的超高人氣。

2018年，韓國流行音樂團體EXO在杜拜的哈里發塔（Burj Khalifa）前合影。EXO在阿拉伯聯合大公國的高人氣為他們摘下杜拜「星光大道」上的一顆星。

韓流憑什麼！

1968年，艾瑞莎·弗蘭克林在阿拉巴馬州馬斯爾肖爾斯的「名望錄音室」與黑人和白人音樂家合作，這是韓國流行音樂的跨文化製作過程中的先例。

Bacharach) 等創作人，他們創作的歌曲後來成為節奏藍調的經典，例如由金創作、艾瑞莎·弗蘭克林 (Aretha Franklin) 演唱的〈[You Make Me Feel Like] A Natural Woman〉，以及由巴卡拉克創作、狄昂·華薇克 (Dionne Warwick) 演唱的〈Walk on By〉。這些白人音樂家往往參與了在馬斯爾肖爾斯 (Muscle Shoals)「名望錄音室」(Fame Studio) 的創作過程，為數十首節奏藍調經典提供伴奏。同時，嘻哈音樂有一部分源自於1970年代布朗克斯 (Bronx) 的波多黎各先驅。

同樣地，韓國流行音樂也延續了合作的傳統，這不僅僅是音樂元素的交互融合，也是創作人才之間的合作，超越了所謂的抄襲、模仿音樂製作，並未稀釋其精髓。除了從歷史上的黑人流行音樂與表演中汲取靈感（從而融入背景之中），韓國流行音樂也與黑人創作人才合作（進而避免抹殺黑人從業人員的存在）。

針對韓國流行音樂創作人才，SM娛樂公司資深音樂製作人劉英振的研究，揭示了韓國流行音樂的跨文化動力。如果稱劉英振為韓國流行音樂界的重要的聲音風格建構者一點也不為過。劉英振最初以藝人身分與SM娛樂公司簽約，並發行了幾張個人專輯，包括《*Blues in Rhythm*》(1993)、《*Blue Rhythm*》(1996) 以及《*Agape*》(2001)。他的歌曲〈Unconditional Kismet〉出現在黑人電臺的寧靜風暴歌單中也不會顯得突兀（譯注：「寧靜風暴」曲風源自美國節奏藍調歌手史摩基·羅賓森 [Smokey Robinson] 的1975年專輯《寧靜風暴》[*A Quiet Storm*]）。這種音樂類型結合了爵士樂、靈魂樂、節奏藍調等元素，風格柔和而浪漫，當時的主要聽眾為黑人族群）。這首歌以無伴奏合唱開場，其節奏常見於1990年代慢板的節奏藍調曲目，樂器的搭配讓人聲大放異彩。2011年，劉英振在SUPER JUNIOR的〈Mr. Simple〉音樂錄影帶預告中獻聲，為不少韓國流行音樂粉絲帶來驚喜。〈Mr. Simple〉反映出SUPER JUNIOR 對輕快電子舞曲的偏好，而人聲的間奏則是劉英振在少數爵士樂器伴奏下的即興演出；開放而帶有切分音的鼓聲則營造出搖擺感。他的專輯經常邀請客座歌手，包含非裔美國饒舌歌手庫利奧 (Coolio)，這就像我們在1960年代靈魂音樂創作中看到的合作，而非1950年代白人音樂製作人的剝削。

S.E.S.的2017年專輯《回憶》(Remember)封面。樂團的音樂風格深受節奏藍調影響。

東方神起的2014年〈Spellbound〉音樂錄影帶呈現了爵士舞和爵士時代造型。

劉英振的音樂創作也影響了他的製作風格，他從黑人流行音樂傳統中汲取靈感，與黑人創意人才合作，不稀釋和掩蓋其音樂風格的文化根源。劉英振以他代表性的節奏藍調風格製作音樂，塑造了品牌旗下許多藝人的音樂風格。他對節奏藍調的運用說明了全球化對韓國流行音樂跨文化力量的影響；這也意味著節奏藍調音樂的人聲與節奏將成為韓國流行音樂的核心特徵，為韓國流行音樂的表演奠定了堅實的基礎，尤其是引領第一波浪潮的「偶像」團體，也就是那些能歌善舞並參與其他非音樂活動的韓國藝人和團體。

S.E.S.的〈I'm Your Girl〉(1997)是由劉英振製作的早期歌曲，具有1990年代初期流行的節奏藍調女子團體特徵。這首歌融合了男性饒舌歌手的前奏和饒舌橋段，以及成員金栖眞、崔成希和柳水永甜美的節奏藍調歌聲。這首中板歌曲包含了流行的切分音節奏和風鈴等音效，有助於團體表演時的舞蹈編排，因為這首歌在創作時便將舞蹈編排納入了考量。熟悉1990年代節奏藍調歌曲的歌迷會在這首歌裡看到類似節奏藍調團體TLC〈What About Your Friends〉(1992)的影子，兩者都是節奏明快、切分節奏的舞曲，同時結合了饒舌與女聲。與1950年代白人表演者翻唱黑人歌曲不同，劉英振將音樂元素融入韓國流行音樂時並沒有扭曲音樂的風格。事實上，這首歌是1990年代的節奏藍調與嘻哈音樂，劉英振並沒有試圖扭曲音樂的本質。劉英振曾提到當時流行的非裔美國藝人對他的音樂製作帶來極大的影響，像是他以珍娜·傑克森（Janet Jackson）等注重節奏的歌手為靈感，創作出適合表演的音樂。[4]此外，啟發劉英振的1990年代黑人流行音樂本身就相當多元，並延續了爵士、靈魂和放克等早期音樂類型的混合本質。

隨著劉英振持續發展他的製作風格，他不斷從黑人流行音樂中汲取各種元素。同時，他也開始在歌曲中結合不同類型的音樂風格，協助打造不拘一格的表演，並以此聞名，甚至形成了所謂的「SM風格音樂表演」(SM Music Performance, SMP)，也就是「將整首歌曲與表演合而為一、無法分割的創作類型。」[5]即使類型的轉換並不明顯，SM風格音樂表演就像那些「以奇怪的方式玩弄結構、不經意地轉換音樂類型的歌曲。流行歌曲的設計往往是為了讓聽眾有種安心、自在的感覺，這樣他們就不會違抗制度。而SM卻恰恰相反。」[6]儘管媒體對韓國流行音樂的報導往往以當代視角提出挪用指控，卻往往忽略了韓國流行音樂如何融入那些與當前音樂潮流相比顯得很冷門的老派類型音樂。劉英振經常從老派的黑人流行音樂汲取靈感，來創造這種不協調的感覺。例如，男子團體東方神起(TVXQ!)的〈Spellbound〉(2014)結合了爵士風格的和聲與銅管樂器，以及更具現代感的節奏。在音樂錄影帶中，爵士舞蹈動作與視覺元素令人想起美國爵士樂的鼎盛時期，突顯了爵士樂的影響力。

就像早期混合多種元素的黑人流行音樂一樣，韓國流行音樂也是透過與黑人創作人才的合作所推動。有時候，這類的合作屬於商業層次。2013年，昆西·瓊斯（Quincy Jones）與韓國的CJ E&M公司建立合作夥伴關係，目標是在全球推廣韓國流行音樂。在其他情況下，雙方的合作則屬於藝術層次：早在朴軫永在自己的JYP娛樂公司旗下打造藝人和團體之前，他就曾為節奏藍調歌手歐瑪瑞恩（Omarion）創作歌曲。

媒體經常以歐洲的音樂創作營為例，關注SM娛樂與瑞典和英國音樂製作人的合作，而學者也注意到韓國流行音樂任用全球音樂製作

人的現象：「就像著名的韓國電子產品和汽車產業一樣，韓國流行音樂公司必須將原創音樂曲目外包給西方（主要是瑞典、美國和英國）的作曲家。」[7] 然而，這些論述只著重在西方音樂製作人的起用，卻忽視了韓國流行音樂產業如何持續尋求與黑人創作者合作，掩蓋了黑人流行音樂從業人員的影響力。這些創作人或許來自西方，但他們的種族身分以及對特定民族音樂文化的參與，讓他們有別於（白人的）歐洲同行。事實上，韓國流行音樂讓The Underdogs（戴蒙·湯馬斯［Damon Thomas］和小哈維·梅森［Harvey Mason, Jr.］）、泰迪·賴利（Teddy Riley）以及羅德娜·「奇卡」·貝爾（Rodnae 'Chikka' Bell）等音樂製作人有機會以截然不同的方式來創作音樂。正如貝爾所說，「美國流行音樂藝人希望在音樂中出現重複的元素，而韓國流行音樂藝人則希望他們的音樂有更複雜的旋律和變化」。[8] 這些製作人也在他們的音樂作品集中納入合作過的韓國流行音樂藝人，提升這些跨文化作品的能見度。

　　相對地，韓國流行音樂也發展出提升創作人才能見度的策略。除了持續仰賴實體唱片中的內頁說明之外，韓國流行音樂公司還發行了精選組曲作為音樂行銷的一部分。最初，這些精選影片主要呈現即將發行專輯的歌曲片段，但

美國音樂製作人昆西·瓊斯與CJ E&M公司前總經理安錫俊於2013年攜手合作，在國際間推廣韓國流行音樂。

節奏藍調歌手歐瑪瑞恩、韓國音樂製作人朴軫永以及韓國歌手Rain於2006年合影。朴軫永曾為這兩位藝人製作歌曲。

後來也為聽眾提供歌曲製作的資訊。這些預告片在發揮宣傳功能的同時,也透過社群媒體的普及讓各界認識幕後的創意人才——他們通常是黑人。

　　文化挪用與文化欣賞成為定義韓國流行音樂的兩個極端。然而,就像任何二元對立結構一樣,這種觀點無法清楚地呈現韓國流行音樂代表的文化交流所蘊涵的複雜性與細微差異。無論是文化挪用或文化欣賞的視角,都沒有深入探討韓國流行音樂的混雜性或影響韓國流行音樂的各種音樂傳統。雖然美國流行音樂經常汲取黑人音樂的元素並抹煞黑人藝人的存在,但美國流行音樂確實從黑人與白人藝人的合作中,創造出代表性的流行音樂作品。韓國流行音樂同樣也汲取了其他文化的音樂元素,卻能讓聽眾清楚地看見作品的原始來源。韓國流行音樂保留了來源音樂的傳統,而不是將其稀釋以迎合大部分白人主流聽眾的口味。韓國流行音樂藝人從早期就一直與黑人藝人合作並延續至今,讓更多人看見這種跨文化力量。

音樂製作人雙人組The Underdogs(戴蒙・湯馬斯和小哈維・梅森),攝於2007年。他們曾為EXO和少女時代等團體製作歌曲。

韓國流行音樂與粉絲社群

踏入新世界：
K-POP粉絲文化與
全球南方的公民行動

瑪麗安・艾巴
Mariam Elba

菲律賓的 BLACKPINK 粉絲在2020年11月為受「梵高」颱風影響的災民安排發送食物和物資。

　　粉絲群體能達到什麼樣的成就？韓國流行音樂粉絲集結他們的力量時，能夠打破直播紀錄，讓一個團體登上《告示牌》百大單曲榜的榜首，並在YouTube上創造數十億的點閱率。換句話說，他們可以迫使西方音樂產業重新評估英語世界以外音樂的熱門程度。儘管這些粉絲展現了他們對音樂排行榜的影響力，但更有趣的或許是粉絲如何利用同樣的網絡，來達成看似與喜愛藝人無關的目標：為當地社群服務並採取行動。

　　無論是政治或公民性質的活動，粉絲的集體行動並不是什麼新的現象。但在2020年夏天，時值新冠疫情嚴峻以及喬治‧佛洛伊德（George Floyd）遭明尼亞波里斯（Minneapolis）警方謀殺後，韓國流行音樂粉絲因組織多項引人注目的活動而引起了全世界的關注。隨著支持「黑人的命也是命」（Black Lives Matter）的示威活動席捲美國，達拉斯警察局（Dallas Police Department）透過一款名為iWatch的應用程式徵求示威活動中的「非法活動」影片。[1]然而，粉絲卻在應用程式中發布了大量的直拍影片，也就是粉絲喜愛的韓國流行音樂歌手短片。僅僅幾週後，韓國流行音樂粉絲集體預訂了美國總統唐納‧川普（Donald Trump）在奧克拉荷馬州（Oklahoma）土爾沙（Tulsa）的競選大會門票，卻無意出席，導致活動現場的參與人數寥寥無幾。[2]在接下來的幾週內，粉絲「劫持」了極右翼網友發起的主題標籤，試圖淹沒他們的訊息。

　　針對這些由韓國流行音樂粉絲組織並參與的線上政治行動報導之中，很少會探討不同程度的政治或公民集體行動，長期以來如何成為粉絲體驗的一環。早在美國近期的「黑人的命也是命」示威運動之前，各類型的粉絲，從「deadheads」（死之華[Grateful Dead]的狂熱樂迷）到哈利波特的死忠書迷，都參與了集體公

民行動。³然而，西方以外的粉絲社群卻更少受到關注，儘管他們長期以來都在為社群動員，經常使用他們喜愛的音樂和藝人所代表的符號和訊息。此外，也沒有人嘗試仔細探究集體行動及其潛在的陷阱，包含線上粉絲的空間限制與負面影響。⁴

在現今世界中，公民與政治參與、慈善組織等行動逐漸成為粉絲社群的一部分，特別是在韓國流行音樂粉絲社群。正如辛辛那提（Cincinnati）澤維爾大學（Xavier University）傳播學教授艾許莉·辛克（Ashley Hinck）在她的著作《粉絲社群驅動的政治實踐》（*Politics for the Love of Fandom*）中所述：「隨著粉絲社群變得比以往任何時候都更受歡迎、能見度更高且更容易加入，了解粉絲的實踐、身分以及社群也變得愈來愈重要。」⁵

本文旨在探討全球南方（通常指非洲、亞洲、中南美洲等發展中國家及地區）的韓國流行音樂粉絲社群如何動員起來，並在物質上回饋並協助當地社群。本文的目的並非全面探討全球南方的粉絲行動主義，而是強調在過去幾年間出現的代表性案例，包含世界各地的粉絲如何利用韓國流行音樂作為政治符號和慈善活動的動員力量，並在新冠疫情期間和氣候變遷威脅迫在眉睫之際，號召粉絲和當地社群成員保護並支持彼此。透過這些例子，我希望讓各界看見韓國流行音樂粉絲社群是一股重要的力量，存在於國際媒體關注的西方線上空間之外。

韓國流行音樂作為政治符號

我就是這樣愛你。我不再徬徨失措。
我與世上無盡的悲傷道別。
踏在許多未知的道路上，
我追隨那朦朧的光芒。
我們將攜手度過一切，
共同踏入新世界。

2016年，首爾梨花女子大學的學生聚集在校園的走廊，抗議學校開設新學位課程的決定，因為此舉將讓學校的高階教職員有機會濫用特權。⁶她們手拉手，唱著當時最受歡迎的韓國流行音樂女子團體少女時代的歌曲

（左頁1）推文：2021年一位葡萄牙的 Stray Kids 粉絲表達了對氣候變遷的擔憂，並提倡韓國流行音樂公司擁抱永續發展；（左頁2）推文：2021年為了紀念成員柾國的生日，埃及的防彈少年團粉絲為癌症病患募集醫療物資；（右頁1）推文：阿爾及利亞的防彈少年團粉絲出席2019年的示威活動，手持印有防彈少年團引言和歌詞的標語；（右頁2）推文：2020年肯亞的SHINee粉絲參加植樹活動，紀念已故成員鐘鉉。

〈Into the New World〉。[7]這些示威活動不僅揭露了梨花女子大學內的貪腐行徑，也讓各界看到總統府內部的貪汙腐敗，點燃了「燭光革命」，最終導致朴槿惠的彈劾案。[8]除了〈Into the New World〉[9]以外，女子團體TWICE的〈Cheer Up〉也被用作抗議歌曲[10]，而歌曲〈TT〉的歌詞則被用於諷刺性的抗議標語。[11]

韓國流行音樂在草根社會運動中的運用，不僅僅發生在韓國。2020年泰國的示威運動（旨在呼籲民主改革並改變泰國的君主制度等）期間，在網路審查和大規模逮捕的情況下，泰國的韓國流行音樂粉絲利用粉絲社群積極參與示威運動，並形成互助網絡。過去線上粉絲社群經常募款購買廣告版面以展示他們喜愛的藝人，這次他們也募款為示威者購買防護裝備，並聘請泰國人權律師協會（Thai Lawyers for Human Rights, TLHR）為數十名被捕的示威者提供無償的法律協助。甚至在泰國，〈Into the New World〉也成為號召民眾走上街頭的歌曲。[12]參與示威運動的泰國粉絲納查蓬・查洛伊庫爾（Natchapol Chaloeykul）認為這首歌反映了示威者心中的盼望。「就像歌裡唱的，我們也希望國家能出現新的改變。」她在2020年時向路透社表示。[13]

即使在距離韓國相當遙遠的阿爾及利亞，韓國流行音樂粉絲也在2019年帶著印有防彈少年團歌曲〈Not Today〉歌詞的標語參與示威，呼籲當時的總統包特夫里卡（Abdelaziz Bouteflika）辭職下臺。另一位防彈少年團粉絲則手持標語，上面寫著「防彈少年團4月回歸，我沒時間鳥你！」[14]在2019年智利的反公共機構新自由主義化的起義中，政府當局直接將韓國流行音樂粉絲社群視為「撕裂社會」、引發示威運動的「外來」勢力。智利保守派政府所描述的韓國流行音樂粉絲社群引發不少的嘲諷，但在政府報告公開後，卻促成了以韓國流行音樂為主題的示威活動。例如，示威者組織了一場「以韓國流行音樂之名維護尊嚴」（K-pop for dignity）的示威活動，他們計畫跳PSY的〈Gangnam Style〉

舞蹈。[15]正如賓州西徹斯特大學（West Chester University）的傳播與媒體學系教授卡米洛·迪亞茲·皮諾（Camilo Diaz Pino）在其2021年的論文〈韓國流行音樂正在撕裂智利社會〉（K-Pop is Rupturing Chilean Society）中所述：「（塞巴斯蒂安總統）皮涅拉政府實際上成功促使韓國流行音樂轉化為他們口中的異議分子工具。」[16]2021年12月，智利的韓國流行音樂粉絲透過強大的動員能力支持加布列·博里奇（Gabriel Boric）當選總統；博里奇也與TWICE成員定延和Stray Kids成員Han的小卡合影。[17]近期另一個值得注意的例子是，菲律賓的韓國流行音樂粉絲積極地為副總統兼總統候選人萊妮·羅布雷多（Leni Robredo）競選。在其他領域，KPOP STANS 4 LENI團體組織選民教育論壇，並舉辦「集體力量時間」（Mass Power Hour）活動，讓粉絲回報他們在網路上看到的選舉假消息。[18]

韓國流行音樂的出現並非出於政治目的；絕大多數的韓國流行音樂歌曲和內容也沒有明確或隱含的政治訊息。但粉絲以及喜愛歌曲的聽眾透過對他們所重視的目標和價值觀，為歌曲注入了意義。[19]正如艾許莉·辛克所指出，這類的粉絲活動促進了粉絲社群之間的情感關係與團結。上述例子都來自距離遙遠的地理區域，說明了粉絲社群如何利用他們的共同興趣「發展新的公共價值、為社會現狀提出不同的想像，並找到對公共議題的興趣、熱情以及投入。」[20]

我們也可以從政治色彩沒那麼濃厚的粉絲活動中清楚看到這一點。在世界各地，韓國流行音樂的粉絲社群以偶像的生日作為標誌（辛克稱之為「以粉絲為基礎的公民身分」），並展現出根植於公共服務和公民參與的粉絲社群概念。

偶像生日與慈善活動

在韓國流行音樂的粉絲文化中，偶像的生日不僅僅是慶祝的場合，也逐漸成為替慈善事業募款和參與慈善行動的機會。最受注目的一個粉絲網站：One In An ARMY，由防彈少年團的粉絲所組成，常年組織慈善活動向防彈少年團成員致意，包含在成員的生日舉行慈善活動。One In An ARMY是從事這類慈善活動的著名組織，但這在各個粉絲社群之間其實相當普遍。

圖片取自推特：2021年8月印尼民眾在印尼防彈少年團粉絲社群Senyum Army贊助的新冠疫苗接種活動中，於等待期間觀賞防彈少年團的表演。

2021年7月泰國的街頭小吃攤販懸掛著演員宋江的生日廣告，展現出泰國粉絲在新冠疫情期間為支持本地中小企業所做的努力。

這些生日計畫可能受到特定地區的文化習俗所影響，Bangtan Egypt就是很好的例子。作為防彈少年團在埃及的粉絲社群之一，Bangtan Egypt會為防彈少年團每位成員的生日舉辦慈善活動和募款活動。2019年，在成員V（金泰亨）的生日，全國各地的Bangtan Egypt的成員探訪了當地的孤兒院，捐贈玩具並與孩子們共度時光。[21]這個特定的生日計畫反映了埃及的全國性節日「孤兒日」（Orphans' Day），在這一天，各地民眾不僅捐款，還花時間拜訪孤兒院，並為孩子們舉辦臉部彩繪和遊戲等活動。

另一個例子是在2020年Jin（金碩珍）生日時，Bangtan Egypt組織了名為「Eat Jin」的計畫，以歌手在V Live直播平臺的「吃播」（mukbang）節目命名。Bangtan Egypt的成員共同集資，準備餐盒，然後分發給當地的街友。儘管這是全球各地普遍的慈善行為，卻也讓人聯想到埃及的習俗，民眾會為三餐不繼的人捐贈餐點、贊助大型聚餐活動，並捐贈麵粉、米和豆子等食物必需品，這些活動在齋月期間（此時能夠齋戒的人會從黎明到日落禁食）具有獨特的伊斯蘭特色。[22]在其他例子中，粉絲們會捐錢為因負債入獄的婦女提供保釋金[23]、資助燒傷病人的治療費用[24]，並捐贈醫療用品給醫院。[25]

法蒂瑪（Fatima）是Bangtan Egypt生日計畫的組織者之一，她告訴我：「我們開始做這些活動是因為我們想傳播（防彈少年團的）訊息。」Bangtan Egypt認為這是一種愛自己、愛他人的表現，不分國籍、宗教或語言。他們的動機也來自身為粉絲社群一員的自豪感，以及身為埃及在地社群成員的驕傲。「我們不只是迷戀偶像的青少年。」法蒂瑪回應了一般人對韓國流行音樂粉絲的刻板印象。「我們想要回饋社會。」她如此形容他們的粉絲社群，其中許多成員是青少年和二十幾歲的年輕人。

像這類涉及研議、組織以及行動的生日計畫（例如募資）都是由情感所驅動，或如辛克所說：「粉絲經常對他們崇拜的對象感到緊密的聯繫。」在《粉絲社群驅動的政治實踐》書中，她將這種參與定義為「以粉絲為基礎的公民身分」，或是「對崇拜對象的承諾而產生的公共參與」。[26]這份對偶像團體的熱愛與對在地社群議題的關心相互結合，讓「粉絲公民」社群得以蓬勃發展。粉絲甚至跨越在地社群，針對氣候變遷等議題展開跨國公民行動。

氣候變遷與韓國流行音樂

2020年底，BLACKPINK在她們的YouTube頻道發表了簡短的演說；2021年11月於格拉斯哥（Glasgow）舉行的第二十六屆聯合國氣候變遷大會（COP26）前談論氣候變遷的重要性。身為

2021年Facebook 貼文：泰國的嘟嘟車上掛著 GOT7 成員榮宰的生日廣告。

2021年推文：印尼的防彈少年團粉絲社群 Senyum Army 為支持雅加達的新冠疫苗接種活動所刊登的廣告。

第二十六屆聯合國氣候變遷大會指定的親善大使，BLACKPINK成員談到自然棲息地遭受的破壞、了解氣候變遷的迫切性，以及阻止全球暖化所需的行動。在大會前的一個月，她們再次提及地球迅速惡化的情形以及採取行動的必要性。

她們在第二十六屆聯合國氣候變遷大會之前發布的訊息顯然引起了共鳴。2021年10月，印尼的BLACKPINK粉絲聚集在雅加達，花了幾天的時間種植紅樹林，以協助恢復自然景觀。[27]世界各地的粉絲也透過#ClimateActionInYourArea的主題標籤分享植樹倡議。

除了BLACKPINK的粉絲之外，其他韓國流行音樂的粉絲群體也紛紛將目光轉向全球氣候變遷議題。KPOP 4 Planet和Kpop 4 Climate 等團體陸續出現，並分享氣候變遷的教資材料，甚至是直接與韓國流行音樂相關的資料。身為EXO的粉絲和KPOP 4 Planet的組織者，努魯·薩里法（Nurul Sarifah）表示韓國流行音樂粉絲對氣候變遷倡議的動力來自他們對韓國流行音樂的熱愛以及對氣候危機與日俱增的關注。2021年，她和來自印尼以及世界各地的粉絲「決定結合我們熱愛的兩件事，也就是韓國流行音樂和我們的地球」。看到世界各地的粉絲團結起來參與「黑人的命也是命」運動，並發起植樹活動向他們喜愛的藝人致敬，促使薩里法和其他粉絲創立了KPOP 4 Planet。

近期，他們發起了一項請願，要求停止在韓國的孟芳海灘（防彈少年團單曲〈Butter〉的拍攝場景之一）附近興建燃煤發電廠。薩里法表示：「由於韓國流行音樂粉絲主要是由Z世代和千禧世代所組成，我們是受到氣候危機衝擊的一群人。」

粉絲也持續呼籲大型製作公司（包含HYBE、JYP、YG 以及 SM 娛樂公司）在製造商品和實體專輯的過程中，盡量減少使用塑膠和不可回收的材料。[28]「氣候危機迫切需要跨越國界的團結。」薩里法表示。

新冠疫情時代的集體行動

從公共衛生和社會經濟層面來看，2020年初在全球爆發的新冠疫情為全球南方都帶來了重大挑戰。粉絲群體持續運用他們的網絡來幫助社會。

因為新冠疫情導致遊客銳減，泰國的韓國流行音樂粉絲社群便修改了一項存在已久的粉絲慣例，以支持面臨經濟困境的人力車司機和街頭攤販。以前，租用公共空間並準備偶像的生日廣告看板是世界各地粉絲常見的做法。在泰國，這些廣告看板經常出現在曼谷的地鐵中，但在2020年的示威活動後，地鐵系統遭到關閉，粉絲開始集資製作廣告牌並掛在街頭攤販和人力車後座上，而不再使用地鐵的廣告看板。粉絲與大學生發起「支援嘟嘟車計畫」(Tuk-Up)，一夜之間讓集資在人力車上懸掛韓國流行音樂廣告牌成為粉絲間普遍的做法。[29]

促進這類組織活動的重要因素之一，是粉絲社群內存在複雜的社會性基礎設施。粉絲們用來傳播他們喜愛團體的新聞或直播目標的網絡，如今也被用來為泰國同胞提供經濟支持。一位泰國的韓國流行音樂粉絲認為，這種行動表達了對既有制度的反抗。「這是一種政治表達，也就是我們不支持資本家。」皮奇亞·普拉切托姆隆 (Pichaya Prachathomrong) 向《Mashable》表示。[30] 泰國粉絲社群正在創造一種泰國獨有的「粉絲公民身分」生活經驗。

本文僅僅觸及了全球南方韓國流行音樂粉絲社群中根深蒂固的公民參與和行動，特別是粉絲如何在線上空間以外透過實際方式組織與動員。上述例子不僅呈現了粉絲關心的一系列議題，更說明了公民參與和「粉絲公民身分」如何成為韓國流行音樂粉絲不可或缺的體驗。

維吉尼亞大學媒體研究學教授森本樂瑞 (Lori Morimoto) 表示，粉絲社群是「以自我認同感緊密結合」，這也是有效形成社會性基礎設施的原因之一。粉絲文化是個人的，但是與認同粉絲身分和意義的同好合作時，就有可能形成團體並實現彼此的目標，像是支持喜愛的偶像團體，或挺身反抗不公義的行為。

許多粉絲都表示，身為粉絲的最大回報之一就是社群感。以我自己作為粉絲的經驗而言，見證這種集體行動讓身為粉絲社群一員的我感到愉悅和著迷。2018年秋天，我去看我人生第一場韓國流行音樂演唱會 (防彈少年團在紐約花旗球場 [Citi Field] [31] 的第一場美國體育館演出) 時，我看到 One In An ARMY 舉辦的罐頭食品募捐活動。粉絲們帶著罐頭湯、豆類以及其他不易腐壞的食物到場，捐贈給三餐無法溫飽的紐約同胞。

看到這些社群網絡建立的方式以及他們所達成的成就，或許就能解釋韓國流行音樂粉絲社群的魅力所在。除了朗朗上口的音樂和精心製作的音樂錄影帶之外，情感也許是凝聚粉絲社群的最強黏著劑。基於這種情感，粉絲們順利地展開合作，形成當地社群中具有影響力的群體，並利用這種影響力和社會性基礎設施來支持粉絲社群內的成員和當地的同胞。

因為上述這些因素，也因為韓國流行音樂粉絲人數在國際上愈來愈多，我們可能會看到世界各地有愈來愈多的粉絲為了政治、慈善事業以及各式各樣的目標而動員起來。正如森本樂瑞所說，「粉絲社群與行動主義的交集在於團結全人類的共同動機」，也就是對藝人和社群的愛。

K-POP舞步的魅惑魔力：
專訪編舞家Lia Kim

李松

從快閃族到粉絲的跳舞挑戰，舞蹈一直是踏入韓國流行音樂世界的重要入口，與音樂錄影帶和偶像明星的精彩表演並駕齊驅。作為業界的創意人才，編舞家在過去並未獲得足夠的重視，如今隨著更多韓國流行音樂團體透過舞蹈來吸引粉絲，以及編舞家逐漸成為原創內容創作者，他們正逐漸走到舞臺的中心。Lia Kim是最多產且成功的韓國流行音樂編舞家之一，曾為寶兒(BoA)、李孝利、TWICE以及 Mamamoo等眾多藝人創作受歡迎的舞蹈編排。她也是1MILLION舞蹈工作室的共同創辦人，自2014年起為韓國流行音樂愛好者提供舞蹈課程，並製作令人著迷的舞蹈影片。

　　Lia Kim從每天放學後到韓國安養市當地的青年中心練習街舞，到現在為最大的韓國流行音樂公司指導練習生，同時編排表演和音樂錄影帶。對於這位孤獨的少女來說，舞蹈成為絕佳的宣洩出口，最終她選擇追隨自己的熱情，而不是上大學。她回憶道：「高中畢業時，我唯一的願望就是成為世界上最厲害的街舞舞者。沒有什麼比街舞更讓我著迷。我下定決心不像其他人一樣去上大學，我把生活重心放在磨練舞蹈技巧以及贏得舞蹈比賽。每當我到美國、香港或韓國參加比賽時，我都會盡可能地多參加由嘻哈舞(hip-hop)、機械舞(popping)、鎖舞(locking)以及甩手舞(waacking)等風格的原創舞者所舉辦的舞蹈工作坊，如Boogaloo Sam或The Original Lockers。

　　Lia Kim不懈的練習最終讓她在2006和2007年兩度贏得世界舞蹈比賽4 Da Next Level的冠軍。然而，獎盃並沒有徹底改變她的職業生涯，也沒有為她的舞者生活提供保障。那一刻，她覺得自己被困住了，但當時的她還不知道編舞家的人生道路即將在她眼前展開。那時SM、JYP以及YG等娛樂公司正在尋找一位女性舞蹈老師，他們便聯繫了當時身為舞蹈團體 Winners成員的Lia Kim。在那個時期，幕後的韓國編舞家甚至比西方同業更少獲得認可，但Lia Kim的街舞背景和她對學習新舞蹈風格的強烈渴求將讓業界耳目一新。「當時是2000年代初，是早在少女

2016年Lia Kim在洛杉磯愛樂樂團(LA Philharmonic)音樂廳外為 Jack Ü 的歌曲〈Take Ü There [feat Kiesza]〉伴舞。

2013年宣美的〈24 Hours〉音樂錄影帶劇照展現了Lia Kim如何運用現代舞創造出誘人而活潑的效果。

時代、Wonder Girls或2NE1出道之前。公司請我教練習生跳舞，尤其是機械舞，我為了謀生就接下了這份工作。我很幸運成為少數在這個領域擁有一定經驗的人。我在公司遇到的女孩們和我一樣年輕，我們都對自己的工作充滿熱情。」Lia Kim說道。公司每個月會對練習生進行評估，因此Lia Kim每次都必須編排新的舞蹈，讓練習生可以在主管面前表演。「那是一個開始。那是我第一次參與韓國流行音樂的編舞。練習生給了我很多靈感，我開始體會到舞蹈創作以及與他人分享的樂趣。」

2013年，Lia Kim有機會為宣美創作舞蹈。宣美是前Wonder Girls成員，在JYP擔任練習生時就認識了Lia Kim，當時正透過JYP的唱片公司發行她的首支單曲〈24 Hours〉。在當時Lia Kim熱愛的現代舞強烈影響下，宣美誘人而活潑的赤腳演出立刻引起了粉絲和評論家的熱烈迴響，更促成其他名人與粉絲的一系列翻拍和模仿。這支舞蹈借用了現代舞的表現元素，同時嘗試了不對稱的隊形，這在韓國流行音樂表演中並不常見。這是Lia Kim作為韓國流行音樂編舞家的首次舞蹈創作，也是宣美單飛後的首次亮相，兩者都大獲成功。

沒有任何舞蹈比TWICE的〈TT〉(2016)更能展現Lia Kim的多才多藝。對於這首歌聲甜美並充滿泡泡糖般視覺效果的活潑情歌，Lia Kim想出了一個俏皮可愛的手勢，就跟歌曲本身一樣洗腦。她形容這首歌是典型的韓國流行音樂舞蹈：「相較於其他舞蹈，韓國流行音樂舞蹈由精心劃分的小動作所組成，緊密地配合歌詞。〈TT〉就是很好的例子。在所有表達字母『T』的動作中，這首歌所呈現的動作效果最好。人們很容易就能認出這是歌曲中想表達的哭泣表情符號。這個舞蹈動作非常搶眼、好記，也有效地突顯了歌詞與情感。」就像Lia Kim為〈TT〉設計的手部動作，令人難忘的「招牌動作」是韓國流行音樂中最具代表性的舞蹈編排。這些動作通常伴隨副歌出現，隨著抖音(TikTok)等短影音平臺成為模仿爆紅舞蹈的重要舞臺，這些舞蹈動作也變得更加重要。在這種情況下，在十五到三

2020年Lia Kim在首爾的1MILLION舞蹈工作室分享她為球風火合唱團(Earth, Wind & Fire)的歌曲〈September〉(1978)所編的舞蹈。

2020年的〈Until We Rise Again〉音樂錄影帶劇照,由Lia Kim編舞,是 1MILLION 舞蹈工作室與韓國文化體育觀光部的合作計畫。

十秒的時間內呈現完整的核心編舞，對於吸引觀眾的注意力來說極為關鍵。

對於某些藝人的表演（尤其是男子團體），Lia Kim以創作韓國流行音樂中最強烈的編舞風格而聞名。由於這些男子團體的表演都是經過高度編排、同步進行的舞蹈動作，充滿了跳躍、下墜和特技等，表演的強度以及成員是否能順利完成表演，經常成為衡量他們才華的指標。Lia Kim與新銳編舞家鄭具盛（Jung Koosung）共同創作了A.C.E歌曲〈Cactus〉（2017）的舞蹈，他們編排了一系列強而有力的旋轉手臂動作與零碎的舞步，而為了讓演出更完美，歌手們甚至以原始節奏兩倍的速度進行練習。「人們委託我編排舞蹈時，我相信他們不會期待某種『溫和』的舞步，」Lia Kim說，「我喜歡創作最複雜、最華麗的舞蹈。」對她來說，創作複雜的舞蹈比創作簡單、容易模仿的舞蹈來得容易。妥協不是她的風格。「表演者必須同時唱歌和跳舞的事實，並不能成為編排簡單舞蹈的合理藉口。反正現在也沒有人會這樣要求。」她補充道。

被問及韓國流行音樂舞蹈近期的變化時，Lia Kim很高興地指出韓國流行音樂女團已經變得非常多元。在2010年之前，「韓國流行音樂女團的舞蹈動作大多顯得可愛和害羞，而且不只是舞蹈而已。從根本上來看，這些團體的概念在很大程度上是同質的。因為許多團體都有相同的化妝師、造型師以及編舞家，因此她們呈現的形象也大同小異。但隨著時間的推移，情況已經有所改變。2NE1扮演了先鋒的角色，現在我們有Jessi、泫雅以及Mamamoo，她們都代表了獨特的女性形象。我很高興看到業界持續探索不同的風格、音樂和舞蹈，同時有不同的專業人士在這個產業中發光發熱。」

1MILLION舞蹈工作室由Lia Kim共同創立並擔任首席編舞，此外她也聘請了約二十五位風格迥異的編舞家，其中許多人是Lia Kim在接受委託製作、指導影片時所認識。在接到專案要求後，Lia Kim會評估工作室中哪位編舞家最適合這首歌曲。令人驚訝的是，一旦她決定是否承接這項專案以及與誰合作，實際的編舞過程就會在極短的時間內完成：為一首三、四分鐘的歌曲創作一套舞步只需要三天的時間。接著，有舞者參與的草稿影片就會送往經紀公司進行評估。一旦公司同意，Lia Kim或她團隊中的其他舞者就會讓團隊成員學習編好的舞蹈動作。由於工作週期快速，負責編排和教授編舞的舞者不一定是在舞臺上或音樂錄影帶中表演的舞者：這些安排是根據他們特別的技能，有些人擅長表演，而有些人則更適合指導。一般而言，韓國流行音樂團體通常需要兩到四週的時間才能掌握一套舞步並拍攝音樂錄影帶。

Lia Kim在編舞時，會先替歌手找到合適的角色。在反覆聆聽歌曲後，她會試著了解歌曲的概念或「世界觀」，例如有些韓國流行音樂團體樂於擁抱龐大的背景敘事。接著，她會為歌曲中最重要的部分設計舞蹈動作，這部分會因曲目而異。這裡指的通常是歌曲中的亮點，也就是最朗朗上口的橋段，但有時候也有例外。以華莎（Hwasa）的歌曲〈Maria〉（2020）為例，Lia Kim從前奏著手，並發展出一種創作理念，即華莎打破了束縛她的枷鎖，以強大的真實自我形象出現。無需花俏的道具或華麗的服裝，Lia Kim的編舞，確保表演以令人信服的方式展現出歌曲的精髓。

在新冠疫情爆發之前，1MILLION舞蹈工作室的舞蹈教室充滿了來自世界各地的韓國流行音樂愛好者。自從Lia Kim將課程影片上傳到YouTube之後，他們在全球的知名度急速攀升。Lia Kim開設頻道的初衷是為了記錄舞蹈編排和舞蹈課程，因為她總是為這些課程的短暫性而感到遺憾。「對於編舞家和一般舞者而言，他們一直在韓國流行音樂領域備受忽視，」她感嘆道，「觀眾在電視上觀賞音樂節目時，演職員名單中會列出作曲家、作詞人，但從來沒有編舞家。人們很容易忘記編排舞蹈需要投入多少的時間和創意。而且對於舞蹈編排，根本沒有版權或保護意識。」將影片上傳到YouTube是工作室保存作品的一種方式，也讓更多人知道他們的存在。「我們不會上傳任何不是我們自己創作的舞蹈，」Lia Kim說，「我沒想到這個頻道會這麼受歡迎。人們在聽音樂時偶然發現我們的影片並欣賞了我們的表演，感受到舞蹈課程的純粹能量。」有時候，頻道的播放清單就像是作品集一樣，經紀公司會瀏覽這些作品並為新專案尋找合適的編舞家。「我們是一群充滿創意的人。我們一起規劃內容並製作影片來行銷自己。」

2020年夏天，舞蹈工作室受到韓國文化體育觀光部委託，製作了名為〈Until We Rise Again〉的表演影片。影片中由Lia Kim擔任領舞，團隊成員穿著防護衣、戴著口罩進行表演，而他們分離的隊形象徵了社交距離。表演傳達了共同的挫折感以及對正常生活的集體嚮往；在影片的結尾，舞者褪去防護衣，擁抱在一起，為觀眾提供了一種宣洩。這段影片也成為當年觀看次數最高的政策宣傳影片之一。

Lia Kim的想像世界不僅限於影音平臺。2021年，擁有超過兩億名全球使用者的韓國虛擬人偶應用程式Zepeto將Lia Kim的舞蹈動作納入平臺。無論玩家在現實生活中的舞技有多差，在這個元宇宙中，他們只需要輕鬆點幾下就能做出和Lia Kim一模一樣的舞蹈動作。科技一直是Lia Kim的靈感來源：在她與攝影師趙智石（Cho Gi-Seok）合作的攝影集《虛實之間》（*Reality, No Reality*, 2000）中，她以生化人的形象出現。「我一直想創作一些與機器人和人工智慧有關的作品，因為我總是對未來的事物充滿好奇。我渴望知道我們將生活在什麼樣的世界。這是我想在未來作品中探索的主題。」

2021年11月

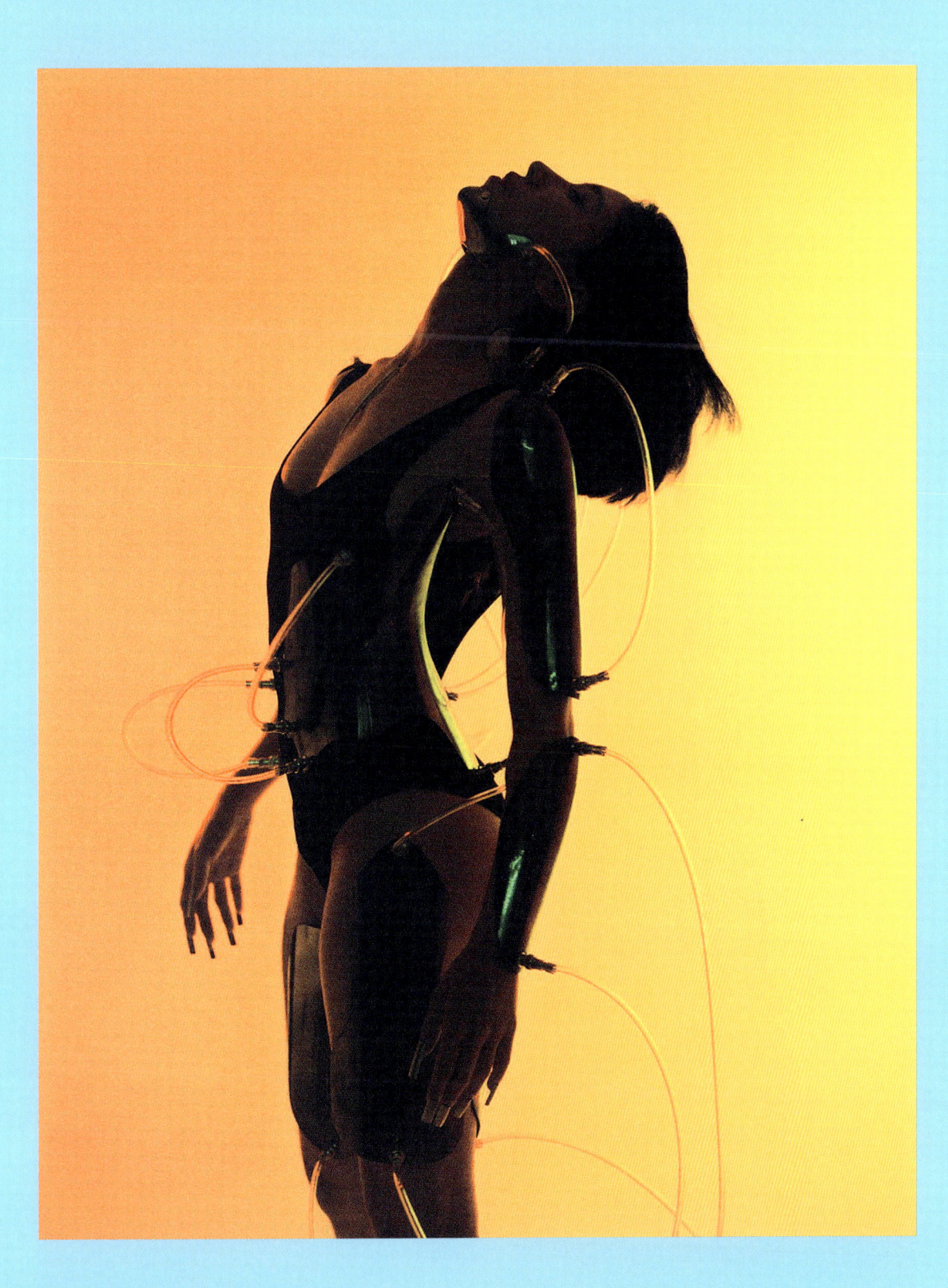

趙智石(Cho Gi-Seok)為Lia Kim2020年的著作《虛實之間》所拍攝的照片。

韓國流行音樂與粉絲社群

K-POP的虛構宇宙：
MV的符號與隱藏線索

成達森

2012年EXO的〈Mama〉音樂錄影帶劇照，展現了成員守護（Suho）控制水的畫面。EXO每位成員的超能力都一一呈現在這支音樂錄影帶中。

　　自從The Buggles的歌曲〈影像殺死了廣播明星〉（Video Killed the Radio Star）為第一個二十四小時音樂錄影帶頻道MTV揭開序幕後，音樂的視覺層面就開始被視為與聲音同等重要。隨著網際網路的出現，YouTube和Vimeo等線上平臺進一步促進了音樂錄影帶（MV）的傳播，讓世界各地的作品得以廣泛流通。如今，音樂錄影帶已成為全球音樂產業中最重要的媒介之一。

　　音樂錄影帶有許多類型：從直接擷取藝人的表演片段[1]到既有影像的剪輯、從敘事為主的影像[2]到實驗性的蒙太奇片段[3]、從幕後花絮[4]到動畫製作[5]，無所不包。2010年後，韓國流行音樂界迎來一種新的類型：虛構宇宙。

　　虛構宇宙並非陌生的概念。簡單來說，虛構宇宙是透過一致的場景設定來發展的虛構敘事。這項概念已經廣泛應用在流行文化之中，像是奇幻小說、日本動畫以及漫威電影宇宙等。我們也能在音樂作品中找到先例。其中最著名的例子莫過於大衛·鮑伊（David Bowie）的概念專輯《來自火星的齊格星塵與蜘蛛人樂團浮沉錄》（*The Rise and Fall of Ziggy Stardust and the Spiders from Mars*, 1972），在這張專輯中，鮑伊的第二人格（也就是虛構的搖滾明星齊格星塵［Ziggy Stardust］）以火星使者的身分被派往地球，試圖拯救世界免於毀滅。其他的例子像是辣妹合唱團（Spice Girls），她們以獨特的角色形象示人，成員包含嗆辣妹（Ginger）、運動辣妹（Sporty）、高貴辣妹（Posh）、猛辣妹（Scary）以及寶貝辣妹（Baby）；或是街頭霸王（Gorillaz），他們開啟了新的樂團表演形式，以虛擬的卡通人物代替實際的表演者在舞臺上演出。

　　韓國流行音樂充分發揮了這項策略，將韓國流行音樂文化推往全新的方向。韓國流行音樂偶像展現並擴展了獨特的虛擬身分，讓韓國流行音樂文化充滿獨特而原創的風格。一些最受歡迎的韓國流行音樂團體（如EXO、Red Velvet、Seventeen、防彈少年團以及aespa）從出道起就發展了自己獨特的創意敘事。

　　第一個完整呈現令人印象深刻的虛構宇宙團體是EXO，他們在2012年如彗星般轟動了韓國流行音樂界。根據他們的虛構宇宙，EXO來自未知的外星球，每位成員都擁有超能力，能夠

2018年防彈少年團的加長版〈Fake Love〉音樂錄影帶劇照（上圖）顯示成員穿戴著面具和長袍。這與同年稍後推出的〈Idol〉（下圖）中自信的色彩形成強烈對比。

韓流憑什麼！

控制水、光、火或風,甚至擁有超凡的力量。EXO的虛構宇宙經過精心設計,充滿各式各樣的細節,甚至在他們發行第一張迷你專輯《Mama》之前就發布了二十三支預告片。〈Mama〉的音樂錄影帶呈現了EXO宇宙的精髓以及每位成員的超能力;隨後許多的音樂錄影帶揭示了個別成員的超能力,可以集體用於建構擴展的宇宙,許多隱藏的線索也散落在不同的音樂錄影帶中,塑造出這個虛構宇宙的共同元素和神話,其中成對的成員生活在平行世界中,只有在日全蝕的日子才能與對方聯繫。⁶EXO引領了韓國流行音樂的虛構宇宙熱潮,讓粉絲不僅能欣賞歌曲和演出,還能在其中主動尋找並詮釋符號,這種做法在粉絲間被稱為「EXO學」(EXO-logy)。這讓EXO成為2010年代代表性的偶像團體,他們也是韓國音樂產業十二年來第一個達到百萬專輯銷量的樂團。

虛構宇宙的概念或許看似過度複雜,但隨著韓國偶像產業的蓬勃發展,市場上充斥著各式各樣才華洋溢的團體,虛構宇宙讓個別的偶像團體能以特別的敘事手法脫穎而出。透過精心打造每位成員,賦予他們神祕而引人入勝的背景故事,讓他們成為與眾不同且具有魅力的「偶像」,能夠擴大並深化團體的吸引力。隨著時間推移,人們開始關注這些敘事,並在分享對虛構宇宙的詮釋過程中,逐漸形成忠實的粉絲社群。虛構宇宙的線索越分散,敘事結構就越複雜,粉絲也越渴望探索這個宇宙並找出其中的線索。

韓國流行音樂的虛構宇宙具有多重隱喻與提示,其碎裂化特質源自於音樂錄影帶的視覺風格:觀眾能夠接受音樂錄影帶中缺乏因果關係、敘事連結以及角色情感的連貫性,剪輯由音樂的節拍與韻律而非單一的故事情節所決定,以及角色頻繁的服裝變化(有時甚至拒絕扮演單一身分)。通常來說,歌詞甚至與畫面不一致。這讓音樂錄影帶成為呈現虛構宇宙的合適媒介,透過分裂、分散以及脫離主題的蒙太奇剪輯而非完整的敘事手法來傳達歌曲和藝人的原創性,能夠容納祕密敘事。一個韓國流行音樂團體所創作的許多音樂錄影帶往往能互相參照並建構更宏大的意義。我們可以透過單一錄影帶中破碎式的影像來辨別意義,但透過符號的進一步變化與重複,單一音樂錄影帶的畫面可以與其他錄影帶的類似畫面產生連結,建立更廣泛的意義與更強烈的敘事。

這些特點在防彈少年團的音樂錄影帶中最為明顯。繼EXO之後,防彈少年團也成為偶像市場中深植於虛構宇宙文化的團體。在他們的音樂錄影帶和「防彈少年團宇宙」(BTS Universe)中,防彈少年團描繪了一點一滴的成長過程。重要的符號反覆在防彈少年團的影片

中出現。[7]在〈Fake Love〉（2018）中，防彈少年團出於自我防衛而假裝愛自己，但內心卻很痛苦；團員們身著黑色長袍、戴著面具掩飾自己的真實感受。在〈Blood Sweat & Tears〉（2016）中，他們在一張長桌旁舉行祕密盛宴，情緒同樣幽閉。然而，在〈Idol〉（2018）中，他們邁向成長，以鮮明、爆炸性的色彩傳達團結與正面的訊息。[8]〈Blood Sweat & Tears〉中的長桌再次出現，但防彈少年團不再舉行孤立的宴會，而是歡樂地邀請觀眾一同加入，並直視鏡頭。成員們透過深化對彼此的情感而獲得自信，現在向所有人分享他們的愛。防彈少年團的音樂錄影帶在在強化了他們音樂的核心主題——懷有惻隱之心、透過音樂與他人一起獲得療癒。防彈少年團在全球人氣高漲是多種因素結合的成果，包含表演才華以及透過社群媒體積極與粉絲溝通，但虛構宇宙所發揮的力量也不容忽視。隨著防彈少年團的虛構敘事達到巔峰，男孩們實現了全面性的成長（在2020年的歌曲〈Dynamite〉中），防彈少年團也在現實世界中大受歡迎。[9]

aespa在2020年出道。她們團名的意思是「面對另一個自己，透過虛擬化身體驗新世界」，透過虛擬化身以及「現實世界」中的團員，aespa將她們的宇宙擴展到無限空間中的虛擬世界。對aespa而言，虛構宇宙不僅是宣傳團體的行銷工具，更是團體的核心身分，宣告「全新層次」的韓國流行音樂偶像的誕生。

在aespa的虛構宇宙中，每個人都有自己專屬的虛擬化身（ae），由網路上分享的個人資訊所創造。aespa出道前發布的短片〈ep1. Black Mamba〉講述了反派角色黑曼巴（Black Mamba）如何阻止人與ae之間的連結，帶來混亂並透過ae散播邪惡。Aespa首先發現了黑曼巴的力量（2020年歌曲〈Black Mamba〉）[10]，然後到曠野（KWANGYA）[11]尋找她（2021年歌曲〈Next Level〉），並透過她們特殊的超能力打敗她（2021年歌曲〈Savage〉）。憑藉引人入勝的敘事手法，〈Black Mamba〉成為YouTube史上最快達到一億觀看次數的韓國流行音樂團體首支音樂錄影帶。

虛構宇宙顯然是吸引人且有效的策略。事實上，偶像團體粉絲在YouTube上分享他們對音樂錄影帶中隱藏元素和線索的詮釋影片，比分析歌詞的YouTube影片更多、更受歡迎。由此可見，現今的韓國流行音樂粉絲對視覺體驗的重視程度不亞於聽覺體驗，甚至超越了聽覺體驗。虛構宇宙就像一副特殊的透鏡，讓知情者能夠看見隱藏的事物；而你理解得愈深，眼前的影像就愈清晰。

2021年 aespa 的〈Savage〉音樂錄影帶劇照，呈現出 aespa 成員的宿敵黑曼巴，以毒蛇作為象徵。

在2021年aespa的〈Black Mamba〉音樂錄影帶中,寧寧(Ning Ning)飾演一名駭客,對抗黑曼巴發動的網路攻擊。

韓流憑什麼!

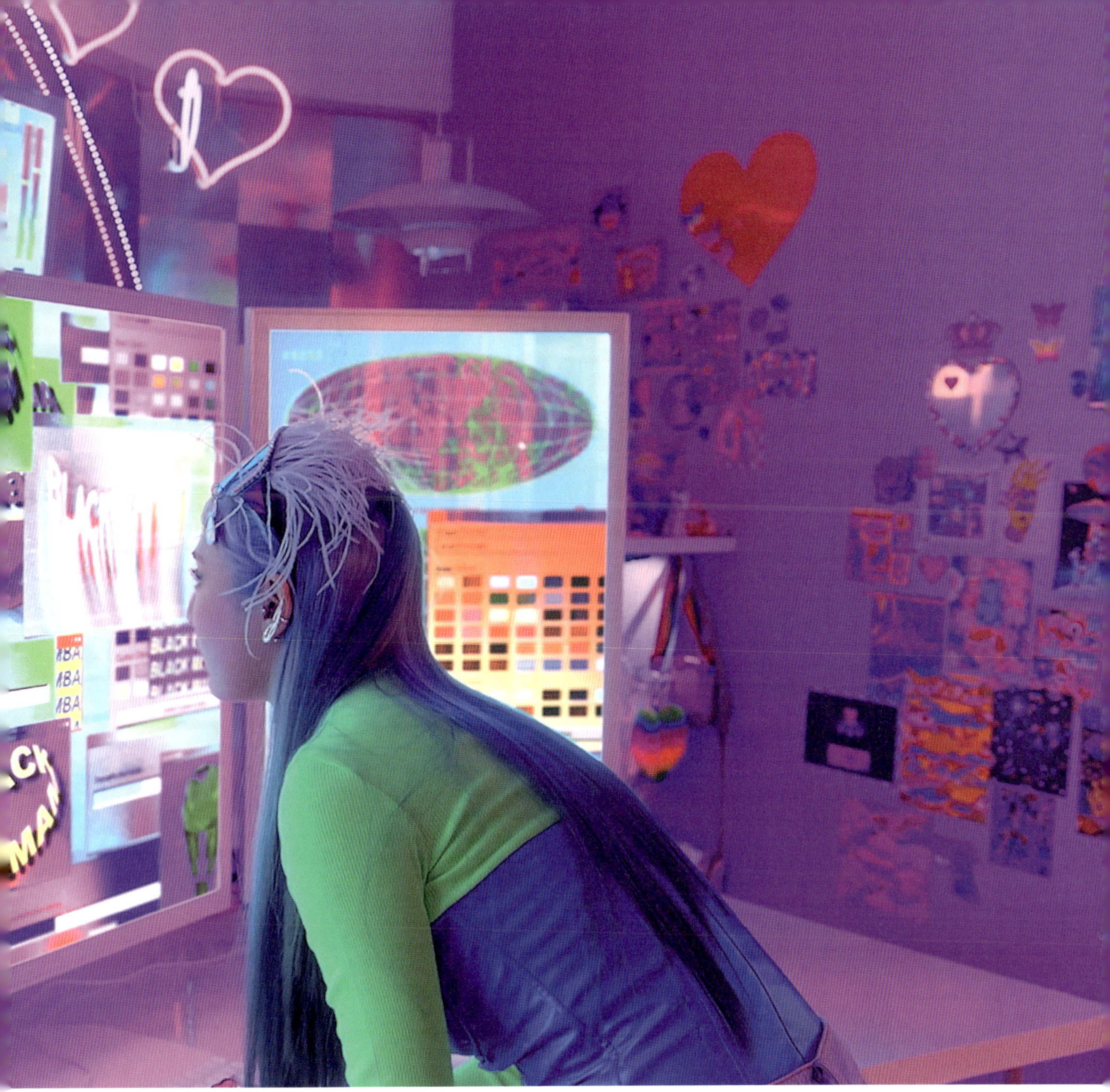

K-POP與YouTube

李善貞

2021年《BLACKPINK : THE SHOW》的宣傳海報。這場線上演唱會是YG娛樂與YouTube的合作成果，讓觀眾在疫情期間的限制下與藝人建立連結。

音樂一直是YouTube不可或缺的一部分。許多使用者來到YouTube享受他們喜愛的音樂。事實上，每個月有超過二十億的登入觀眾在YouTube上觀賞音樂影片。YouTube理解也很感謝音樂豐富了平臺的內容，我們也竭盡所能為我們的使用者提供更好的體驗，同時支持全球的唱片公司、整合服務商以及發行商。

對於使用者，YouTube致力於提供最佳的音樂體驗。在YouTube上，使用者可以收看官方的音樂錄影帶、現場表演和翻唱歌曲等更多內容。透過專屬的音樂串流服務YouTube Music加強使用者體驗，提供獨家的現場活動、官方歌曲和專輯，以及冷門作品、現場演出和混音版本。此外，提供個人化的播放清單，以及數以千計涵蓋不同的心情、類型以及時刻的播放清單。

身為YouTube的經理人，我也想特別強調我們與音樂產業之間良好的合作關係。從2020年6月到2021年6月的短短十二個月內，我們向音樂產業支付了超過四十億美元。其中超過30%來自使用者創作的內容，這證明了粉絲製作的影片能幫助藝人擴大受眾群和營收。為了協助業界尋找新的收入來源，YouTube推出了直接面向粉絲的產品，例如商品、售票、會員資格以及虛擬售票活動。

2021年1月，YouTube與BLACKPINK合作舉辦了名為《THE SHOW》的付費虛擬演唱會。這場活動在八十一個國家售出了近二十八萬的頻道會員資格，並為BLACKPINK的頻道吸引了兩百七十萬新訂閱者。新冠疫情是舉辦《THE SHOW》的最大挑戰。演唱會原定於2020年底舉行，但由於新冠疫情惡化，政府對演唱會場地的

2020年YouTube幕後花絮系列紀錄片《TWICE：Seize the Light》的宣傳影像。

使用施加了更嚴格的限制，我們不得不將演唱會延期到2021年1月底。隨著我們回歸到正常生活，我們再次看到能讓藝人與粉絲線下互動的現場演唱會。然而，我認為這不會完全取代線上演唱會的需求：一直以來，韓國流行音樂唱片公司都會靈活地採用新技術來擴大業務規模，未來也會利用技術來輔助線下演唱會，讓演唱會的內容更多元化、擴大觀眾群並創造收益極大化。韓國流行音樂唱片公司將能夠利用擴增的視覺效果在線上重現現場演唱會，而藝人也能透過多鏡頭串流和即時聊天等新的線上技術接觸更多地區的粉絲。

為粉絲打造最佳的音樂體驗並賦予藝人發展事業的空間，對YouTube來說是舉足輕重的任務。這也是為什麼YouTube持續支持藝人、幫助他們拓展並宣傳音樂事業，同時擴大粉絲社群。YouTube一直在執行多樣化的計畫，包含全球年度藝人的發展計畫「培訓廠」(Foundry)，以協助獨立藝人、幫助他們尋找並吸引粉絲，並按照他們自己的方式發展演藝事業。作為計畫的一部分，藝人會獲得YouTube專屬合作夥伴的支持以及用於發展內容的種子基金。這些資源與優秀團隊的結合讓藝人能夠創造並推出自己的音樂作品，發揮更大的影響力，並觸及全球各地的粉絲。韓國獨立樂團SE SO NEON便是2021年「培訓廠」計畫的合作藝人之一，YouTube也在2022年後持續與韓國流行音樂藝人展開合作。

YouTube也推出了「明日之星」(Artist on the Rise)計畫，致力於支持新銳藝人，並為他們製作特別影片。[1]此外，我們也透過「發行」計畫協助藝人宣傳新專輯，提高他們在YouTube上的曝光度。

身為韓國與大中華地區音樂合作夥伴及亞太地區藝人關係總監，我的職責是協助亞太地區的音樂合作夥伴在YouTube上拓展業務並提升粉絲人數。實際工作內容包含與新的唱片公司和整合服務商建立合作夥伴關係，為既有的合作夥伴尋求拓展業務的機會並發展新的計畫。我也與YouTube亞太地區的音樂夥伴經理合作，在國內外市場推廣當地藝人。

2012年加州山景城的MBC x Google韓國流行音樂演唱會。

具體來說,我會挑選重要藝人及其主要活動,與當地和全球團隊討論如何擴大他們活動的影響力,並協調內部和外部溝通。我們早在防彈少年團成名前就與他們合作,在2018年推出YouTube Originals節目《Burn the Stage》,展示他們2017年世界巡迴演出的幕後花絮。我的工作內容是針對亞太市場進行全球活動的在地化,以及將各地創意帶給我們的全球團隊,以擴大規模與傳播成果。隨著許多韓國流行音樂藝人持續擴大他們的全球影響力,最近我將工作重心放在跨國宣傳上。

經常有人問我為什麼韓國流行音樂在全球如此受歡迎。身為與許多韓國流行音樂唱片公司緊密合作的經理人,我認為韓國流行音樂真正特別之處,在於這些唱片公司的策略及其全球化的投資。大型唱片公司會在全球各地發掘人才,並在出道前進行多年的培訓;此外,他們也會與當地和國際製作人合作,為藝人量身打造成功的方程式。這不僅限於音樂和表演,例如,韓國流行音樂藝人的藝名都很容易讓外國人發音,而且許多藝人也學習外語,以便與世界各地的粉絲溝通。當然,他們在音樂方面也力求完美,試圖精進歌唱實力並呈現最頂尖的舞臺表演。《BTS: Burn The Stage》和《TWICE: Seize the Light》(2020) 等YouTube Originals 節目為這個美妙的過程提供了獨家的幕後花絮。

另一個值得注意的因素是,韓國流行音樂藝人非常擅長使用YouTube和其他社群媒體平臺與粉絲聯繫。BLACKPINK的Jennie所經營的個人YouTube頻道在短短一年內就獲得了七百七十萬的訂閱人數。像這樣的藝人在全球各地建立了社群和強大的粉絲文化,儘管他們的行程非常忙碌,但仍盡可能與粉絲保持聯繫。如今,韓國流行音樂選秀節目在評選過程納入了全球粉絲的投票,讓粉絲從藝人出道時就能感受到他們喜愛藝人的心路歷程,而韓國流行音樂藝人也感謝粉絲在他們的職業生涯中持續的支持,讓雙方之間建立了非常特別的關係。

韓國流行音樂將持續演進並創造新趨勢;韓國流行音樂唱片公司將運用科技更廣泛地

接觸粉絲，跨越不同國界與世代。例如，近期YouTube與SM娛樂攜手開展一項復刻計畫。透過提升1990年代和2000年代韓國流行音樂錄影帶的品質，目標是讓YouTube上的韓國流行音樂曲目更多樣化，並為韓國音樂產業的成長做出貢獻。

許多人認為韓國流行音樂現象始於PSY和〈Gangnam Style〉。然而，這股現象更早就開始了。YouTube 與韓國的音樂合作夥伴已經密切合作超過十五年，協助他們鞏固在全球的地位。2012年，YouTube與韓國的廣播公司合作，在谷歌總部附近的加州山景城（Mountain View）海岸線圓形劇場（Shoreline Amphitheatre）共同舉辦了韓流音樂演唱會（Korean Music Wave in Google）。當時有超過兩萬五千名粉絲和一般聽眾聚集觀賞韓國流行音樂藝人的表演。這場演唱會也在YouTube上直播給世界各地的粉絲。

2012年對於韓國流行音樂來說是不可思議的一年：人們對PSY產生了好奇，並開始在YouTube上發掘更多的韓國藝人與歌曲。韓國唱片公司看到需求的增加，便致力於建立完整的藝人培訓計畫，並進一步投資音樂製作。這使得韓國流行音樂趨勢演變為今日我們看到的龐大全球文化現象。

透過粉絲的參與和YouTube上的全球曝光，從PSY的〈Gangnam Style〉達二十億觀看次數開始，韓國流行音樂屢屢打破多項紀錄。在我們的二十四小時音樂首播排行榜中，每十支音樂錄影帶中就有九個來自韓國流行音樂藝人（截至2022年6月）。韓國流行音樂唱片公司選擇YouTube作為發布新音樂錄影帶的主要管道，並利用YouTube Premiere引導粉絲參與發布活動。2020年，防彈少年團的〈Dynamite〉在發布二十四小時後突破一億觀看次數，一年後的〈Butter〉更達到一億八百萬觀看次數，迅速打破了他們原先的紀錄。同時，BLACKPINK的頻道是YouTube上訂閱人數最多的官方藝人頻道。身為韓國人和YouTube的音樂夥伴經理，看到韓國流行音樂在YouTube蓬勃發展真的令我感到十分驚奇。

這種現象或許能在其他地方複製，但前提是能付出與韓國音樂產業在過去數十年來同等的努力和投資。韓國流行音樂唱片公司在YouTube和其他許多線上平臺開發了全新的成功方程式，肯定有助於非韓國唱片公司拓展全球市場。

YouTube的使命是支持世界各地的藝人和音樂產業，擴大他們的音樂影響力與粉絲群體，衷心希望成為未來全球音樂趨勢的一部分。

由左至右分別為SM娛樂的共同執行長李成秀（Lee Sung-su）、aespa的Karina和Giselle以及李善貞，四人於2021年出席SM娛樂和YouTube啟動復刻計畫的線上活動。

剛柔並濟：
K-POP的陽剛美學

Joanna Elfving-Hwang

對於不熟悉韓國流行音樂的人來說，男性偶像的外表美學乍看之下或許顯得「柔和」，甚至是女性化。然而，對於韓國流行音樂粉絲來說，這只是陽剛美學的另一種展現方式。

對於偶像男歌手在臺上和臺下的審美風格也經常被誤解為對韓國傳統男子氣概的另類挑戰，甚至可能是一種威脅。事實上，我們應該將舞臺上所展現的韓國流行音樂男子氣概理解為流行視覺美學的一部分，年輕男性可以選擇模仿或不模仿，但這些表演絕非為了重新定義韓國傳統男子氣概。仔細觀察韓國流行音樂錄影帶中展現的審美風格，我們很快就會發現看似是「柔和男性氣概」的風格，更準確地說是「柔剛並濟」，目的是吸引各式各樣的潛在觀眾。畢竟韓國流行音樂是為了粉絲而生，其目標是盡可能接觸最廣泛的受眾。

因此，要理解韓國流行音樂男子氣概的視覺吸引力，關鍵在於認知到粉絲在消費他們偶像的形象時，不僅僅將其視為欲望的對象，更是韓國流行音樂界中不可或缺的熟悉「符號」。人們往往強調眼神、清秀的五官搭配無瑕的肌膚、健美的身材以及運動表現，但對這些符號的詮釋也許就像全球韓國流行音樂粉絲社群本身一樣多元化。換句話說，解讀韓國流行音樂男性美學的方式有很多種，因為韓國流行音樂消費者能夠依照自己的喜好，將各種意義附加到這種美學之上。

在本文中，我將說明男性偶像的外表、時尚以及舞蹈編排如何從早期「柔和」的男子團體審美風格（著重在可愛的形象，旨在吸引以韓國青少女為主的觀眾以及她們渴求的目光）演變為適合全球消費的風格，在維持「柔和」的同時強調偶像的超陽剛化特質和運動表現，並在日益混亂的社會中將他們定位為成功生活的典範。這確保了儘管偶像無疑是粉絲在風格上崇拜的

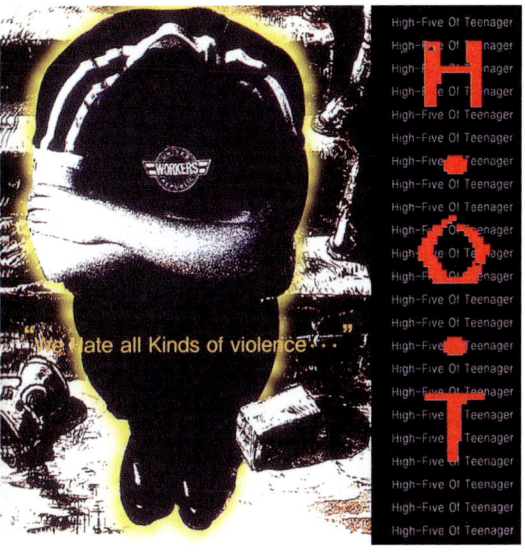

H.O.T.1996年單曲〈Candy〉的宣傳照（上圖）展現了樂團親切、平易近人的形象，而這張單曲所出自的專輯《We Hate All Kinds of Violence》封面（下圖）則傳達了更為內省的氛圍。

Rain在2006年10月於首爾舉行的世界巡迴首演,當時肌肉發達的軀體已成為韓國流行音樂表演中的常見景象。

對象,但他們也不僅是只能遠觀的特殊名人;他們的外貌並不是為了威脅或透過不可能實現的完美狀態來製造距離,而是為了鼓勵粉絲對他們所選擇的偶像形成強烈的情感依戀。因此,從許多層面來看,韓國流行音樂粉絲社群是理解偶像作為性別符號如何被消費與詮釋的關鍵。

那麼韓國男性偶像與粉絲社群的故事是如何展開的呢?繼1990年代初韓國第一支嘻哈團體「徐太志和孩子們」大獲成功之後,一些韓國音樂製作人發現,專門吸引青少女消費者的男子團體市場有利可圖。然而,這些團體並非一味地模仿西方流行的男子團體,像是接招合唱團(Take That)、新好男孩(Backstreet Boys)以及超級男孩(*NSYNC)。韓國娛樂產業融入了日本的偶像體系,這代表了粉絲社群已成為偶像產業的重要部分,早在偶像的首支單曲發行之前,以女性為主的粉絲群體對宣傳預告或偶像出場時的反應就已經協助塑造了偶像的形象。

李秀滿是第一位完整引入偶像團體製作體系的製作人,此體系包含了偶像團體的選拔、造型、培訓、製作以及管理等完整制度,並為團體中的每位成員分配了獨特的舞臺「性格」或角色。1996年,Hi-five of Teenagers (H.O.T.) 推出單曲〈Candy〉。這首歌立刻大受歡迎,在發行後一百天內創下八十萬份的銷售佳績。[1] H.O.T.為韓國音樂帶來了全新的舞臺美學和陽剛氣質形象;不同於以往流行男歌手的憂鬱或疏離態度,這個團體的音樂錄影帶和舞臺表演是為了吸引高中生,而這五位活潑、快樂、不具威脅性的青少年形象確實非常吸引人。他們的音樂錄影帶充滿了鮮豔的色彩,像是樂團成員在熱鬧的遊樂園嬉戲,畫面中的大特寫展現出樂團成員稚嫩友善的臉孔,以及他們向夢中情人表達永恆的愛意。這種類型的陽剛氣質表現,使得H.O.T.成為韓國第一個刻意拉近粉絲與偶像之間距離的韓國流行音樂團體,為粉絲提供了誘人的幻想:一個觸手可及的理想男友。

韓流憑什麼!

ATEEZ的音樂錄影帶〈Eternal Sunshine〉與〈Deja Vu〉的影像形成強烈對比（均為2021年發行，見p.157）。樂團在色彩繽紛、平易近人的舞臺形象以及陰暗、強壯和超陽剛化的形象之間切換。

韓國流行音樂與粉絲社群

H.O.T.的成功向新興產業證明，這種精心設計的偶像概念除了不具威脅性，更能創造想像中的親密感，可以吸引死忠的粉絲社群，促使S.E.S.（1997）、神話（SHINWA, 1998）、飛行青少年（FLY TO THE SKY, 1999）以及g.o.d.（英文縮寫來自「Groove Overdose」, 1999）等團體也如雨後春筍般出現。在專業作曲家、作詞人、編舞家以及造型師的協助下，這些早期樂團美學的重點並非性吸引力，而是平易近人和親切的青少年形象。培養粉絲與偶像之間的親密感，持續成為演藝事業成功的關鍵。

起初，美學魅力的重點在於創造短期利潤，並生產出吸引特定韓國觀眾的消費產品。然而，隨著韓國流行音樂獲得國際認可與不少粉絲（特別是從2000年代中期開始），舞臺上的審美風格開始出現了變化。儘管韓國流行音樂男偶像的臉部美學依然維持年輕且平易近人，但他們的身材卻變得越來越健壯，這種轉變反映在充滿張力的舞蹈動作，以及使用低角度和放大鏡頭來強化舞蹈編排的動態特質。這些男偶像或許五官柔和、體毛極少，但在舞臺上和音樂錄影帶的特寫中，他們輪廓分明的腹肌讓觀眾和粉絲毫不懷疑偶像的力量和運動表現。

然而，正是2000至2010年間新興社群媒體平臺的出現，徹底改變了粉絲與偶像之間的關係，有效地將粉絲社群置於偶像產業生態系的核心。就韓國流行音樂美學而言，粉絲社群已經成為集體詮釋、創造舞臺表演及其隱含意義的空間。韓國流行音樂粉絲社群不只是單純地消費偶像的形象，更扮演了創造偶像內隱知識網絡的角色，將偶像視為想像中的「重要他人」，讓社群成員覺得自己與偶像之間存在真實而有意義的線上互動。這種真實卻單方面的情感投入關係被稱為「擬社會關係」（parasocial relationship）。[2]

線上社群媒體和串流網站意味著現今人們期待偶像應該全天候待命，粉絲也可以獲得與偶像共處的精彩幕後時刻。這些現場、親密的表演往往透過手機或網路攝影機記錄下來，讓個別粉絲在現場直播時能夠發表評論，偶像也能即時閱讀並回應評論。當然，這也是一種親密的表現，目的在於縮短粉絲與偶像之間的距離，如今偶像既是欲望的對象，也是友善、平易近人的重要他人。然而，正因為這種臺上（往往是性感、超陽剛化的形象，卻能維持情感連結並展現出脆弱的一面）與臺下（仍然經過安排卻顯得真實）的陽剛特質表現，韓國流行音樂的陽剛氣質美學在近年來變得更加多元，粉絲們開始覺得自己更了解這些舞臺角色背後的「真實」偶像。這使得藝人、造型師以及編舞家能夠在不與粉絲拉開距離的情況下，嘗試各式各樣的美學風格。

例如，ATEEZ（「A TEEnager Z」的縮寫）是在2018年出道的偶像團體，很快就在全球吸引了大量粉絲，甚至早在推出首支單曲之前就開始建立粉絲社群。他們的經紀公司KQ娛樂透過一系列的YouTube影片向粉絲介紹了這個男子團體，並在正式出道前的六個月推出實境秀節

2021年ATEEZ的〈Deja Vu〉宣傳照。

目。出道時，ATEEZ的粉絲社群已經到位，並密切關注樂團的下一步發展。

　　ATEEZ的外表美學呈現高度多樣化，除了大量運用美妝、時尚以及色彩，舞蹈編排也突顯了充滿張力的嘻哈舞步，並在影片中呈現深色的都市色彩搭配韓國傳統文化的風格。因此，ATEEZ遵循了韓國流行音樂音樂錄影帶的視覺美學定義，也就是在減少偶像與觀眾之間情感距離的同時，設計出令人目眩神迷的視覺效果。攝影技術通常在廣角鏡頭（強調肌肉發達、身手不凡的肢體，嫻熟一致地展現充滿力道的舞蹈動作）以及具備完美妝容的偶像臉部特寫（突顯脆弱和情感連結的時刻）之間切換，分別展現偶像的兩種面向——臺上的欲望對象，以及臺下具親和力並與粉絲產生情感連結的對象。

　　從另一個例子來看，防彈少年團可說是當今世界上最知名的偶像團體，他們的案例說明了難以言傳、需靠經驗累積的內隱知識如何影響觀眾對舞臺演出和音樂錄影帶中性別視覺符號的解讀。粉絲們透過研究團體成員在電視實境秀節目、Instagram訊息以及樂團專屬V Live

頻道上的直播所表達的觀點與價值觀，了解到防彈少年團音樂錄影帶表演中強烈的超陽剛化形象，目的在於娛樂而非威嚇。〈Kinetic Manifesto〉(2020)是「柔剛並濟」風格編舞與攝影的例子，影片中借用了嘻哈與商業爵士舞風格，其敘事仰賴粉絲對作品背景故事的熟悉程度。影片中的攝影機運動經常從廣角鏡頭切入，展現強勁的同步團體舞蹈，再以移動鏡頭突顯個別成員強而有力的舞步，其中的符號傳達了克服恐懼、尋求自我接納的呼籲。暴力出現在故事情節中時，目的並不是為了征服，而是為他人伸張正義。因此，從許多方面來看，韓國流行音樂的陽剛特質與這些影片中的故事情節，比許多人當初所想像的還要傳統；韓國流行音樂甚至可以說是借用了超級英雄的類型，將體能表現與社會正義的訊息結合起來。

因此，韓國流行音樂陽剛特質的視覺美學，與其說是傳統陽剛氣質的消失，不如說是擴大了陽剛特質在臺上演出與臺下想像的各種可能性。因此，這種現象代表的是一種幻想，而不是對韓國傳統陽剛特質的模仿或重新定義。更重要的是，隨著韓國流行音樂的大膽美學日益影響全球流行音樂舞臺，全球各地也用更寬廣的視角來定義何謂舞臺上迷人的陽剛氣質。

2020年防彈少年團的〈"ON"– Kinetic Manifesto：Come Prima〉音樂錄影帶，其中廣角和特寫鏡頭的組合突顯了充滿氣勢的舞蹈編排，旨在展現力量與自信。

K-Beauty and Fashion

韓國美妝與時尚

2014年，韓劇《來自星星的你》（My Love from the Star）中女主角所穿的Jimmy Choo Anthracite高跟鞋掀起搶購熱潮，成為頭條新聞。這雙鞋在亞洲、歐洲以及美洲各地迅速售罄，隨後YSL的珊瑚色唇膏也在全球缺貨，因為各界誤以為這是劇中女主角用的唇膏。[1]這種隨之而來的風潮讓時尚品牌和所有人都大吃一驚。韓國美妝與時尚品牌意識到韓劇和韓國流行音樂帶來的龐大商機，便很快將觸角延伸到這些領域。韓國美妝與時尚產品被融入劇情敘事中，形塑主角的職業形象並提升他們的魅力，最終強化了韓劇和韓國流行音樂在美妝與時尚領域的影響力，進而為所有相關產業吸引了更廣泛的受眾。

過去十年來，韓國美妝產業呈現穩定成長，除了由擁有無瑕肌膚的韓國名人代言宣傳活動以外，YouTube上為數眾多的教學影片以及線上美妝愛好者的熱烈評價，也為韓國美妝產業提供了支持。儘管銷售額在疫情期間略有下滑，但韓國仍在2020年的化妝品出口市場中排名第三[2]：韓國美妝產業主要以健康的護膚方案和幸福感為目標，這些產品致力於解決因佩戴口罩所引起的皮膚問題，或在漫長的封城期間精心護理膚質，因此產品需求依然強勁。同年，韓國推出全球首創的客製化美容服務，店家使用最先進的技術，根據消費者的膚色、膚況以及臉型，量身打造合適的粉底液、精華液以及3D列印水凝膠面膜等產品。此舉強化了韓國美妝產品領先時代的美譽，也是大量投資化妝品研發、不斷突破疆界和創新的結果。

儘管如此，這些新的發展仍然根植於歷史前例與傳統，在數世紀以來的配方和成分基礎上，提供適合現代生活條件的新產品（詳見崔維真，pp. 182–193）。尤其是韓流帶來新的陽剛特質概念，讓男士化妝品得以蓬勃發展；像G-Dragon、姜丹尼爾（Kang Daniel）以及李棟旭等人在全球各地展現並傳播了「花美男」的柔和陽剛氣質形象，讓男士化妝品在美妝產業中變得更加普遍。

韓國文化長期以來都非常注重公眾形象。在朝鮮時代，保持得體的儀容是一種道德義務，因為這展現了個人的社會地位與美德，而不僅僅是虛榮心的表現。[3]此外，描述臉部特徵與命運之間緊密關係的古老觀念（觀相）[4]也發揮了重要的作用，在當今韓國飽和且年齡歧視嚴重的就業與婚姻市場中，仍然有很強的影響力：沒有不祥特徵、展現出年輕和活力的臉孔能在競爭中擁有領先優勢。[5]從女性主義或後殖民論述以外的角度來看，整容手術（泛指由皮膚科診所、美容院以及整形外科診所等提供的服務，同時受到男性和女性的歡迎）正是在這種背景下融入韓國社會。[6]

高知名度的韓國流行音樂偶像如今被視為美麗與成功的新標竿，現代的審美觀也與傳統的觀念大相逕庭：朝鮮王朝時期被視為生育象徵的月亮臉已經被偶像的小V臉所取代，而強調年輕與靈活的雙眼皮也比單眼皮更受歡迎。[7]在過去，醫學、法律或建築等專業人士在社會上擁有極高的聲望，他們必須長時間的學習並具備朝鮮新儒家思想所提倡的堅韌道德，而現在韓國流行音樂偶像和名人則享有同樣的社會聲望，這要歸功於他們令人欣羨的社會地位和國際知名度。然而，這些娛樂界名流卻加劇了追求特定外貌的壓力[8]，同時也讓韓國成為醫美旅遊的首選目的地。

G-Dragon 身穿香奈兒（Chanel）登上2016年8月《VOGUE》韓國版封面，由卡爾‧拉格斐拍攝。

韓國美妝與時尚

韓流憑什麼！ 二十世紀初蔡龍臣 (Chae Yong-shin) 繪製的八扇屏風呈現了「朝鮮王朝八美人」，描繪女子時尚的髮型和蓬鬆的裹裙。

韓流熱潮下的韓服新面貌

　　隨著韓流日益普及,韓服這種傳統民族服飾在色彩繽紛的韓劇和華麗的韓國流行音樂表演的助力下重新崛起,在強調其韓國起源的同時,也擴展了韓服的美學魅力。韓服的設計與風格會隨著時代的流行而不斷演變(詳見李尹兒,pp.194–203),現代韓服的風格是在朝鮮王朝(1392-1910)末期成形。現代韓服主要包含袖子輕微彎曲、繫有飾帶的上衣「赤古里」(jeogori),此外男性會搭配寬鬆的褲子(baji),女性則是搭配蓬鬆、及地的裹裙(chima)。到了1970年代,歐美服飾已成為韓國普遍流行的日常服飾,韓服僅保留給正式場合與慶典。自此之後,韓國人也曾多次嘗試讓韓服適用於日常生活,但各界反應冷淡。

　　到了2000年代中期,隨著漫畫作品《宮》(*Goong*)和歷史電視劇《黃真伊》(*Hwang Jini*)在維持傳統韓服設計的前提下展現充滿創意的變化,韓國人也開始重新欣賞韓服。9朴素熙的浪漫愛情喜劇《宮》以虛構的韓國皇宮為背景,劇

中對於活潑高中女主角的描繪以及令人印象深刻的現代「融合」韓服與飾品，令青少女為之著迷（詳見p. 195）。朴素熙將西方的休閒服飾與韓服的正統元素融合在一起，重現了韓服的成熟優雅和莊重肅穆，這種清新而俏皮的風格引起了年輕觀眾的共鳴。2006年，《宮》被改編為同樣大受歡迎的電視劇《宮野蠻王妃》（Princess Hours），將現代化的韓服呈現在大螢幕上。

同年，另一部電視劇也展現出一系列奢華的現代韓服。歷史劇《黃真伊》講述了十六世紀朝鮮王朝最著名妓生（宮廷藝伎）的故事。妓生雖然出身於最底層的奴隸和僕人階級，但她們都是受過高等教育和訓練的表演藝術家，負責為皇室和兩班（統治上層階級）提供娛樂。在這個階級分明、性別隔離的社會中，女性被限制在家庭的後院，向上的社會流動幾乎不存在，但妓生卻擁有獨特的地位：她們被視為當時的美妝與時尚意見領袖，享有其他女性無法想像的自由。韓服設計師金惠順（Kim Hye-soon）在電視劇中試圖捕捉的正是這種無所畏懼的精神與自由，她在十八世紀韓服的輪廓中加入了現代布料、大膽的裝飾印花以及不尋常的顏色組合。[10]這些韓服一夜成名：電視連續劇催生了韓服的展覽和書籍（以及翌年改編的電影），而金惠順也注意到她任教的大學中韓國服裝系的學生申請人數增加。[11]儘管保守派的反彈聲稱這些不合時宜的特色破壞了韓服原有的細膩美感與國族認同，但這股現代化趨勢仍然以「新韓服」之名，持續在娛樂界與時尚界竄紅。

2007年，隨著《黃真伊》電影的上映，《Vogue》韓國版不僅有史以來第一次出現韓國明星（電影主角宋慧喬）作為封面人物——而且她還穿著新韓服。最終的造型是由一組知名的國際專家在巴黎設計，並由保羅·羅維爾西（Paolo Roversi）拍攝。這次的封面因延續了十九世紀東方主義的凝視並將妓生異國化而招致批評。儘管如此，韓服顯然邁入了高端時尚雜誌的世界，從民族服飾的範疇中脫穎而出。在此背景下，《Vogue》韓國版前造型師兼特約編輯徐英姬（Suh Younghee）一直是挑戰「韓服過時、深植於傳統和民族主義觀念」的關鍵人物。自2006年起，令人驚豔的《Vogue》照片將她發人深省的新韓服造型正常化，展現了韓服與當代生活方式的關聯性以及其藝術潛力。徐英姬將韓服與低端和高端歐美時裝混合，突顯韓服的多樣性與韓國本質，並透過露出襯衣的方式來拒絕傳統的穿著順序，她主張韓服應隨著社會品味與需求的變化而跟著改變。對她而言，這不僅僅是風格的問題，韓服產業的蓬勃發展將確保傳統紡織工、韓服裁縫師以及刺繡師等工匠的生計與技術傳承。[12]

2021年，《牛津英語詞典》正式將韓語單詞「hanbok」（韓服）納入英語詞彙之中，與「kimono」（和服）和「qipao」（旗袍）並列。韓服在海外的知名度與日俱增，源自於2010年代中期以來，韓國歷史劇以及愈來愈多的韓國流行音樂偶像在臺上和臺下穿著（甚至合作設計）當代韓服，讓他們在全球推廣韓國服飾的同時，也反映了他們的文化身分。特別是男子團體似乎更喜歡以透明薄紗材質製成的解構式、層次分明的韓服，搭配在臺上跳舞時跟著飄動和旋轉的腰帶與肩

帶。韓服的設計放大了他們的舞蹈動作，突顯出他們表演時靈活、充滿活力的特質，就像設計師C-Zann E為ATEEZ團體所設計的服裝。

近年來，穿著新韓服已成為年輕一代潮流領袖的時尚宣言，藉此表達他們對韓國認同的自豪感，同時象徵了韓國僑民對其文化遺產的肯定。[13]類似的原因也促使新一代的時裝設計師從韓服及其傳統印花中汲取靈感，像是Darcygom活潑的傳統彩色條紋、韓裔美籍設計師崔智苑（Ji Won Choi）的韓服風格運動服，以及韓裔烏茲別克籍設計師珍妮雅·金（Jenia Kim）採用復古的烏茲別克「貝卡桑」（bekasam）布料所設計的「赤古里」風格上衣。2019年，韓國政府利用這股全球關注和熱潮，推出了一項試驗計畫，希望透過韓服風格的學生制服，鼓勵民眾在日常生活中穿著韓服。起初學生的反應不一，但到了隔年，二十二所學校中就有十六所永久採用了該計畫。

徐英姬在《不只是內衣》（*Beyond Underwear*, 2021）中探索了韓國和歐洲各地藉由襯衣來塑造外衣造型的方式。她將多層次的夏季韓服襯裙、襯褲以及內襯夾克與十八世紀的歐洲裙撐結合，創造出獨特的造型。準備草圖由徐英姬繪製；韓服由金惠順製作。

168

韓流憑什麼！ 金惠順為韓國廣播公司電視劇《黃真伊》(2006)所設計的韓服套裝，混合了大膽的現代花紋、布料以及傳統輪廓。

ATEEZ的金弘穿著C-Zann E的韓服風格套裝,參與2020年線上韓國流行音樂節 KCON:TACT第二季的演出。

韓流憑什麼！

Darcygom的代表性傳統彩色條紋設計，由鄭智勳（Jihoon Jung）為《Kaltblut》雜誌拍攝，2020年3月。

新銳時裝設計師

每集韓劇和韓國流行音樂錄影帶的推出，都讓人們熱切期待一系列無懈可擊的時尚造型。曾參與熱門影集《來自星星的你》和《愛的迫降》的著名造型師兼公關鄭允基（Jeong Yun-kee）表示，這種國際吸引力部分源自於製作規模的擴大：過去一個角色的整體造型可能由一位服裝設計師所決定，現在則仰賴整個專家團隊，每位專家負責特定的領域，涵蓋化妝、髮型、指甲以及時裝。製作一個完整的造型可能需要多達二十次的嘗試，而且由於愈來愈多精明的觀眾會分析並解構每個造型，同一個造型也無法多次重複使用。這促使韓國造型師必須跟上當季趨勢，大膽混搭並採用無性別造型，挑戰非傳統的外型。[14]在鄭允基看來，韓劇呈現的是以永恆經典為基礎的當代時尚趨勢，而韓國流行音樂則傾向於前衛和古怪的風格（詳見呂寅海，pp. 212–219）。

韓流的前衛時尚特質讓韓國時尚圈成為全球焦點。首爾時裝週（Seoul Fashion Week, SFW）由首爾市政府於2000年創立，旨在將首爾納入世界時裝體系的一環。2014年，建築師札哈·哈蒂（Zaha Hadid）設計的東大門設計廣場在服裝區中心落成，讓政府設立的目標更加鞏固，為Instagram時代的首爾時裝週提供了搶眼的新未來主義背景（詳見呂寅海，pp. 204–211）。首爾時裝週的走秀主要分為「首爾系列」（Seoul Collection）以及「新生代系列」（Generation Next），前者展示知名設計師的作品，後者則是讓從業經驗不超過五年的創意人才一展身手。來自韓國的時裝設計師因此提升了國際舞臺上的知名度。

（上圖）2019年哈桑·庫爾班巴耶夫（Hasan Kurbanbaev）為《VOGUE》韓國版拍攝的作品，展示了珍妮雅·金的「赤古里」風格外套，以復古的烏茲別克「貝卡桑」布料製成。

（右圖）Dolsilnai在2019年設計的韓服風格校服。韓國文化體育觀光部發起「韓服風格學校制服設計開發與供應計畫」，透過韓國工藝與設計基金會（KCDF）組織，於2020年推行到韓國各地的學校。

（下頁）2019年，崔智苑與Adidas Original合作，推出韓服風格的休閒服飾。

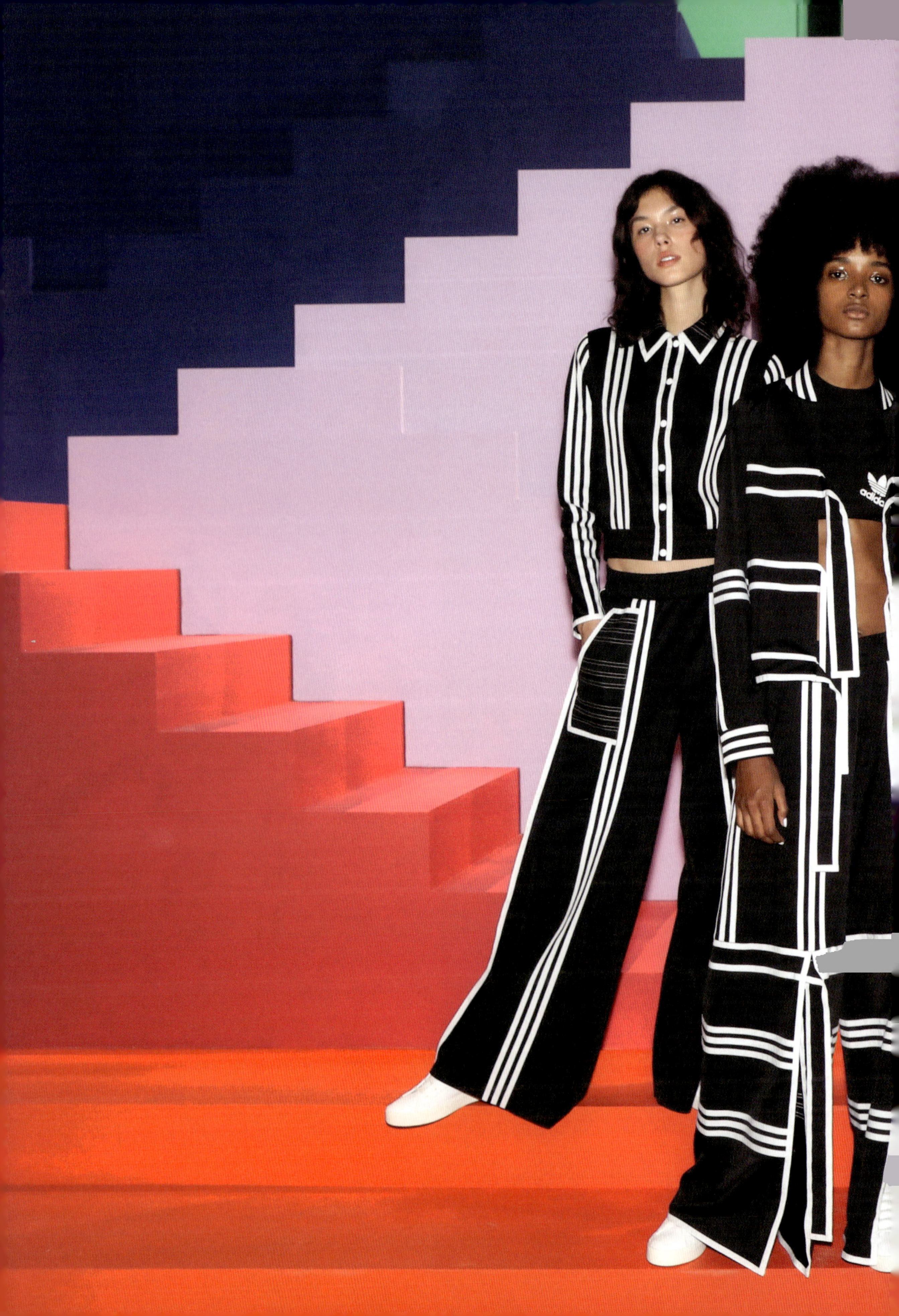
adidas

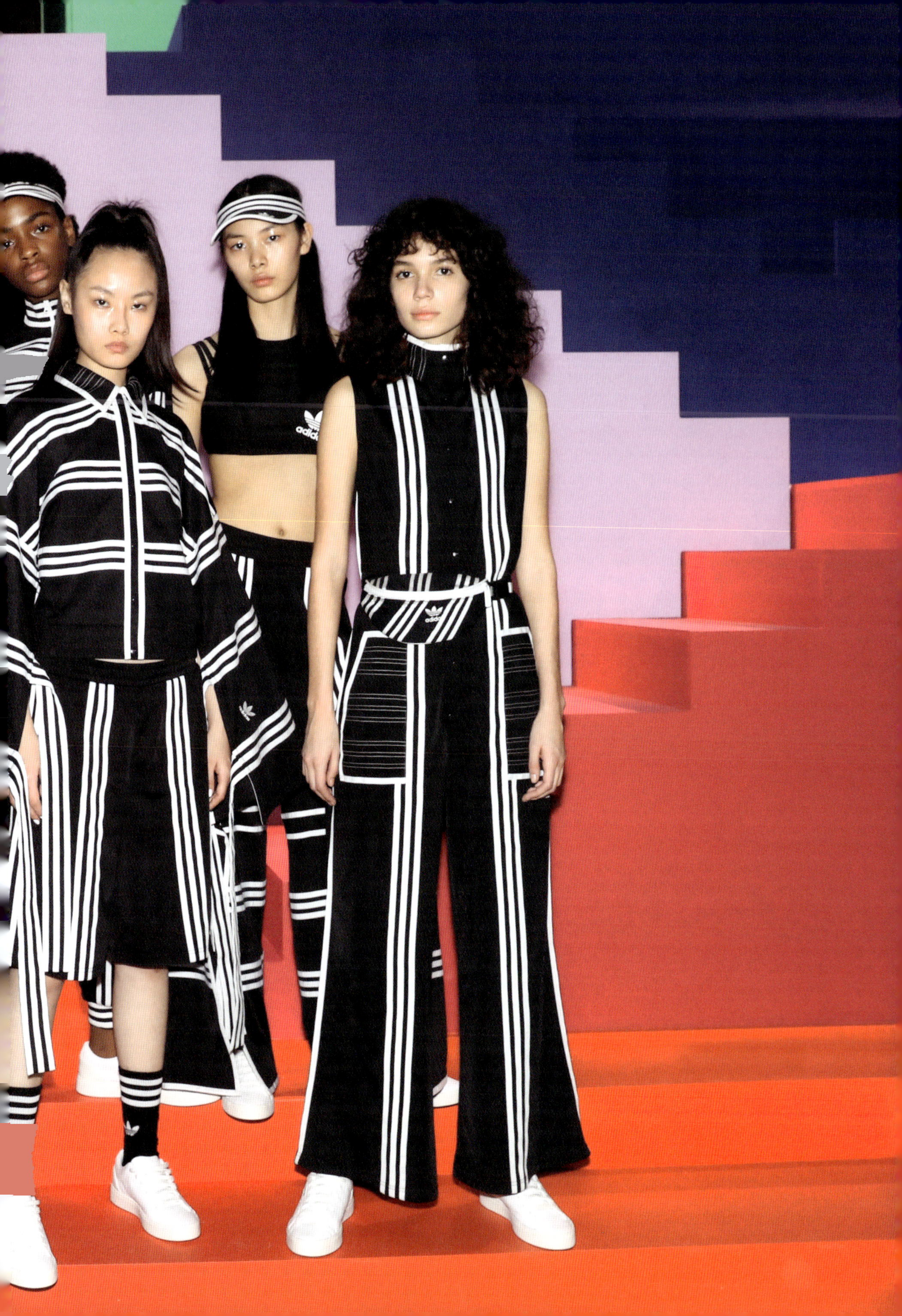
adidas

金瑞龍（Kim Seo-ryong）最初接受的是繪畫訓練，製作服裝只是業餘愛好，後來因引人注目的訂製西裝而聞名，這些西裝也成為韓國流行音樂的標誌之一。韓裔美國人凱瑟琳・桂（Kathleen Kye）本身已達到「流行偶像」的地位，而她在2011年創立的品牌KYE則推出酷炫、俏皮的街頭服飾，結合大膽的圖案、色彩以及高級訂製服的細節，贏得韓國流行音樂界的青睞。金敏珠（Minju Kim）是Netflix節目《前瞻時尚》（*Next in Fashion*, 2020）第一季總冠軍，她的每個系列都建立在想像世界和古怪角色的強烈敘事中，類型橫跨了哥德風到童話故事，服裝剪裁簡潔俐落，搭配強烈的色調以及大膽的圖案設計，這些現在被視為她的招牌風格。Miss Sohee的朴韶熙（Sohee Park）剛從中央聖馬丁學院（Central Saint Martins）畢業，就被《*Vogue*》英國版譽為「新一代高級訂製服設計師」，其設計風格為華麗、雕刻般的輪廓，特色為精心製作與手工刺繡，並在永續性的考量下使用庫存與回收布料，漸漸在韓國與其他國家的時尚界與音樂圈廣受歡迎。相較之下，朴煥盛（Park Hwan-sung）的D-Antidote則占據了高端奢侈品與街頭時裝之間的小眾市場，讓年輕的Z世代客戶也能輕鬆取得。他的都會運動服飾以「首爾倫敦」（SEOULONDON）為品牌口號，靈感來自形塑他職業生涯的兩個城市所蘊含的青年文化。雙人設計組合申奎容（Shin Kyu-yong）和朴智宣（Park Ji-sun）則藉由品牌Blindness推展大膽無畏的性別流動時尚。他們將概念手法與叛逆態度相結合，創造出由紗薄、珍珠以及層層透明感組成的新浪漫主義風格，挑戰韓國的父權社會。Münn品牌創辦人韓賢旻（Han Hyun-min）擅長運用細緻的縫紉技術，融合韓服製作傳統與西方剪裁，創造出非同尋常的輪廓。他嘗試新的印花製作手法、縫紉順序以及方法，製造出「陌生化」的感覺。

　　韓流崛起所引發的經濟效應遠遠超過了單統的韓國文化內容出口，而是提供了一面稜鏡，帶來充滿活力的創造力與企業精神，讓跨領域的設計師、製造商以及從業人員大放異彩。這些創意產業得益於規模前所未見的強大韓流品牌，讓當代韓國作為全球創意領導者的形象煥然一新。

金瑞龍2019年秋冬系列大衣,隨後防彈少年團的Jin在《*Summer Package in Korea*》夏日寫真中穿著這件大衣。

2016年Baemin x KYE春夏系列晚禮服。這件禮服以街頭標誌的圖像為特色，頌揚韓國的韓古爾字母。這個系列是KYE與全國貨運服務Baedalui Minjok（簡稱 Baemin）的合作。

韓流憑什麼！

金敏珠2021年秋冬系列洋裝,其靈感來自剪刀手愛德華度過的第一個聖誕節,充滿了歡樂與幸福。這款洋裝結合大膽的淡藍色輪廓和俏皮的花紋,展現出融合韓國小月壺元素的剪紙花環。

韓國美妝與時尚

Miss Sohee 的牡丹裙是她2020年畢業系列作品「盛開的女孩」(The Girl in Full Bloom) 的亮點，其華麗的風格、精美的細節以及永續的訴求，讓時尚界目眩神迷。丹尼爾・薩瓊 (Daniel Sachon) 攝影。

韓流憑什麼！

D-Antidote 2019年春夏系列的霓虹燈街頭服飾,靈感來自電影《心跳》(*Beat*, 1997),該片以描繪1990年代韓國青年的焦慮與憤怒聞名。

韓國美妝與時尚

韓流憑什麼！ Blindness在倫敦發表的2019年春夏系列服飾，展現出設計雙人組合申奎容和朴智宣的奢華與浪漫情懷，挑戰了傳統的性別規範。

Münn 2020年春夏系列服飾。這件中性、半透明的飛行夾克填滿了假花瓣，營造出傳統韓國水墨畫的質感。

韓國美妝與時尚

韓國美妝的崛起：
現代韓國美容的新世紀

崔維真

2018年Nature Republic與EXO合作宣傳其美容面膜。

　　隨著韓流席捲全球，韓國美妝成為韓流最突出的視覺表現之一。自2010年代初以來，韓國美妝產業以先進的成分與配方、注重護膚以及搶眼的包裝在全球美妝專業人士間享有盛名。近年來，韓國流行音樂明星和韓劇或電影演員的知名度迅速竄升，他們的美妝造型也進一步帶動了彩妝趨勢。而社群媒體平臺上的一群「美妝達人」則推動了韓國化妝品和美妝標準的發展。

　　美妝編輯指出，韓國在美妝產業的研發領域領先全球約十至十二年，如今韓國已成為僅次於美國和法國的全球第三大化妝品出口國，這意味著韓國美妝構成了韓國出口產業重要的一環。[1]預計到2026年，韓國美妝產業將以每年平均11.3%的速度成長，發展為價值兩百一十八億美元的市場。[2]為了解全球二十一世紀韓國美妝潮流的發展背景，本文將探討二十世紀韓國化妝品的主要發展、產品創新對社會帶來的影響，以及美妝潮流背後的動力，這些因素都促成了今日韓國美妝產業的重要地位。

　　事實上，美容和化妝品在韓國擁有悠久的歷史。使用化妝品的證據可回溯到三國時代（西元前57年至西元668年）。新羅王國（西元前57年至西元935年）的男性花郎武士以白玉般的肌膚和紅色眼影的造型而聞名，而高麗王朝（918-1392）的仕女則以搽粉和畫眉而著稱。[3]即使在主張端莊品味的儒家價值觀盛行的朝鮮王朝（1392-1910），化妝品的潮流也由受過訓練的宮廷藝伎（妓生）所引起潮流。女性小販會在婦女住的區域之間挨家挨戶地兜售化妝品，這種稱為「粉黛」（bundae）的化妝品包含三種產品：由研磨米粒製成的白色粉末用於肌膚、紅花胭脂用於嘴唇，以及黑炭用於眉毛。貴族仕女以及女性皇室成員使用粉黛說明了根深蒂固的美妝文化。人們重視肌膚，完美無瑕的白皙皮膚被視為社會地位或財富的象徵（因為不用在田間工作），因此護膚一直以來都是韓國美妝產業的核心。這種對臉部外表的重視也源自於儒家思想中的「誠於中，形於外」，意指外在形體與內在心靈合而為一，外表被視為內在狀態的反映。

韓國第一款大規模量產的現代化妝品「朴家粉」，1915年推出。

朴家粉的第一則廣告刊登在《東亞日報》的報紙上，1922年2月24日。

日本占領時期與新女性：1910至1945年

　　無瑕肌膚的重要性一直延續到日本占領韓國時期（1910-1945），當時大量生產的化妝品首度從日本、法國和美國進口到韓國。在這段時期，現代韓語中代表化妝品的詞彙「hwajangpum」首次成為韓國人使用的語彙，這個詞擴大了消費性商品的定義，超越了傳統的粉黛。韓國第一款大規模量產的化妝品「朴家粉」（Bakgabun）是由朴承直（Park Seung-jik）商店創始人的妻子鄭淨惜（Jeong Jeong-suk）於1915年所創造。在看到一位賣化妝粉的老婦人後，鄭淨惜突然意識到這可以成為丈夫商店內的附加商品。朴家粉最初是作為顧客購買紡織品時免費贈送的禮品，由十多名女性員工以家庭工作坊的方式生產。然而，這項產品立刻在女性顧客之間大受歡迎：貨架上的朴家粉銷售一空，銷售據點不斷擴大，全國各地的商人都湧入朴承直的商店採購存貨。在鼎盛時期，這項產品每天可以賣出一萬盒，促使朴先生將朴家粉作為他的主要事業。

　　朴家粉受歡迎的原因在於其使用方便：粉塊可輕易塗抹於皮膚上，並能與水或油充分溶解，呈現完美無瑕的妝容。這項產品結合了一些傳統粉餅的成分，包含米、大麥、竹芋以及經過燒灼與研磨的貝殼粉。然而，容易吸收的祕訣在於成分中的鉛，因為鉛與醋混合後再經過密閉的加熱過程，就會變成白色的粉末，稱為「鉛花」（nab-kkot）。隨著使用時間增加，朴家粉中的高含量鉛會對皮膚造成不良影響，長期使用甚至會讓皮膚出現斑點；後來這項產品的風潮逐漸退燒，並於1937年停產。儘管如此，朴家粉仍代表了韓國美妝產業的開端。

　　朴家粉早期的成功部分歸功於平易近人的價格（與極其昂貴的外國商品相比）。[4] 另一個因素是引人注目的產品包裝。傳統的化妝粉是用薄薄的白紙包裝，需要倒入可重複使用的陶瓷容器中，而朴家粉則是用豪華的裝飾盒包裝，盒子上以黃色為背景，印有色彩繽紛的粉紅牡丹圖樣以及斜角藍色橫幅，上頭寫著朴家粉的品牌名稱。這種開創性的化妝品行銷方式吸引了許多仿冒者，例如「徐家粉」（Suhgabun）、「張家粉」（Janggabun）以及「千家粉」（Cheongabun），這些產品與朴家粉的裝飾花盒極為類似，或許促使了朴先生在1920年將朴家粉註冊為韓國第一項具有正式商標的化妝品。[5]

　　朴家粉也是第一個進行廣告宣傳的韓國美妝產品。朴家粉的廣告於1922年首次刊登在韓國報紙《東亞日報》上，同時以韓古爾拼音和學術性的漢字印刷，因為許多女性能夠閱讀前者，而非後者。廣告中的插圖描繪了一位身著傳統韓服的韓國女性，心滿意足地在梳妝臺的鏡子前檢視自己的臉，旁邊放著一盒朴家粉，在當時韓國報紙和雜誌上充斥著日本進口化妝品廣告的年代，這幅插圖顯得格外引人注目。[6]

　　韓國引入現代化妝品時，社會上出現愈來愈多的「新女性」，也就是在日本殖民統治下

受過教育的韓國女性階級。鮑伯頭髮型、較短的韓服裙擺、高跟鞋以及紅色圍巾都是新女性的標誌，這些都可以在同名雜誌《新女性》（Sinyeoseong）中看到。十九世紀末，新女性運動在歐洲和美國興起，成為女性追求獨立和激烈改革的女性主義理想，並在二十世紀初傳到中國、日本以及韓國等地。[7] 在韓國，新女性所穿著的時裝象徵了更深層的轉變，因為在此之前的五百年，朝鮮王朝的父權統治禁止上層階級的女性在公共場合露面，並維持著長久以來的儒家觀念，認為頭髮是祖先賜予的禮物，不應該剪掉。這場運動最初批判化妝品的使用既輕佻又不得體，然而到了1930年代，塗抹胭脂的臉孔已經成為新女性的另一個重要標誌，《新女性》雜誌上充斥著化妝品廣告，並刊登了〈如何在三分鐘內達到女學生的化妝效果〉以及〈新女性美妝技巧講座〉等文章。[8] 儘管傳統的男性觀點仍將新女性斥為不道德的叛逆者，但新女性使用化妝品的行為在某種程度上賦予女性新的能動性，讓她們能利用化妝品來突顯臉部特徵，在陽剛霸權的背景下脫穎而出。

其中一位具影響力的新女性吳燁珠（Oh Yeop-ju）點燃了現代美容風潮，是最早正式研究「美妝」的韓國女性之一。她在某次訪談中表示：「人們認為美妝技巧只是為了美化臉部，但事實並非如此。美妝讓身體更健康。」[9] 無論是只在下唇塗抹紅色唇膏，或是把眉毛畫成半月形，吳燁珠帶動了許多美妝潮流，並用她代表性的太陽眼鏡和高跟鞋造型創立了個人品牌。她的名氣甚至讓她在韓國電影《美夢》（Mimong, 1936）中客串美容師一角。1933年，她在首爾的和信（Hwashin）百貨公司內開設了韓國第一家「美容院」。[10] 作為日本占領時期唯一由韓國人經營的百貨公司，和信百貨是難得能讓韓國人體驗現代化的場所，而吳燁珠的美容院也成為學習和發展美容技術的重要據點。對於吳燁珠來說，在韓國作為殖民統治下民族國家的複雜框架中，美容的力量及其新的教育性角色提供了一種賦權工具。

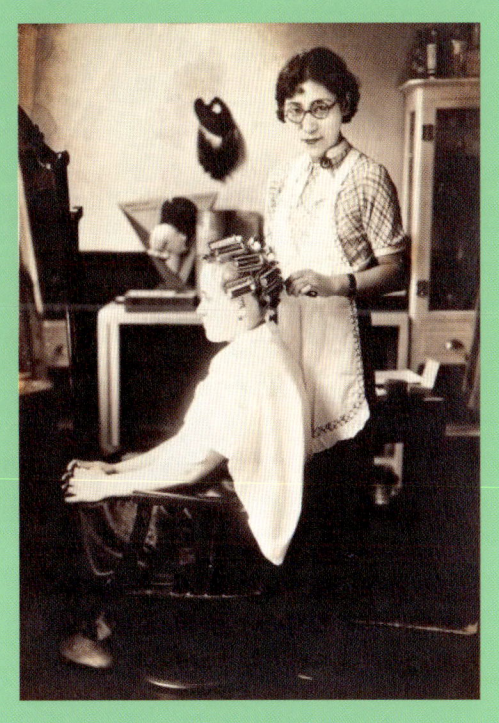

美容師吳燁珠女士在她的美容院，約1933年。

Lucky Chemicals 的第一個商品是備受歡迎的 Lucky Cream，生產期間為1947至1953年。

一位上門推銷化妝品的「愛茉莉淑女」,約1964年。

投資美妝產業:1945至1961年

　　銀幕的影響力在韓國的代表性化妝品Lucky Cream面霜中表露無遺。Lucky Cream於1947年推出,包裝上印有加拿大女演員狄安娜・寶萍(Deanna Durbin)的照片,她的電影《丹鳳還陽》(One Hundred Men and a Girl, 1937)在韓國大受歡迎。在瓶子上使用寶萍的肖像表明了與外國品牌競爭的渴望。Lucky Cream是Lucky Chemicals公司的發明,該公司於1945年韓國脫離日本統治後不久成立,其共同創辦人是具仁會(Koo In-hwoi)和化妝品製造商金俊煥(Kim Jun-hwan),後者在家中安裝了化妝品製造機器,開始生產Lucky Cream。

　　Lucky Cream一炮而紅。這款產品不僅在商店銷售,街頭攤販也會敲兩下鼓,發出「dong dong」的聲音,同時大喊「gurumu!」這是以「dongdonggurumu」(意指「面霜」)一詞為基礎的表演性宣傳方式。購買者會自備容器,小販會倒出適量的Lucky Cream。儘管缺乏現成的包裝,Lucky Cream仍然是小型的奢侈品,一份面霜的價格為十五錢,大約是五碗麵的價格。[11]包裝好的Lucky Cream原本放在脆弱的合成容器中銷售,但卻經常破裂;為了解決這個問題,具仁會在1950年代早期開始投資一種鮮為人知的材料:塑膠。然而,Lucky Chemicals在1953年停止生產Lucky Cream,轉而將重心放在生產家用清潔劑和電子產品,這些產品也成為奠定LG企業集團(最初為Lucky GoldStar,後來是Life's Good)的基礎。

　　1948年,韓國化妝品公司太平洋(Taepyungyang,2002年後更名為愛茉莉太平洋集團[Amorepacific])推出第一個大規模量產的產品,名為Melody Cream面霜,產品設計以粉色玫瑰為主題。1951年,名為ABC Pomade的男士護髮產品上市。這兩款產品的包裝上都印有英文字樣,展現出韓國有意與既有的外國品牌競爭。

1975年首爾明洞美都波百貨公司的 Hankook Cosmetics 專櫃。

蔘美化妝品的廣告（1977年）以及包裝（約1973年），這是愛茉莉太平洋集團專為出口而生產的一系列產品。

韓流憑什麼！

到1950年6月韓戰開始時，韓國已經有一百間註冊的化妝品公司，主要生產男士髮蠟以及女士面霜和香水。隨著產品種類和廣告的增加，太平洋公司在1958年8月出版了第一期每月發行的美妝雜誌，以強化產品的宣傳。《化妝界》（Hwajanggye）包含了時尚和美妝新聞以及化妝品應用的文章。儘管這是一本免費雜誌，卻大受歡迎，以至書店也開始販售過去的期數。這本雜誌至今仍以《Hyangjang》的名稱延續至今，其封面人物通常是韓國流行音樂偶像，例如BLACKPINK的Jennie。太平洋公司為韓國化妝品領域帶來不少創舉，例如太平洋公司成功推出「季節性」化妝品，搭配大量的行銷活動，並投入資金雇用女性，以提升民眾對日常彩色妝容的接受度。

「當女性化妝出門時，她們不僅僅是裝飾自己的臉孔，也用名為自由的化妝品裝扮自己的心靈。」作家鄭飛石在他1954年的暢銷小說《自由夫人》（Jayubuin）中寫道，這本小說最初以連載的形式發表在《首爾日報》上，兩年後被韓瀅模導演改編為成功的電影。《自由夫人》講述了一位教授妻子的警世寓言，她在一家名為「巴黎」（Paris）的商店工作，負責販賣西方的化妝品與首飾。她與別人發生婚外情，從此改變了她的一生，反映出化妝品（特別是外國進口的化妝品）與女性道德弱點相關的普遍敘事。

韓國化妝品的生產：1960至1990年代

1961年，由於《禁止銷售特定外國商品法》的頒布，外國化妝品在韓國的銷售突然宣告終止。這項法令由當時的實質領導人朴正熙（也就是後來的總統）所制定，這作為推動國內工業發展的全國性運動，一直延續到1982年為止。外國化妝品遭到沒收，有時還會在公開在外焚燒、銷毀。在一起惡名昭彰的案件中，兩名韓國女演員因交易外國化妝品而遭警方逮捕。[12]

儘管這項法令非常嚴厲，但對於韓國化妝品產業卻產生了持久的影響，到了1960至1970年代，韓國國內化妝品公司蓬勃發展，像是Seongmi Juria Cosmetics（1960年成立）和Hankook Cosmetics（1962年成立）。Hankook Cosmetics成為太平洋公司最激烈的競爭對手，不僅推出了Danhak髮蠟與ABC髮蠟競爭，接著又推出「朱丹鶴」（Jutanhak）系列化妝品。

到了1960年代初，韓國已有一百三十間註冊的化妝品公司，雇用了約三十七萬名女性作為登門推銷員。這些女性之中有許多人在韓戰時失去了男性家庭成員，因而失去了生計，為化妝品公司提供了新的勞動力來源。就像英國和美國的「雅芳淑女」（Avon Ladies）一樣，太平洋公司的「愛茉莉淑女」（Amore Ajumma）和對手Hankook公司的「朱丹鶴淑女」（Jutanhak Ladies）經過培訓後，身上穿著品牌制服，帶著袋子、地圖、指南書以及客戶的檔案紀錄，開始挨家挨戶推銷。她們的地圖極為精確，客戶資料也非常詳盡，有時甚至被誤認為是間諜。

新的營銷模式提供了詳細的產品說明、諮詢、免費試用期以及靈活的分期付款方式。這些公司以年輕一代為目標對象，試圖讓人們擺脫化妝品作為奢侈外國商品的負面印象。此外，這段時期也被證明是韓國化妝品的成功轉捩點，強化了消費者對國產化妝品的信心，而在此之前，國產化妝品一直被視為品質低於國外的同類產品。1962年初，韓國國內化妝品市場只有一億韓圓（約兩百二十萬新臺幣），但隨著上門推銷模式的確立，到1973年經濟規模已成長了十倍，達到一百億韓圓（約兩億兩千萬新台幣）。

1970年代，在新的電視廣告和韓國演員海報的推波助瀾下，愛茉莉太平洋集團化妝品王國的受歡迎程度迎來了空前的流行盛況。仿冒品層出不窮，集團甚至在1974年舉辦了展覽，教導消費者如何辨別真偽。儘管愛茉莉太平洋集團早在1964年就開始出口韓國化妝品至海外，將Oscar系列產品出口至衣索比亞，但此時集團開始生產專為出口而設計的「蔘美」（Sammi）系列產品。此系列的包裝從韓國藝術和文化的偉大典範中汲取靈感，使用高麗王朝青瓷梅瓶的弧形輪廓作為瓶身，並在盒子上印製朝鮮王朝藝術家申潤福著名的風俗畫，

從而結合了韓國文化出口的精髓。Sammi品牌曾經銷往美國、法國、德國、南美洲以及東南亞地區，甚至在倫敦的哈維尼可拉斯（Harvey Nichols）百貨公司也買得到。該品牌後來演變為「雪花」（Sulwha），並在1990年代初更名為「雪花秀」（Sulwhasoo）。雪花秀在中國特別受歡迎，占愛茉莉太平洋集團在亞洲出口總額的70%，並於2018年成為第一個銷售額超過兩兆韓圓（約四百二十四億新臺幣）的韓國化妝品品牌。[13] 2021年，愛茉莉太平洋集團的淨利達到一千八百〇九億韓圓（約四十三億新臺幣），較去年同期成長727.7%。[14] 截至2022年，愛茉莉太平洋集團已成為全球第七大化妝品集團，旗下擁有超過三十條產品線，包含Innisfree、夢妝（Mamonde）、艾諾碧（IOPE）以及蘭芝（Laneige）。

彩色電視於1980年問世，在接下來的十年間，彩妝的銷售呈現爆炸性成長，品牌透過引人議論且搶眼的化妝品廣告行銷，呈現各式各樣強大女性的理想形象，並由新崛起的韓國女演員和模特兒展示這些化妝品：從古典音樂家到動作片女英雄，從職業婦女到「韓國小姐」選美冠軍，各種形象應有盡有。朱丹鶴的High Best Tone系列產品在韓國百貨公司的化妝品專櫃隨處可見，其1975年秋季廣告呈現了女演員俞知仁的綠色眼影、粉色腮紅以及酒紅色的唇色，廣告口號為「歡迎來到美麗的冬日仙境」。這與藝術家吳允（Oh Yoon）的作品《Marketing II-Bal-la-la》（1980）形成強烈的對比，此作品模仿了1970和1980年代的化妝品廣告海報。海報的上半部色彩繽紛，呈現出一位臉孔白皙的女性，她的眼睛和嘴唇化了濃厚的妝，有著修剪整齊的紅色指甲與飄逸的長髮。女子的左側是一系列的化妝品，右側則是帶有產品名稱「Ballala」（在韓語中可以是「塗抹」的意思）的模擬商標，上頭的文案寫著「從搖籃到墳墓」。這句文案和海報中央的口號「好好照顧自己，你到了十二歲就已經是個女人」突顯了社會對女性施加的壓力，認為女性化妝才是得體的表現。更大的對比出現在海報的下半部，也就是一組勞動女性的木刻版畫：農夫、市場小販以及學生，他們的臉孔因工作的重擔而隱藏在陰影之中。吳允是1980年代「民眾」或「人民」藝術運動的一員，屬於批判資本主義、帝國主義以及威權政府的藝術家團體。儘管韓國的化妝品產業正蓬勃發展，但其使用大規模行銷策略來促進產品銷售的手法仍面臨不少質疑。

化妝品公司的目標客群不僅限於女性。1974年，愛茉莉太平洋集團推出了Vister男士護膚系列產品，由當時最知名的男演員南宮遠代言，並搭配「勇於挑戰、攀登頂峰的男性陽剛風格」的標語。Vister系列展現了男性審美的標準：積極、堅韌的男子氣概，與當時的軍事政權和好萊塢電影中的陽剛形象不謀而合。隨後，Miraepa男士護膚系列產品於1993年推出，其廣告中的主角都是西裝革履的職業男性。這些品牌轉而發展男士護膚品，部分原因是當時男士髮型的潮流轉變為嬉皮風格的長髮，導致髮蠟產品銷量下降。

不久之後，在1997年，Somang Cosmetics推出了男士護膚品牌Kkhotdeuleun Namja（大略的意思是「花樣男子」）。Somang的品牌名稱源自於1997年同名的韓國浪漫喜劇，推出的化妝品系列以其廣告宣傳而聞名，廣告中出現了當時最炙手可熱的男性名人，像是傳奇足球球星安貞桓以及韓劇明星玄彬，再加上「現在我的男朋友也能成為像他們一樣的花美男」等引發熱議的口號。在韓劇《花樣男子》（Boys Over Flowers, 2009）以其華麗的都會美型男風格大獲成功之後，這種精心打理、更柔和的男性美成為韓流文化的縮影，而愈來愈多的第一代韓國流行音樂偶像經常採用更柔美、中性的造型，這股潮流首先在東亞和東南亞地區帶動韓國特色美妝，最後傳播到更遠的地區。近年來，Laka Cosmetics等品牌也開始採用「無性別」或「所有人的彩妝品牌」等宣傳手法。

（上圖）1980年「民眾藝術家」吳允對美妝產業的諷刺作品，《Marketing II–Bal-la-la》。

（下圖）1974年演員南宮遠代言的 Vister 男士護膚產品海報。

韓國美妝與時尚

2015年首爾明洞購物區的化妝品商店比比皆是。

化妝品品牌艾諾碧於2008年推出的「氣墊粉餅」，可將粉底液儲存在粉盒中。

美妝產品的輸出：1990年代至今

　　1997年的國際貨幣基金危機導致一連串的韓國化妝品公司倒閉，再加上1982年12月廢除《禁止銷售特定外國商品法》後，外國化妝品重新湧入韓國。不在大型企業集團旗下的個別韓國品牌重新轉型為代工生產公司，將其技術和製造服務出售給企業集團，這使得規模較小的獨立企業能夠發展化妝品品牌，因為它們能透過代工生產公司輕鬆製造化妝品系列。但到了2000年，Able C&C旗下的韓國品牌謎尚（Missha）成立，為韓國化妝品創造了全新的商業模式。謎尚最初以三千三百韓圓（約新臺幣七十元）的超低價在網路上銷售化妝品，最終成立了專業的美容用品店，開創了新的「路邊商店」營銷模式：在首爾的地鐵站商場或大學校園開設分店，販賣價格低廉、保有一定品質和研發技術的韓國化妝品。在接下來的五年內，Etude House、愛茉莉太平洋集團的Innisfree以及LG生活健康（LG Healthcare）的菲詩小舖（The Faceshop）等品牌也開設了類似規模的路邊商店，如今這些商店已遍布首爾「美妝聖地」明洞的大街小巷。自2010年代末以來，市場上又出現另一波的新品牌：Skin Food、Tony Moly以及It's Skin的零售價都處於路邊商店市場的中低端（約新臺幣兩百至五百元），並持續著重在護膚保養品。這不僅吸引了許多因第一波韓流而對韓國產生嚮往的亞洲遊客，也吸引了想要研究韓國美妝最新趨勢的國際美妝產業專家和專業化妝師，其中包含麗莎‧艾爾德里奇（Lisa Eldridge）。她在自己的YouTube平臺上拍攝了〈以韓國美妝趨勢為靈感的化妝教學〉（Korean "Beauty Trend" Inspired Make-up Tutorial, 2015）以及〈韓國彩妝、護膚以及美容之旅〉（Korean Make-up, Skincare and Beauty Haul!, 2015）等影片。其中某些品牌也陸續在其他亞洲國家推出，例如Tony Moly在香港成立分店，Etude House也在新加坡、香港、日本、汶萊、緬甸、杜拜以及科威特展店。

　　在2000年代，韓國美妝隨著韓流的傳播而成長。1984年，LG以肥皂品牌DeBon重返化妝品產業，隨後又推出化妝品品牌歐蕙（O Hui, 1997）以及甦祕（SU:UM37, 2007），再次成為韓國美妝產品的重要製造商。2003年，韓國政府委託LG打造一個能展現韓國歷史的奢華護膚品牌，因此品牌「Whoo后」（The

History of Whoo）應運而生。這反映在包裝設計上的歷史傳統元素，以及採用韓國傳統藥草醫學的「韓方」(hanbang)。2000年代初期至中期，韓國歷史劇的熱播讓韓國人重新開始欣賞韓國的文化傳統，這股風潮也持續擴及到韓國美妝產業中，知名韓國歷史劇《大長今》(2003)中的演員李英愛便獲選為「Whoo后」的品牌大使。

隨著新冠疫情的發展，加上CJ集團旗下Olive Young等藥妝店陸續出現，以及線上零售市場的蓬勃發展，讓2000年代的許多路邊商店相繼關門大吉。化妝品品牌現在著重在「線下」的快閃店和體驗時刻來擴大品牌的客群。社群媒體名人的影響力也愈來愈突出。特別值得注意的是YouTube上美妝內容創造者的出現，就像1960年代的「愛茉莉淑女」一樣，他們不僅推廣韓國化妝品，還在全球各地推廣韓國美容標準（例如「玻璃肌」和「十步護膚法」），讓韓國美妝成為韓流的一部分。

2008年發明的氣墊粉餅清楚展現了韓國美妝對全球的影響力。氣墊粉餅由愛茉莉太平洋集團旗下的艾諾碧研發部門所開發，讓粉底液變得便於攜帶、容易塗抹，其包裝設計中的一層海綿能夠讓液態產品維持完整且濕潤（據說設計師的靈感來自韓國傳統的印章和印臺），據報導每秒鐘就能賣出一個。氣墊粉餅創新的包裝設計已經授權給國際化妝品公司，同時也催生了國際化妝品集團的模仿風潮。15

韓國化妝品公司已經躍居全球美妝產業的龍頭，並持續透過「傳統韓國」的品牌定位、搶眼的包裝設計和插畫合作、從傳統韓方到創新配方，以及吸引國內韓流演員或偶像擔任模特兒或品牌大使等方式，力求在國際競爭中脫穎而出。

化妝品與流行文化和自我表達密不可分。韓語的化妝是「hwa-jang」，「hwa」的意思是改造或改變，而「jang」則是裝飾。化妝品所帶來的影響不僅僅是改變了臉部的外觀，更揭開了文化的轉變以及對美、性別以及現代性的態度。

2012至2017年Peripera Cosmetics與藝術家瑪麗・金（Mari Kim）合作設計唇釉包裝。

韓服：
韓國傳統與
當代時尚服飾

李尹兒

在2021年的音樂錄影帶〈How You Like That〉中，BLACKPINK穿著由Danha的丹哈·金所設計的韓服風格服飾。

在2002至2012年的漫畫系列《宮》中，作者兼插畫家朴素熙讓主角穿著「赤古里」和喇叭袖短上衣。

韓國流行音樂女子團體BLACKPINK在2020年夏天發表新歌〈How You Like That〉的音樂錄影帶，並登上美國國家廣播公司（NBC）的《吉米法倫今夜秀》(Tonight Show Starring Jimmy Fallon) 時，媒體與粉絲都注意到了樂團的舞臺服裝。這些服裝為傳統韓服注入了現代元素，大膽而華麗的風格與樂團的歌曲，與舞蹈動作完美契合。

Danha的服裝設計師丹哈·金（Danha Kim）也因她的韓服設計而受到許多媒體的關注，韓國流行音樂粉絲也開始注意到她在網路上推出的系列服飾[1]，同時《紐約時報》也報導了這些新銳設計師如何翻轉傳統的韓服，並獲得防彈少年團等韓國流行音樂明星的青睞。[2]二十一世紀的新世代韓服設計師為韓服的輪廓、顏色與材質帶來新的視角，以非傳統的方式重新詮釋韓服風格，透過與時尚生活雜誌、戲劇、卡通（漫畫）、電影以及韓國流行音樂等各項合作，將韓服推上全國與世界的舞臺。韓服終於登上了韓流的舞臺，成為當代想像中韓國文化遺產與傳統的象徵。

當代韓服風潮的根源可追溯至十九世紀末以及二十世紀的各項嘗試，目的是創造既符合當代生活方式與審美觀、又能保留韓服特色的服飾。長久以來，韓服一直遊走在現代與傳統的界線之間。

韓服：韓國傳統服飾

「韓服」字面上的意思是韓國人穿的韓國服裝。直到二十世紀初，韓服的基本元素變動不大，不過韓服的種類與輪廓卻隨著社會、經濟、

韓瀅模執導的《自由夫人》(1956)劇照，展現出電影如何利用服裝來探討傳統與現代價值觀。

文化條件以及時代的審美觀而不斷演變。我們熟悉的韓服可以追溯到朝鮮王朝時期(1392-1910)。女性的韓服由襯衣(sokjeoksam)、短上衣(jeogori)、襯褲(sokbaji)、襯裙(sokchima)、寬鬆的長裙(chima)以及外衣(po;jangot)所組成。男子的韓服則包含上衣(jeogori)、褲子(baji)、坎肩(jokki)以及各式各樣的外衣（po;cheollik;durumagi）。雖然韓服的形式和輪廓在二十世紀經歷了轉變與現代化，但男女韓服的基本組成仍然沒有改變。

自十九世紀末與外國文化接觸以來，韓國人的衣著習慣經歷了重大變化。1884年的甲申服飾改革首次實現了政府官員制服的現代化，並採用歐洲風格的軍服[3]，而到了二十世紀，韓國人開始接納歐美的服裝與時尚，發展出「洋裝」（yangjang）的服裝風格，在十九世紀末受到上層階級的推廣和採納，並在1920和1930年代成為一種新的現代時尚。當時，隨著女子學校的成立和新女性運動的出現，女性服飾的形式與傳統也產生了變化：為了增加舒適度和實用性，漢服的短上衣被簡化、加長，並賦予了更寬鬆的外型。另外，漢服中的寬鬆長裙也出現了新的款式，在裙子的頂部添加了肩帶，穿起來更輕鬆、舒適；這種長裙最初是為女學生所設計，但很快就受到其他女性族群歡迎。長裙的另一項變化是縫線收起（相較於傳統長裙的重疊開縫），長度也縮短至腳踝以上。外套和裙子的長度與輪廓會根據潮流、穿著者的社會地位以及個人品味而產生變化，而長裙通常搭配西式鞋子而非傳統的橡膠或皮革鞋，並以雨傘作為配飾（用來遮擋陌生人的目光）。[4]這些改變創造了二元的服飾系統，讓韓服與「洋裝」同時並存。在韓戰期間(1950-1953)，外國援助與美國軍營提供的服裝流入市場，將西方的時尚風格傳播到廣泛的韓國人口。到了1970年代末期，歐美風格服飾已成為大多數韓國人的日常服飾，而韓服則被重新定位為重要場合所穿的傳統服飾，例如國定假期農曆新年和秋夕、婚禮以及特別的生日。

《自由夫人》中的天鵝絨韓服

著名電影《自由夫人》（韓瀅模執導，1956年）中的服飾反映了當時韓國服飾系統的二元性。本片改編自鄭飛石於1954年在《首爾日報》上連載的小說，描繪了中上階層已婚女性的行為變化，以及追隨自身的欲望如何導致悲慘的結局。電影反映了女性對於自身角色和身分的新意識，以及這種意識如何被韓國社會普遍存在的父權和道德價值觀所抵制、壓迫。[5]電影中的女主角吳善英是已婚的家庭主婦，丈夫是大學教授，她在友人介紹下開始參加舞會（當時新興的上層階級女性休閒活動）以及其他被視為自由而充滿爭議的消遣活動。她找到一份兼職工作，並與年輕的大學生以及經理的丈夫發生婚外情。最後，她因為婚外情而受到懲罰，並跟隨丈夫重回家庭。善英在扮演賢妻良母的角色時穿著韓服，其傳統的款式和材質彰顯出韓國賢妻的傳統價值觀和道德觀。相比之下，在工

《自由夫人》中穿著的韓服款式,呈現了1950至1970年代期間流行的天鵝絨材質韓服。

作或與情人見面時，她往往會穿著西式服裝，例如剪裁合身的洋裝和開襟羊毛衫。舞會的場景融合了這兩種風格，善英與其他女性穿著由天鵝絨裙子和緞面外套組成的韓服，這是1950到1970年代時髦的韓服組合。儘管政府對奢侈品消費進行管制，從日本和香港新進口的紡織品（例如天鵝絨、嫘縈以及緞布）雖然昂貴，但因其奢華的材質與充滿光澤的色彩仍備受追捧。6《自由夫人》中的天鵝絨韓服不僅反映了韓服的時尚潮流，也讓韓服變得更加流行。

韓服改革

隨著愈來愈少人以韓服作為日常生活服飾，自1950年代末到二十世紀末以來，出現了幾次韓服現代化的嘗試，希望讓韓服變得更方便好穿、價格更合理，並符合日常活動的需求。這些嘗試包含將裙子的長度縮短至膝蓋、增加肩帶、縫合裙子的接縫處、提升上衣的舒適度與實用性、修改設計與輪廓，以及使用不同的布料讓韓服更容易清洗與保養。最為人所知的改革或許是生產現成的韓服，稱為「生活」韓服或「改良」韓服。7這些嘗試在1980年代末和1990年代取得了一些成果，旅遊業開始採用改良韓服作為制服，而1984年創立的Jilkyungyee品牌也從此在韓服市場上蓬勃發展。8

儘管如此，現代化的韓服只被少數人所接受，到了二十世紀末，韓服作為韓國傳統服飾的地位已逐漸穩固，包含蓬鬆的長裙和短上衣，由各種絲綢和亞麻製成，並飾以刺繡或金色模板花紋。韓服成為韓國傳統審美以及奢華時尚與紡織品的象徵。

以韓服為靈感的時裝

隨著歐美新材料和時尚潮流的引入，韓國時尚和時尚工業在1950年代中期開始發展。第一代的韓國設計師包含諾拉‧盧（Nora Noh）和崔卿慈（Choi Kyeong-ja），他們分別在美國和日本學習時裝設計，並建立了自己的時裝店和時裝業務。當時的韓國時裝主要以西方服飾風格為主，韓服並未被視為時尚。然而，韓服為時裝設計師提供了靈感，特別是在韓國美學與特色方面。阿里郎禮服（Arirang dress），由諾拉‧盧設計、韓國小姐吳賢珠（Oh Hyeon-ju）於1959年參加環球小姐競賽時所穿的知名服裝，展現了如何將韓服元素融入代表韓國審美的新禮服之中。這件禮服以奢華的絲綢布料（傳統的韓服布料）製成，其深V領口、高腰的帝政風格線條、豐盈的長裙以及緞帶裝飾都在向韓服致敬。此外，崔卿慈還設計了一款名為「青瓷」的晚禮服，於1962年在韓國的第一場國際時裝秀中展出；另外也設計了一件錦緞迷你裙，其領口設計以韓服為靈感，於1964年在韓日時裝秀中展出。

自1990年代以來，金鳳男（André Kim）、珍德（Jin Teok）、李鎮宇（Lee Jin-u）、薛尹亨（Seol Yun-hyeong）以及李尚峯（Lie Sang-bong）等韓國頂尖的時裝設計師持續改良並運用韓服的不同元素（線條和輪廓、圖案、顏色、刺繡、裝飾技巧以及布料等），創造出時尚產業對韓國傳統和美學的當代詮釋。這在巴黎和紐約的國際時裝秀中特別明顯，反映出韓國時裝在全球的推廣，部分原因是韓國政府在二十世紀末推動的全球化。利用傳統或民間工藝與服飾

由諾拉・盧設計、並由第三屆環球小姐比賽優勝者吳賢珠所穿的錦緞阿里郎禮服複製品。諾拉・盧將傳統韓服的裙子和外衣改造為西式禮服。

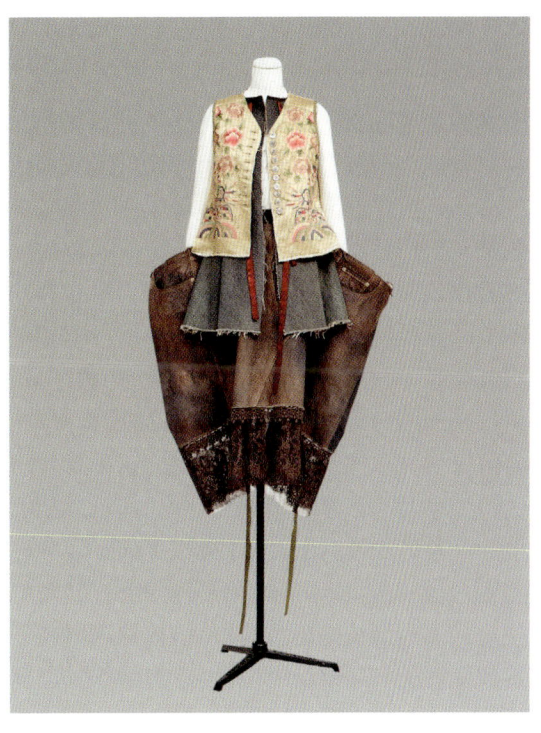

珍德設計的牛仔和蕾絲服飾（2007）使用了韓服中的背心（baeja）和刺繡元素，營造出當代風格。

元素，將當地獨特的時尚傳統與全球形式和視覺語彙相互結合，是全球時尚產業發展全球在地化的有效策略。⁹

全球時尚舞臺上的韓服

在全球舞臺上展示韓服是將韓國時尚推廣到世界各地的策略之一。韓服設計師李永熙（Lee Young-hee）在提升韓服作為韓國服飾與時尚的國際地位方面扮演了重要角色，她在巴黎和紐約時裝秀上展示了自己的系列作品，並在這兩座城市發展她的時裝事業。李永熙從1980年代開始設計並製作韓服，到1990年代初期，她已經成為頂尖的韓服設計師之一。1993年至2016年間，李永熙推出巴黎時裝秀系列作品，透過改良、挪用和挑戰韓服製作與穿著的規則，探索韓服時尚的各種可能性。曾在1994年秋冬巴黎成衣（Prêt-à-Porter）系列秀中亮相的「風裙」（Wind Dress）是她的代表作。在她的自傳中，李永熙透露了這件禮服的構思過程：「在巴黎系列秀上，晚禮服是最後一件⋯⋯我想呈現一些新穎、現代的東西，一些創新的東西，比任何西方設計師都更令人印象深刻⋯⋯我們在尋找一件能讓西方時尚專家感到興奮並吸引客戶的禮服⋯⋯我們突發奇想，為什麼不把外衣脫掉呢？」¹⁰這件禮服是用傳統的韓

國絲綢製成，這種材質以光滑的表面與美麗的色彩著稱。赤腳的模特兒穿著一系列色彩繽紛的禮服走在伸展台上，氣流創造出波浪翻騰的動感，因此被稱為「風裙」。李永熙所展現的並不是作為韓國民族服飾的韓服，而是帶有韓國風格的當代時裝。她的風裙設計根植於韓國的服裝觀念：平整的圖案、適應穿著者的體型、可根據衣服的摺疊和提起方式而改變造型。李永熙解釋道：「雖然看起來像韓服，但它不是韓服……它可以穿出無限的變化，但也可以回到簡單而平整的方形布料。這件禮服具備了我熱愛的活力。」[11]雖然起初韓國觀眾反應冷淡，並批評她對韓國傳統的創新詮釋，但這件禮服在巴黎大受好評。李永熙持續擴展她對韓服的創意詮釋，在全球時尚舞臺上試驗韓國的布料和裝飾技巧。

　　李永熙在國際上的知名度不斷提升，也讓韓服在全球時尚界更廣為人知。這也受到2000年代在亞洲興起的韓流影響，全球對韓國文化（特別是韓國流行文化）的興趣日益濃厚，這股潮流更在隨後的十年擴展至全球。在這股浪潮中，韓國政府透過韓國傳統和當代藝術文化的國際展覽來宣傳韓國文化，為韓服的推廣提供了肥沃的土壤，讓更多人認識韓服。然而，與日本和服或中國旗袍在西方時尚史上的悠久歷史相比，韓服對全球時尚和高端時裝設計師的影響卻十分緩慢且有限。

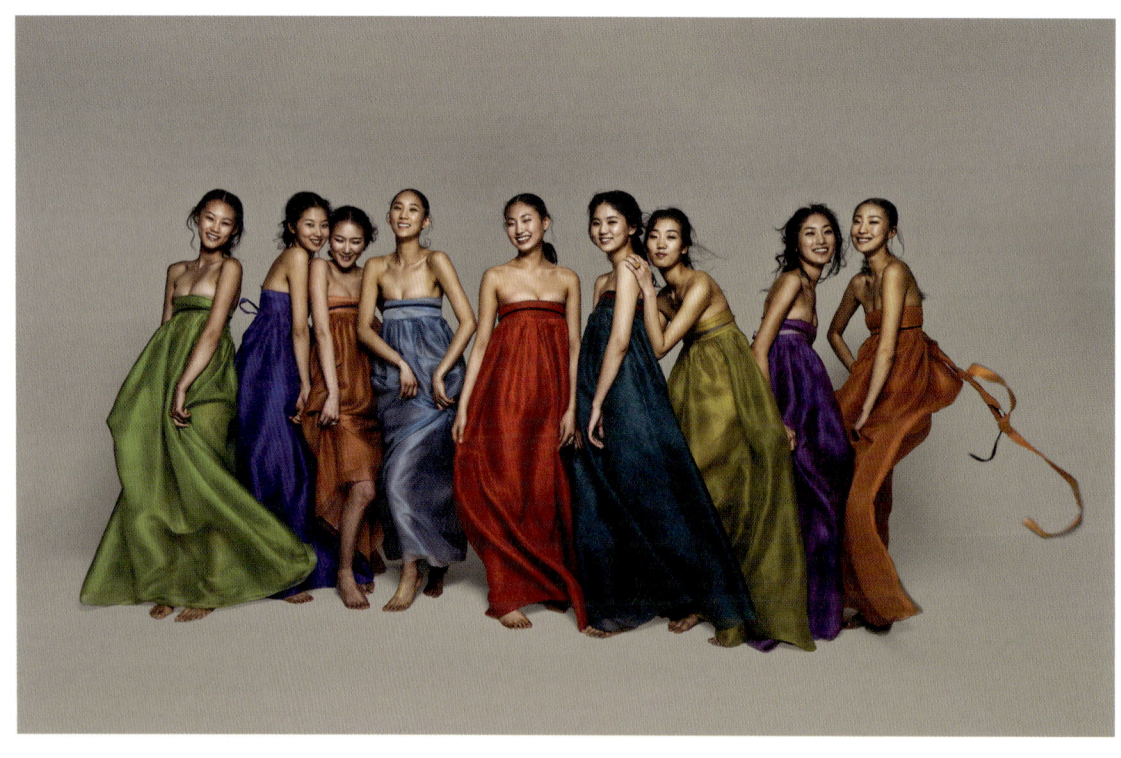

在攝影師金重晚（Kim Jungman）於2008年拍攝的照片中，可以看到李永熙於1994年首次創作的代表性「風裙」，赤腳的模特兒展現了韓國絲綢的美麗色彩與動感。

卡羅琳娜・埃雷拉（Carolina Herrera）在挪用韓國文化與韓服方面十分突出：在埃雷拉的紐約2011年春夏系列中，她利用並挪用了多種韓服元素，包含上衣、長裙以及綁帶（可打成蝴蝶結並綁在外衣上的飾帶）的形狀與線條，作為外套與長裙的設計與裝飾。她也將男性高而寬邊的黑笠（gat）改良為女性款式。[12] 2017年，埃雷拉與文化體育觀光部支持下的韓服振興中心（Hanbok Advancement Centre）合作，在紐約的藝術與設計博物館（Museum of Arts and Design）舉辦了一場私人的漢服展，並在首爾展出。[13] 她創作了三件反映其設計美學的作品：一件婚紗、一件晚禮服以及一件兩件式裙裝，均融入了韓服元素。除了埃雷拉以韓服為靈感的作品，香奈兒在首爾展出的2016年渡假系列（Cruise Collection）也值得關注，其靈感來自更廣泛的韓國傳統文化，並運用各種傳統色彩、裝飾技巧以及效果。

時尚韓服

對二十一世紀的韓國人和他們的時尚觀來說，韓服意味著什麼？許多韓國的韓服設計師，包含Tchai Kim的金永真（Kim Youngjin）、Danha的丹哈・金、CheonUiMubong的趙榮基（Cho Yeong-gi），以及Leesle的利佐・黃（Leesle Hwang）等，持續在探索這個問題，並創造他們自己對韓服及其當代形式、用途與意義的詮釋。這些創作被稱為「融合韓服」或「現代韓服」，有些仍保留了「生活」韓服的概念。與先前以韓服為靈感的服飾與風格不同，這些作品的設計師很清楚自己的定位不僅僅是韓服設計師，而是更廣泛定義下的時裝設計師。他們的設計與傳統緊密相連，卻又不受傳統的束縛。對韓服及其歷史的認識或許是這些設計師的出發點，但他們根據個人的創意想像對韓服及其元素進行解構和組合，讓他們的設計作品同樣具有現代感。金永真在2013年為她的第二個品牌Tchai Kim所設計的韓服洋裝與高腰裙，如今已成為韓服時尚新趨勢的絕佳範例；金永真將朝鮮時代的男裝外衣重新改良為女性的長裙，藉由細微的線條與輪廓變化以及新布料與顏色的運用，將原先的設計女性化。金永真以有趣的新方式組合韓服的不同元素，創造出一種「美麗的當代與全球化」風格，同時展現出傳統韓服的外觀與內涵。[14]

當代韓服的趨勢也歸功於徐英姬設計的時尚造型，她的作品曾刊登在《Vogue》韓國版等許多韓國雜誌上。她在《Vogue》韓國版上的作品反映了韓國設計師、造型師、攝影師和時尚編輯自我東方化的過程，融合韓國與東方的影響力，創造出一種刻意模糊其來源的混合美學。儘管這可能會被視為有爭議，不過是另一種形

卡羅琳娜・埃雷拉的2011年春夏系列汲取了韓服的特色，例如綁帶（可打成蝴蝶結的長飾帶）。

2014年，金永真為其品牌Tchai Kim設計了這款韓服外衣，將傳統的韓國男裝外套改為女性套裝。

式的東方主義，不僅藉由西方的想像來建立「東方」的概念，更將所有的亞洲文化視為可替換的「他者」；但自我東方化也可以是充滿力量的舉動，能重新詮釋美學元素的意義，並確保採用這種策略的人熟悉與時尚相關的全球論述。15

韓國設計師透過充滿創意的方式重新演繹韓國傳統與服飾文化，清楚掌握適合當代國內外民眾的設計、風格和形象，他們正致力於在韓國時尚界以及其他領域，建立他們對韓國服飾的願景以及自己的品牌。國際公眾與媒體對BLACKPINK和防彈少年團的音樂錄影帶與表演中出現的韓服風格服飾充滿興趣，再加上國內消費的現況以及圍繞在當代韓服的各種爭論，都在在證明了韓服在當代文化中仍保有一定的影響力。在瞬息萬變的時尚文化中，韓服是否能持續兼顧傳統與現代的特質，只有未來才能告訴我們。

2007年10月，徐英姬為《Vogue》韓國版設計這套造型，由金慶洙（Kim Kyung Soo）掌鏡，這是她刻意混合不同美學的例子。

韓國美妝與時尚

韓國街頭時尚

呂寅海與成達森

2022年東大門市場裡的縫紉用品店，這個制度將製作初期階段到最終成衣的完整流程集中在一個小型區域。

街頭風格的演變（文：成達森）

基於完善的時尚與紡織產業基礎，以及名列前茅的網際網路服務速度與廣度，韓國擁有世界上極具活力的街頭風格與變化迅速的潮流趨勢，也就不足為奇了。

在1960和1970年代，韓國政府開始推動並支持國家出口政策，以促進經濟成長。在這段期間，許多國際品牌委託韓國代工生產，讓韓國得以培育製衣產業並獲取製造的專業知識，成為韓國時尚產業的重要資產。

二十世紀下半葉，韓國街頭時尚深受西方風格的影響，尤其是美國街頭時尚。從1960到1990年代，每個社區都有西式服裝店，裁縫師會透過美國雜誌上看到的服裝來打造他們的衣服款式。年輕人渴望擁有Polo、Tommy Hilfiger、Kangol以及Dickies等品牌的潮流商品，但這些商品在當時很少進口。當時位於首爾市中心的東大門商店多以銷售韓服為主，現在卻成為韓國最大街頭時裝製造商、零售商以及經銷商的聚集地，其中大部分都是仿冒國際品牌或以國際品牌為靈感的產品。在1990到2000年代的鼎盛時期，東大門的三十一棟大樓裡共有三萬間零售商店，並享有一套獨創、高效率的系統。製成的成品由零售商在一樓販售；批發商則占據二樓和三樓；四樓是工廠；布料和配件則可以在五樓購買。這代表從最初的設計到產品經銷的所有流程都可以在最多三天內完成。因此，如果你在雜誌上看到了新的潮流單品，隔天就能在東大門找到類似的產品。這個出色的制度吸引了許多年輕人來到東大門，他們可以在這裡享用美食、購物，還可以在戶外舞臺觀賞現場演出。

2000年代末，網路購物開始流行。人們不再光顧實體的東大門市場零售商店，而是從Liphop和Aboki等年輕的線上零售商購買東大門製造的時尚產品，如此一來，人們無需穿梭在東大門的大街小巷中瀏覽數之不盡的商品，而是在線上就能找到精選的時尚商品。街頭時尚市場的新爆發帶來了進一步的變化：韓國設計師不再是模仿國外品牌的無名東大門設計師，而是建立了自己的獨特品牌，為韓國時尚帶來了新浪潮。

2019年秋冬首爾時裝週期間，出現在東大門設計廣場的街頭風格。

Aland、Musinsa以及W Concept等時尚平臺鼓勵年輕的設計師，幫助他們處理經銷、行銷業務，有時還會進行生產。現在，他們在自己的網站和概念店中展示年輕的韓國品牌，並與著名的造型師、時尚名人以及社群網路意見領袖合作。

今日的街頭風格（文：呂寅海）

札哈‧哈蒂設計的首爾東大門設計廣場（Dongdaemun Design Plaza, DDP）充滿未來感，為精心打扮的南韓年輕人提供了完美的背景。在首爾時裝週期間蜂擁而來拍照的人群已成為韓國街頭風格的代言人。他們的自信反映了韓國作為世界上科技最先進、數位化最發達的國家聲譽，有些造型讓人聯想到韓國流行音樂團體音樂錄影帶中的潮流時尚。但這些色彩繽紛的流行音樂風格只能算是韓國街頭風格時尚的入門課。

那麼，何謂韓國街頭風格，又該到哪些地方一窺究竟呢？作為較晚跟上這股國際潮流的國家，韓國如今將歐美時尚與韓國品牌混合在一起。高端奢華往往與高街風格結合，由無性別時尚引領潮流，運動鞋和T恤是衣櫃裡的重要單品。首爾被漢江一分為二：北邊是保留著傳統宮殿的老城區；南邊則是高樓林立的現代化都市。南邊和北邊的兩個社區各以其街頭風格場景以及各種品牌的精品旗艦店聞名，成為年輕時尚族群的重要據點。在漢江以南，新富階級居住在江南區的狎鷗亭洞和清潭洞（正如PSY在〈Gangnam Style〉中塑造的經典形象）。在漢江以北，包含藝術大學校園在內的廣泛弘大區擁有活躍的地下音樂文化，像是代表韓國年輕人活力的夜店。

Boon the Shop和Worksout皆為具有許多品牌的精品店，在這些社區中占有一席之地。這兩間商店都販售許多年輕人的街頭時尚品牌。Boon the Shop是韓國第一間多品牌的精品店，由零售集團新世界百貨（Shinsegae Department Store）於2000年在清潭洞設立，並擁有名為Case Study的街

頭風格採購團隊。憑藉其靈活的採購模式以及善於尋找吸引年輕人的獨特、非傳統商品的技巧，Case Study為Boon the Shop的多間分店供應商品。正如Case Study的資深採購亞倫・成（Aaron Seong）所說：「東大門設計廣場的風格場景並不完全代表韓國整體的時尚能量，而是年輕人用來表達個人風格的工具之一。你可以把它想像成一扇開啟你對首爾好奇心的窗戶。」

運動鞋是推動經銷業務的主要動力：運動鞋在商業上銷量很好，也是吸引顧客到店消費的重要因素。亞倫・成回憶起2004年清潭洞精品旗艦店首次宣布販售肯伊・威斯特（Kanye West）與Adidas聯名的Yeezy Boost系列：「從前一晚就在商店外排隊的年輕運動鞋狂熱者衝進店裡，當場還有人跌倒、摔壞東西。年輕人的能量與興奮之情令人驚訝！我們當下就知道這將成為主流。」就這樣，Case Study逐漸成為運動鞋經銷的主要管道，後來更加入精心挑選的設計師系列單品。

Worksout 是由姜承赫（Kang Seunghyuk）創立的多品牌精品店，在狎鷗亭洞和弘大各有一間旗艦店。姜承赫注意到歐洲人如何被旗艦店所吸引，因此他希望讓首爾成為國際品牌的匯聚地。2005年，他在狎鷗亭洞開設了第一間Worksout精品店，販售包含Stüssy在內的街頭風格品牌。現在，店內包含了Carhartt、Obey以及Brixton等各種品牌的系列商品，並著重在策劃具有街頭風格的造型。Worksout也會舉辦特別活動、派對以及發布會，主要是與街頭服飾品牌合作。「品牌來找我們合作，是因為雙方合作會帶來加乘的效果，我們喜歡與充滿活力的街頭風格品牌合作。」姜承赫說。姜承赫還是高中生時，就跟朋友一起在網路上轉售Nike和Adidas運動鞋來展開他的事業，他指出：「運動鞋市場現在已經變得非常龐大。儘管每週發布三次以上的新品，我們仍然可以看到人們在商店開門前在外頭徹夜排隊。」Worksout也投資支持韓國設計師：「MSCHF（讀作『Mischief』）和Thisisneverthat是我們

2021年多品牌精品店Boon the Shop的YK Jeong x Levi's pop-up快閃店內部擺設。採購團隊Case Study挑選並策劃一系列商品，吸引具時尚敏銳度的受眾。

2021年Nike的On Air比賽獲勝者申光（Shin Gwang）所設計的運動鞋「霓虹首爾97」（Neon Seoul 97）。這雙鞋以Nike的Air Max 97為藍本，靈感來自他家鄉隨處可見的霓虹招牌。

韓國品牌Kanghyuk在2017年首次推出的系列作品中使用回收的汽車安全氣囊製作這套服裝。

合作的品牌，它們擁有實實在在的追隨者。我們也喜歡與新手合作，讓更多人因為我們而認識這些品牌。」

「韓國存在一種複製文化，」姜承赫補充道，「潮流傳播得很快，因為資訊分享的速度很快。這樣一來，各式各樣的造型都可以成為一種風格！」在江南，人們關注品牌與有影響力的人物，但也熱衷於用自己的方式表達時尚，在追隨潮流的同時，讓自己的風格更有個性、與眾不同：「獨家、稀有和獨特的單品在我們店裡非常受歡迎，但關鍵是要打造出看起來很自然、屬於你自己的風格。我們的顧客都很大膽，不吝於透過時尚來表達自己。」亞倫・成表示同意：「韓國人喜歡嘗試自己的風格，他們也確實擁有自己的風格。他們吸收流行趨勢的速度非常快，也知道如何讓這些趨勢隨著自己的身材和生活方式而調整。」姜承赫強調，由於韓國人喜歡發掘新的潮流趨勢，像Boon the Shop和Worksout這種多品牌的選物店對他們來說非常重要，因為這些店能讓他們認識創新、不尋常的品牌與設計師。但這些精品店也必須與國際商店競爭，因此必須迅速行動以確保他們備有這些系列商品。

運動鞋品牌一直積極與奢侈品牌、知名設計師以及新銳設計師合作，這種趨勢為多品牌精品店吸引了不同的族群。對亞倫・成來說，運動鞋品牌的聯名風潮對Case Study的時尚採購有所助益，同時也是讓新顧客認識時裝系列的一種方式。「我們很幸運，因為我們可以透過Boon the Shop 的聯名運動鞋系列來讓更多人認識設計師的原創系列作品。像是Asics x Kiko Kostadinov、Kanghyuk x Reebok以及JW Anderson x Converse都引發了熱潮，讓許多人不僅關注聯名運動鞋本身，也對設計師的時裝系列產生興趣。」Boon the Shop經常將所有商品放在一個視覺展示空間中，而不是將鞋類限制在運動鞋專櫃；這種陳列方式確保了聯名運動鞋成為時髦韓國年輕人的靈感來源和渴望。

愈來愈多的顧客不再只是單純地追隨聯名的時尚潮流，而是著重於尋找符合自己風格的產品。與此同時，亞倫・成在2014年Yeezy Boost發布時初次見到的景象仍延續至今，在這些精品旗艦店前大排長龍、等待特定聯名款式開賣的情況並不罕見。

漢江以北的地區包含弘大、東大門市場、大學校園、延南洞的奇特咖啡館與時髦餐廳，以及前美軍基地所在地的梨泰院。姜承赫大部分時間都在弘大，不是在辦公室，就是在比狎鷗亭店面還要大的第二間Worksout精品店。「弘大地區的流動人口是江南的十倍以上。這裡令人興奮，具有獨特的能量。這個區域充滿活力，夜店文化和街頭藝人表演非常發達。」與江南相比，這裡的時尚風格更多元、更具實驗性，由色彩繽紛、大膽的風格混合而成。不同的人口結構和更活躍的環境意味著弘大的Worksout的商品陳列與較小的姊妹店不同，正如姜承赫所解釋：「顧客更年輕，他們需要多樣化的商品組合。他們喜歡探索並發掘新的商品、品牌以及風格。」對於嘻哈歌手來說，時尚在自我表達中扮演了重要的角色，對街頭風格的發展十分重要。許多嘻哈音樂人都得到時尚和生活品牌的支持，他們的風格吸引了欣賞這些藝術家酷炫、前衛形象的小眾觀眾。

維吉爾‧阿布洛身穿印有韓國國旗的連帽衫，與肯伊‧威斯特一起欣賞2013年柏林賓士時裝週（Mercedes-Benz fashion week）的「Hood By Air」走秀。

「如果說G-Dragon和（來自BLACKPINK的）Jennie引領了主流趨勢，那麼嘻哈歌手Mino、BewhY、SimonDominic（即SsamD）、Beenzino、吳赫（OhHyuk）以及AKMU的創作型歌手李燦赫（LeeChan-hyuk）則以他們更多元、更獨特的時尚風格與哲學引領了街頭風格。」亞倫說。嘻哈歌手具有一定的優勢：他們因為音樂作品而成為偶像，他們的時尚風格也吸引了大批追隨者。其中一些藝人也開始創立自己的品牌，像是Case Study近期與燦赫的品牌Say Touché在Boon the Shop的精品旗艦店開設了快閃店；而其他藝人則與Dadaism Club、Darkr8m以及IAB Studio等更小眾的本地品牌合作。同時，大受歡迎的音樂選秀節目《Show me the Money》和《高等Rapper》（High School Rapper）也讓年輕的嘻哈音樂人有機會展示他們的時尚風格。

亞倫‧成和他的團隊一直在觀察嘻哈音樂人的影響力以及幾位藝人的個人風格如何演變為街頭風格的重要趨勢：身為ALYX品牌的忠實粉絲，BewhY穿著緊身牛仔褲和合身款式，並在清潭洞的Boon the Shop旗艦店購買許多造型服飾，而Ssam D則喜歡混搭Bottega Veneta和Prada品牌。「我們稱這種混搭風格為『高端街頭時尚』，並注意到這種風格如何以不同方式吸引三十或四十多歲的族群以及MZ世代（千禧世

代和Z世代），」他說，「年輕一代會毫不猶豫地投資在他們喜歡和追隨的人物所代表的品牌價值上。基本上，這個市場正持續擴大。」1990年代經典的嘻哈風格和寬鬆T恤已經不再流行；現今的時尚潮流是透過混搭時髦設計師的造型，再依據自己獨特的心情和風格加以點綴，創造屬於自己的時尚。

時尚潮流往往從娛樂圈名人開始，然後轉向擁有大量追隨者的社群媒體名人，接著大規模傳播。饒舌歌手兼製作人朴載範在YouTube熱門嘻哈頻道Dingo Freestyle的影片中，穿著一雙黃色的Air Jordan 5 Retro 'Fab Five' 運動鞋，他在影片中表演了九首歌的組曲。朴載範在影片中提到這是他最貴的一雙鞋，而且是他第一次穿。（據推測，這正是報導中提到以兩萬美元售出的那雙鞋。）他在2019年也曾穿著「霓虹首爾」（Neon Seoul）Nike 鞋演出，這是時尚品牌與韓國設計師申光（Shin Gwang）合作推出的產品。

可以肯定的是，韓國設計師正在崛起。以前的小眾韓國品牌如Kanghyuk現在透過洛杉磯的多品牌精品店Ssense和H.Lorenzo以及首爾的Boon the Shop、Space Mue和10 Corso Como銷售，品牌規模正不斷擴大。Kanghyuk的共同創辦人、韓國設計師崔姜赫（Kanghyuk Choi）畢業於倫敦皇家藝術學院（Royal College of Art），他的品牌故事十分有趣，是以升級再造為基礎：他利用回收的汽車安全氣囊製作男裝。這種搭配紅、藍色線條的獨特材質成為品牌的代表性設計，後續更發展為新的金字塔圖案布料，用於製作襯衫、外套和騎士外套。Kanghyuk曾在韓國的裝置藝術中展示其作品，並在藝廊的展覽中講述作品背後的故事。Boon the Shop從一開始就販售這個品牌，吸引了忠實的小眾追隨者，包含音樂圈藝人。然而，在Kanghyuk上市後不久，與Reebok聯名的運動鞋再次讓品牌聲名大噪。

那首爾街頭的經典時尚風格是什麼？基本上就是黑色。「韓國人非常喜歡黑色，」姜承赫解釋道，「在採購時，我們總是優先選擇黑色的造型。二十年來一直是如此。並不是所有的黑色單品都長得一樣，細節才是最重要的，而且黑色能讓你自由地搭配不同的風格。」因此，山本耀司、Comme des Garçons、Rick Owens以及Ann Demeulemeester等品牌的前衛時裝大受歡迎，這些品牌都在首爾設有精品旗艦店，其中有些還是全球最大的旗艦店。亞倫・成表示同意：「（韓國人）擅長以精緻的方式打造黑色造型。當然，有些人喜歡大膽繁複的風格。他們知道如何根據不同的場合搭配不同的風格，對於顏色的協調也很有一套。」個人風格和個性是最重要的。

新趨勢的傳播範圍極為廣泛，韓國市場理解、吸收新趨勢並改變方向的速度之快令人難以置信。目前正在崛起的趨勢是南韓國旗太極旗，中央紅色與藍色的「太極」（二元性的象徵）被黑色的四掛所環繞，是一眼就能認出的設計元素。維吉爾・阿布洛（Virgil Abloh）在Boon the Shop展示Off-White的裝置時，表示韓國國旗是他最喜歡的旗幟，而在他的2019至2020年秋冬路易威登（Louis Vuitton）系列中，這面旗幟也出現在許多造型之中。其他品牌也利用這個圖像：「Nike曾推出一款帶有韓國國旗設計的Dunk鞋，推出後立刻售罄。這是南韓限定的稀有商品，因此轉售價值極高。」亞倫解釋道。看到這次的成功案例，Case Study決定推出以太極旗為主題的獨家聯名系列商品，並將於2022年3月1日推出（這一天是韓國的國定假日，為紀念三一獨立運動）。

隨著MZ世代日益精通科技、具備更豐富的知識，目前的新趨勢是透過精心打造自己的風格來改革時裝，例如在牛仔褲上塗鴉或繪製圖案。毫無疑問的是，伴隨極快的速度和巨大的能量，韓國街頭風格的發展才正要開始！

韓國流行音樂風格

呂寅海訪問池恩

2021年記錄池恩工作過程的工作室影像。

　　自從池恩（現任THEBLACKLABEL視覺總監）在YG娛樂公司為藝人設計造型以來，已經過了二十年。當時沒有人意識到紀錄韓國流行音樂發展歷程的重要性，更遑論其時尚風格了。直到幾年前，YG娛樂才建立了一個服裝資料庫，也就是現在的「YG衣櫥」（YG Wardrobe）。池恩向我展示了一些精選服裝，並告訴我這個資料庫的演變過程：「YG衣櫥的服飾清單非常龐大。這個資料庫包含了藝人和伴舞在所有計畫中穿過的造型，雖然有些造型已經不再流行，但仍有照片留作紀錄。我取回了一些衣服，包含我花了五年多的時間才蒐集到的Comme des Garçons x Rolling Stones系列。我希望能讓Big Bang的五位成員一起穿上這個系列，拍攝〈We Like 2 Party〉（2015）的音樂錄影帶，我們玩得非常開心！在影片中，儘管他們穿著印有CDG x Rolling Stones標誌和設計圖樣的緊身褲、T恤、法蘭絨襯衫和夾克的畫面只有短短幾秒鐘，但對我們來說卻是重要的時刻。再次看到這些衣服，我的心情仍然激動不已。」

　　池恩拿起幾件衣服，包含印有著名舌頭和嘴唇標誌的外套和襯衫。她向YG衣櫥申請了這些造型服飾，剛剛才收到。藝人和公司各為這些服飾支付一半的費用，如果藝人願意支付另一半的費用，他們就可以擁有這些服飾。「我也拿回了為Big Bang的〈Bang Bang Bang〉音樂錄影帶而從倫敦古著店購買並親手彩繪的騎士外套。我聽說G-Dragon也申請了一些過去穿過的服飾，並將它們納入自己的私人收藏。我們已經約好之後要見面，一起欣賞這些收藏。這對我們來說是個懷舊的時刻。」

　　「衣櫥裡許多造型都只穿過一次，」池恩解釋道，「但公司認同它們的價值，也願意投資，因為這些服飾形塑了藝人的形象。我們與品牌的關係完全建立在『時尚』的基礎上，這正是最讓我感到興奮的地方，因為無論是陰柔、男孩風、古怪還是幽默風格，我都必須對當前的潮流和未來的流行趨勢保持一定的敏銳度。我的角色是媒人，負責遊說品牌、藝人以及公司。我不斷紀錄著只有我能捕捉的小細節。」

　　池恩在YG娛樂的職業生涯要從男子團體1TYM說起。團體的四位成員中包含了朴洪俊（Teddy Park），他現在是THEBLACKLABEL的執行長兼YG娛樂的執行製作人，負責製作BLACKPINK等多位藝人的專輯。「我當時是大學時裝設計系的學生，」池恩回憶道，「我幫1TYM為嘻哈雜誌《Bounce》做造型，當時那本雜誌是由YG出版並免費供大眾索取。後來我繼續為1TYM的專輯《One Way》（2005）打理造

2021年BLACKPINK的Lisa在音樂錄影帶〈Lalisa〉中穿著代表性的 Paco Rabanne 亮片裙造型。

2021年池恩為藝人全昭彌設計的 Vivienne Westwood 裙子與緊身上衣造型。

型,並認識了一些尚未在韓國發行的國際品牌,例如Chrome Hearts。1TYM的成員在他們的首支音樂錄影帶中穿著Chrome Hearts的全套造型!那是我第一次有機會接觸到國際時尚潮流和品牌。我們都熱愛時尚,彼此的討論十分熱烈。這次的經驗讓我眼界大開,我開始發現自己喜歡不同的設計師系列作品,因此那時我開始蒐集時裝。」

在BLACKPINK的Lisa所發行的新單曲〈Lalisa〉(2021)的音樂錄影帶中,池恩透過拍賣會購得了Paco Rabanne在2021年春夏系列中引人注目的金色亮片裙和頭飾。在同一支音樂錄影帶中,Lisa也穿上了六套來自尚-保羅・高緹耶(Jean Paul Gaultier)早期系列的造型:「我看到全球的流行歌手都在創造自己的風格,靈感來自全球流行的電影《獨領風騷》(Clueless)中的高中女生造型,這讓我想要呈現一些與眾不同的風格。關鍵在於我能夠取得哪些系列作品並將它們搭配在一起。能夠與尚-保羅・高緹耶的團隊合作真是太棒了!我們與設計師本人合作,他提供我們完整的資料庫,並從多年的系列作品中精心挑選出我們最喜愛的造型。我們也為新進藝人全昭彌穿上高緹耶的透視網紗造型,另外我也貢獻了自己收藏的單品,像是Vivienne Westwood的復古格紋緊身上衣和百褶裙。」

池恩現在面臨的挑戰是尋找不同的造型。「我看中了Anna Sui的甜美女孩復古造型,或是我在2020年於英國V&A博物館展覽上看到的瑪莉・官(Mary Quant)可愛花朵圖案。我在倫敦的古著店Rellik找到了一件Anna Sui的緊身衣,甚至還聯絡了Anna Sui的團隊,但令人失望的是,他們沒有建立服裝資料庫,也沒有保留復古系列作品。」

對於在舞臺上向數萬觀眾表演的音樂人而言,時尚在他們的職業生涯中扮演了重要的角色。娛樂公司從藝人年輕時就開始培訓他們,而培訓內容通常涉及時尚。身為公司內部總監,池恩的優勢在於從早期階段就能參與藝人的造型設計:「在決定一位藝人適合熱褲或是裙子之前,我會著重在將自己的時尚品味融入樂團風格,並放大樂團的音樂特色。我從經驗中學到,及早為年輕的練習生設計造型是成功的關鍵。我們會討論很多面向,從什麼長度的襪子能讓他們的身形在舞臺上更突出,到他們應該在哪裡紋上第一個紋身,作為他們時尚風格中充滿視覺吸引力的元素。」

池恩為 G-Dragon 設計的全身紅色造型，以搭配其2017年 M.O.T.T.E. 世界巡迴演唱會場景。

　　即使藝人正處於事業的巔峰，並在音樂和時尚領域都獲得肯定，他們也時時在檢視自己並試圖保持領先。在舞臺上（也就是他們的主場），所有的細節都很重要。正如池恩所解釋：「一旦藝人展開巡迴演出，他們就會調整好自己的思維與態度，以一絲不苟的方式來呈現他們的作品。在2017年 G-Dragon 的個人專輯《M.O.T.T.E.》世界巡迴演唱會前，我們已經和全球導演合作展開編舞、製作以及布景設計，以創造不同的體驗。我們一致認為 G-Dragon 的個人巡迴演唱會舞臺應該以紅色為主題，因此我希望創造出一系列不同的紅色造型，像是蕾絲、皮革以及運動褲。我們甚至也為伴舞者也穿上了紅色服裝。其中包含了香奈兒的紅色斜紋軟呢大衣以及德姆納·格瓦薩里亞（Demna Gvasalia）為巴黎世家（Balenciaga）設計的第一套紅色天鵝絨西裝。

香奈兒的斜紋軟呢造型是G-Dragon的經典造型。「重點始終是創造出藝人在任何時間、任何地點都能感到自在的造型，即使是外出到附近的便利超商買東西也一樣。為了讓我們可以自由設計造型，G-Dragon和我同意購買這些單品，而不是直接與品牌合作。這讓G-Dragon能夠證明自己創造個人時尚文化的能力。」

「我們與香奈兒的關係是自然發展的，」池恩補充道，「我們與巴黎總部工作室的團隊展開合作。我們定期見面，大約一年兩到四次，因而建立了真誠且親密的合作關係。卡爾·拉格斐真的很酷，他也很歡迎我們參加其他設計師的走秀。他也對藝人自己的風格和想法抱持開放的態度。我們在為《Vogue》韓國版拍攝封面時，有一刻我突然意識到，無論G-Dragon穿著什麼樣的風格，卡爾都能完美地控制他想要捕捉的畫面。這令人印象深刻。」據說，G-Dragon還在巴黎旗艦店為他的團隊購買了禮物，而且沒有使用折扣。

對池恩來說，關鍵不只是與國際品牌合作，而是要找到將韓國精髓帶入當代世界的方法。「與韓國設計師合作也很有趣。在G-Dragon的音樂錄影〈Crooked〉(2013)中，我們找來了設計師徐惠仁(Hyein Seo)的寬版黑色人造皮草大衣。當時惠仁在安特衛普(Antwerp)學習時裝設計，她親自帶著大衣飛來找我們。後來，我們將她介紹給香港的IT和英國的Browns等多品牌精品店，由於那件大衣的需求量龐大，這些精品店也開始引進她的系列服飾！」

我們很難確切描述藝人的文化價值，這通常與他們的穿著有關G-Dragon的風格因其高檔和概念化的特質而吸引全球，而BLACKPINK的Jennie則以真實而親民的形象展現出平易近人的風格。她的時尚風格受到當今年輕女孩的喜愛，也與她們的生活息息相關。池恩全心投入BLACKPINK的〈Ddu-Du Ddu-Du〉(2018)音樂錄影帶設計時，她的目標是創造一個平臺，讓女孩們能充分展現她們的潛能。「看著四位女孩穿著像是Vivienne Westwood的全套復古服裝等華麗的造型，坐在椅子上跳起舞來，讓人內心澎湃！我在影片的場景中加入了許多我喜愛的物品，過程非常有趣。」

在我訪問池恩時，Jennie剛成為香奈兒滑雪服飾系列Coco Neige的代言人，此外她還是香奈兒的全球品牌大使。(BLACKPINK的其他成員也是時尚品牌的全球形象大使：Jisoo為ChristianDior代言，Rosé為SaintLaurent代言，Lisa為Celine代言；除了Celine沒有美妝系列外，其他成員都同時為時裝和美妝系列代言。) 2021年，BLACKPINK正式成為YouTube訂閱人數最多的藝人[1]，這也證明了奢侈品牌嘗試透過韓國流行音樂來接觸其粉絲（大多來自MZ世代）是成功的策略：儘管傳統上時尚影片的觀看次數並不令人滿意，但這些品牌發現與BLACKPINK共同製作的影片卻很快地在YouTube頻道上累積了很高的觀看次數。

池恩珍視她在二十多年來與藝人合作的所有作品，但她也有一些特別重要的回憶：「我最

G-Dragon身穿池恩為其2013年〈Crooked〉音樂錄影帶挑選的徐惠仁長皮草外套。

喜歡的舞臺時刻是2014年的亞洲音樂大獎，當時太陽與G-Dragon赤裸上身表演。我們真的在表演風格上花了很多心思，雖然上身什麼都不穿似乎讓工作變得很輕鬆，但這是我們做過最艱難的決定之一，而且確實得到了回報。在臺下，看著Mino在2019年身穿維吉爾・阿布洛設計的服飾在路易威登的伸展臺上走秀，讓我意識到對於一個在臺上為數萬人表演的藝人來說，走秀根本不算什麼。他走得漂亮而自信，讓我們感到驕傲！」

「在舞臺上，藝人會展現出他們最好的一面，爆發出一股能量和興奮之情。我的角色是專注於細節，讓藝人自然而然地呈現出自己的時尚風格。我的工作包山包海，像是他們的內衣、外套上的小胸針或是布料的選擇。對我來說，重要的是這不僅僅是例行公事，而是我們團隊樂在其中的任務。這涉及許多溝通過程，我很幸運能以公司造型總監的身分與藝人密切合作。」那麼池恩的下一步是什麼？「我計畫和G-Dragon一起去巴黎參加香奈兒的活動，他們的討論圍繞在一個重要的主題：什麼是永恆的時尚？」

2021年9月

Mino在巴黎為維吉爾·阿布洛的Louis Vuitton2020年春夏系列擔任模特兒。

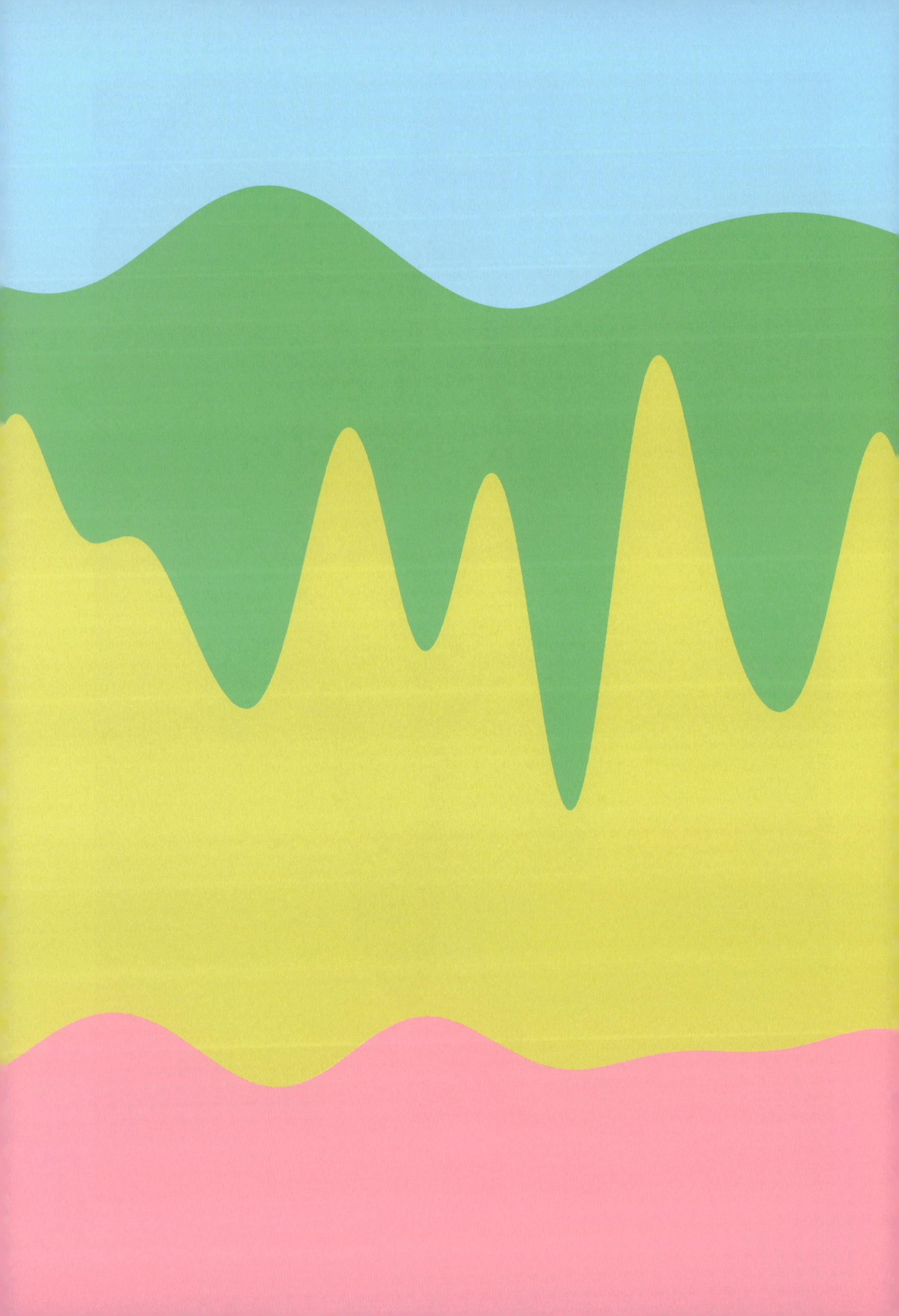

注釋

前言：韓流崛起

1. Euny Hong, *The Birth of the Korean Cool* (London and New York 2014), p.4
2. 本書與展覽只探討了韓流的表演層面。韓國在飲食、建築等領域也有重大的進展，可惜不在本書的討論範圍之內。
3. 'Gangnam Style music video "broke" YouTube view limit', *BBC News*, 4 December 2014, bbc.co.uk/news/world-asia-30288542(accessed 18 January 2022)
4. Perry Lam, 'Gangnam Style: loved by America for all wrong reasons', *South China Morning Post*, 29 October 2012, scmp.com/news/hong-kong/article/1071888/gangnam-style-loved-america-all-wrong- reasons (accessed 18 January 2022)
5. Jason Anderson，多倫多《*The Grid*》藝術作家兼影評人，引自Armina Ligaya, 'What's the secret to Gangnam Style's success?', CBC News, 28 November 2012, cbc.ca/news/entertainment/ what-s-the-secret-to-gangnam-style-s-success-1.1170828 (accessed 18 January 2022)
6. HyunA，在 PSY 音樂錄影帶中飾演他戀人的 Wonder Girls 前成員，引自 Caitlin Kelly, 'Songs that defined the decade: Psy's "Gangnam Style"', *Billboard*, 21 November 2019, billboard.com/music/music-news/psy-gangnam-style-songs-that-defined-the-decade-8544218 (accessed 18 January 2022)
7. Chang Kyung-Sup, *South Korea under Compressed Modernity*: Familial Political Economy in Transition (Abingdon and New York 2014), pp. 5–13
8. 北韓的朝鮮人民軍（Korean People's Army, KPA）在中國人民志願軍（Chinese People's Volunteer Army, PVA）以及蘇聯的支持下入侵南韓（南韓則得到大韓民國軍隊［Republic of Korea's Army, ROKA］和聯合國盟軍指揮部的支持），希望能以共產主義統一朝鮮半島。
9. 2021年12月13日，南韓總統文在寅宣布南韓、北韓、中國以及美國「原則上」已達成協議，正式結束韓戰。但討論尚未展開，因為北韓表示只有在美國結束對北韓的敵對政策後才會參與討論。參見 Justin McCurry, 'North and South Korean agree "in principle" on formal end of war', *The Guardian*, 13 December 2021.
10. 這個詞經常用來指涉藍調、倫巴、探戈以及爵士樂等。西方音樂早在十九世紀末就以宗教音樂或軍事進行曲的形式傳入朝鮮半島，參見Michael Fuhr, *Globalization and Popular Music in South Korea: Sounding out Pop Music* (New York 2015), pp. 39–40.
11. 「Teuroteu」（韓國演歌）一詞源自於「foxtrot」（狐步舞），但兩者風格毫無相似之處。這種音樂類型在1920年代被稱為「yuhaeng changga」（流行歌曲），直到1950年代才改稱為「teuroteu」（韓國演歌）。
12. Cho Junhyoung, 'Brief history of Korean cinema' in Sangjoon Lee, *Rediscovering Korean Cinema* (Ann Arbor, MI 2019), pp. 34–9
13. Kyung Moon Hwang, *A History of Korea* (Basingstoke 2010), pp. 180–2
14. Dean Chan, 'Locating play: the situated localities of portable and online gaming in East Asia' in John A. Lent and Lorna Fitzsimmons (eds), *Asian Popular Culture Now: New, Hybrid and Alternative Media* (Lanham, MD 2013), p. 18
15. Liesl Bradner, 'When Marilyn Monroe interrupted her honeymoon to go to Korea', *HistoryNet*, Winter 2020, historynet.com/when-marilyn-monroe-interrupted-her-honeymoon-to-go-to-korea.htm (accessed 18 January 2022)
16. Al Ricketts, '"Satchmo" swings at Walker-Hill Resort Opening', *Stars and Stripes*, 10 April 1963,75.stripes.com/index.php/archives/satchmo-swings-walker-hill-resort-opening (accessed 18 January 2022)
17. Jessica Prois, 'For the original K-pop stars, survival depended on making it in America', *History*, 18 March 2021, history.com/news/k- pop-origins-korean-war-kim-sisters (accessed 18 January 2022)
18. Cho（引用自注釋12）, p. 41
19. 'Which was the first color cinemascope film in Korea?', *Korean Film Archive,* eng.koreafilm.or.kr/kmdb/trivia/funfacts/BC_0000005062 (accessed 21 February 2022)
20. Cho（引用自注釋12）, p. 44
21. Kwan S. Kim, *The Korean Miracle (1962–1980) Revisited*: Myths and Realities in Strategy and Development (Notre Dame, IN 1992), p. 1
22. Hwang（引用自注釋13）, pp. 225–34
23. 根據1950年從日本引入的類似法律。
24. 'Five major problems with the statue of Admiral Yi Sun-sin in Gwanghwamun', 15 November 2010, hani.co.kr/arti/society/society_general/448754.html (accessed 13 June 2022)
25. 值得注意的是，文化部後來與公共資訊部合併，1968年成立了文化與公共資訊部。

26. Kim Chang Nam, *Hanguk Daejungmunhwasa* [History of Korean Popular Culture] (Paju 2021), pp. 199–201

27. 自1964年起，城市已經出現全天候供電。參見 Hwang（引自注釋13），p. 231.

28. Andrei Lankov, 'Korea's TV Age Began with KBS in 1962', *Korea Times*, 17 January 2010, koreatimes.co.kr/www/news/nation/2010/01/113_59194.html(accessed 18 January 2022).1960年代初期，電視大多是進口產品。

29. 第一家電視臺HLKZ-TV（屬於美國的電視製造商）於1956年成立，但由於當時電視機稀少且廣播時段和覆蓋區域有限，並沒有帶來長久的影響。1959年，一場大火摧毀了電視臺，導致廣播服務終止。

30. Kim（引自注釋26），pp. 160–9

31. 'K-drama: a new TV genre with gobal appeal', *Korean Culture*, No. 3 (Seoul: Korean Culture Information Service 2011), p. 60, google.co.uk/books/edition/K_Drama/hhhqBgAAQBAJ? hl=en (accessed 13 June 2022)

32. 「１９７０年代，《小姐》（*Missi*）和《旅程》（*Journey*）播出時，堪稱是萬人空巷。」The Kyunghyang Shinmun, 15 August 2010, khan.co.kr/article/201008152123185 (accessed 4 March 2022)

33. Luis Suarez-Villa and Pyo-Hwan Han, 'International trends in electronics manufacturing and the strategy of industrialization', *Economic Geography*, Vol. 66, No. 3 (July 1990), pp. 273–92 (p. 274)

34. Dr Kim S. Ran. 'The Korean system of innovation and the semi- conductor industry: a governance perspective, 1996', oecd.org/ korea/2098646.pdf (accessed 4 March 2022), pp. 17–33

35. Donald N. Clark, 'U.S. role in Kwangju and beyond', 29 August 1996, latimes.com/archives/la-xpm-1996-08-29-me-38742-story.html (accessed 4 March 2022)

36. Kim（引自注釋26），pp. 259–71

37. 全斗煥政權重新啟動了韓國申辦奧運的計畫，此計畫最初是由朴正熙發起，但在他遇刺後遭到擱置。最終，1988年的夏季奧運會因為首次由先前被視為「第三世界」的國家舉辦而備受矚目。

38. Kim（引自注釋26），pp. 264–8

39. Cho（引自注釋12），p. 53

40. Yoon Min-sik, 'Cho Yong-pil, king of Korean pop music', *Korea Herald,* 18 May 2018, koreaherald.com/view.php? ud=20180518000580 (accessed 18 January 2022)

41. Park Kyung Ae, 'Women and development: the case of South Korea', *Comparative Politics*, Vol. 25, No. 2 (January 1993), p. 132

42. Darcy Paquet. *New Korean Cinema: Breaking the Waves* (New York 2009), p. 34

43. 如Lee Sang M.的解釋，'South Korea: from the Land of morning calm to ICT hotbed', *Academy of Management Executive*, Vol. 17, No. 2 (May 2003). , pp. 7–18

44. *The Wall Street Journal*，引自同上，p.8.

45. Kiwon Hong, 'Nation branding of Korea' in Hye-Kyung Lee and Lorraine Lim (eds), *Cultural Policies in East Asia* (London 2014), p. 74

韓國文化與軟實力

1. Jung Joori and Lee Hana, 'No. of hallyu fans worldwide hits 100M mile- stone: report', *Korea.com*, 15 January 2021, korea.net/NewsFocus/Cul- ture/view? articleId=193943&fbclid=IwAR3ZGhi4viPJ5f-W8FFHxsb_AE_ 3FbhhUqlm2K3ifVbg25skjhucc1l-cNbE8 (accessed 20 February 2022)

2. Park Ga-young, 'K-content industry sets another export record in 2020 at $11.92 billion', *Korea Herald*, 24 January 2022, koreaherald. com/view.php? ud=20220124000809 (accessed 20 February 2022)

3. Tamar Herman, 'SM Entertainment A&R Chris Lee Talks "Cultural Technology" and creating K-pop hits', *Billboard*, 8 May 2019, billboard. com/music/music-news/sm-entertainment-ar-chris-lee-talks-cultural- technology-creating-k-pop-hits-8526179/ (accessed 20 May 2022)

4. 「metaverse」（元宇宙）一詞首次出現在尼爾・史蒂文森（Neal Stephenson）1992年的科幻小說《潰雪》（*Snow Crash*）中。

5. 虛擬偶像自1990年代末就已經存在：參見Patrick St Michel, 'A brief history of virtual pop stars', *Pitchfork*, 15 July 2016, pitchfork. com/thepitch/1229-a-brief-history-of-virtual-pop-stars (accessed 22 February 2022)

6. Kim Byung-wuk 'Games exports outstrip K-pop 10 times over: report', 8 July 2020, koreaherald.com/view.php? ud=20200708000870 (accessed 19 May 2022)

韓流：軟實力與政治

1. Youna Kim, *The Korean Wave: Korean Media Go Global* (London 2013); Youna Kim, *The Soft Power of the Korean Wave: Parasite, BTS and Drama* (London

2. Youna Kim, 'The rising east Asian wave: Korean media go global' in Daya Thussu (ed.), *Media on the Move: Global Flow and Contra-Flow* (London 2007); Kim (2013, cited note 1); Kim (2021, cited note 1)

3. Kim（2007, 引自注釋2）

4. Yoon Min-sik, 'Hallyu's future: limitations and sustainability', *Korea Herald*, 14 August 2017

5. Youna Kim, *Women, Television and Everyday Life in Korea: Journeys of Hope* (London 2005)

6. Youna Kim, *Routledge Handbook of Korean Culture and Society* (London 2016)

7. Kim（2013, 引自注釋1）；Kim（2021, 引自注釋1）

8. 不具名的聯合國資深外交官，引自Pamela Falk, K-pop boy band "BTS" to give some buzz to staid United Nations', *CBS News*, 23 September 2018, cbsnews.com/news/k-pop-boyband-bts-beyond-the-scene-bangtan-boys-united-nations-general-assembly-generation-debate (accessed 31 January 2022)

9. Kim（2013, 引自注釋1）；Kim（2021, 引自注釋1）

10. Haeryun Kang, 'Parasite, Bong Joon-ho and the golden age of Korean cinema', *Washington Post*, 13 February 2020

11. Kim（2021, 引自注釋1）

12. Joseph Nye, *Soft Power: The Means to Success in World Politics* (New York 2004); Joseph Nye, *The Powers to Lead* (New York and Oxford 2008); Kim (2013, 引自注釋1); Youna Kim, *South Korean Popular Culture and North Korea* (London 2019); Kim (2021, 引自注釋1)

13. Joshua Kurlantzick, *Charm Offensive* (New Haven and London 2007)

14. Nye（2004, 引自注釋12）；Nye（2008, 引自注釋12）

15. Kim（2013, 引自注釋1）；Kim（2021, 引自注釋1）

16. Andrew Cooper, *Celebrity Diplomacy* (London 2016)

17. Kim (2007, cited note 2); Youna Kim, *Transnational Migration, Media and Identity of Asian Women: Diasporic Daughters* (London 2011)

18. Ross King, *Seoul: Memory, Reinvention and the Korean Wave* (Honolulu 2018)

19. Kim（2007, 引自注釋2）；Kim（2013, 引自注釋1）。最初，政府曾考慮提供韓國電影，但考慮到大量觀眾可能成為恐怖攻擊的目標，因而做出了調整。

20. Megan Boler and Elizabeth Davis, *Affective Politics of Digital Media* (New York 2021)

21. Kim（2013, 引自注釋1）；Kim（2021, 引自注釋1）

22. Roy Starrs, *Asian Nationalism in an Age of Globalization* (London 2013)

23. Jeff Kingston, *Nationalism in Asia* (Chichester and Hoboken 2016)

24. Beng Huat Chua, *Structure, Audience, and Soft Power* (Hong Kong 2012)

25. Mary Ainslie, Sarah Lipura and Joanna Lim, 'Understanding the hallyu backlash in Southeast Asia' *Kritika Kultura*, No. 28 (2017), pp. 63–91

26. Jeong Jae-seon, Lee Seul-hi and Lee Sang-gil, 'When Indonesians routinely consume Korean pop culture', *International Journal of Communication*, No. 11 (May 2017), p. 20; Park Jae-yoon and Lee Ann-gee, *The Rise of K-Dramas* (Jefferson, NC 2019)

27. Youna Kim, *Media Consumption and Everyday Life in Asia* (London 2008); Kim (2013, cited note 1); Kim (2021, cited note 1)

數位韓流：從電競到韓國流行音樂

1. Yoon Jeongwon, 'Korean digital government infrastructure building and implementation: capacity dimensions', in Tina George Karippacheril/Kim Soonhee, Robert P. Beschel Jr. and Choi Changyong (eds), *Bringing Government into the 21st Century: The Korean Digital Governance Experience* (Washington, DC 2016), p. 46

2. Lee Kwang-Suk, 'Interrogating digital Korea: mobile phone tracking and the spatial expansion of labour control', *Media International Australia,* No. 141 (2011), pp. 107–17; Dal Yong Jin, *Smartland Korea: Mobile Communication, Culture and Society* (Ann Arbor, MI 2017)

3. Dal Yong Jin, 'The digital Korean wave: local online gaming goes global', *Media International Australia*, No. 141 (2011), pp. 128–36; Lee (引自注釋2)

4. Ministry of Information and Communication, *Basic Plan for Advancing Broadband Infrastructure* (Seoul 2001)

5. Don Torrieri, *Principles of Spread-Spectrum Commu-*

nication Systems (New York 2018); Lee Gye-Pyung for LG Economic Research Institute, 'Smartphone, a new trend in the mobile phone market', 1998, lgeri.com/report/view.do? idx=3264 (accessed 4 March 2022)

6. 詳見Jin（引自注釋2）

7. Dal Yong Jin, 'Evolution of Korea's mobile technologies: from a historical approach,' *Mobile Media and Communication*, Vol. 6, No. 1 (2018), pp. 71–87

8. Stephen Temple, 'Vintage mobiles: LG Prada – first mobile with a capacitive touchscreen', History of GSM: Birth of the Mobile Revolution, 2007, gsmhistory.com/vintage-mobiles/#prada (accessed 31 January 2022)

9. Joyce Lee and Yang Heekyong, 'South Korea's LG becomes first major smartphone brand to withdraw from market', *Reuters*, 5 April 2021, reuters.com/article/us-lg-elec-smartphones-idUSKBN2BS032 (accessed 31 January 2022)

10. Joshua Ohsu Kwon, 'Korean webtoons go global with LINE', *Medium*, 6 March 2014, medium.com/the-headline/korean-webtoons-go-global-with-line-b82f3920580e (accessed 31 January 2022)

11. OECD, *OECD Economics Surveys Korea* (Paris 2020), p. 92

12. Stephen C. Rea, 'Chronotopes and social types in South Korean digital games', *Signs and Society*, Vol. 7, No. 1 (2019), p. 120

13. Dal Yong Jin, 'Historiography of Korean esports: perspectives on spectatorship', in Dal Yong Jin (ed.), *Global Esports: Transformation of Cultural Perceptions of Competitive Gaming* (London 2021), pp. 77–97

14. 同上。

15. 同上。

16. Korea Creative Content Agency, *An Analysis of the Contents Industry in the Latter Half of 2020 and the Year* (Naju 2021)

17. Dal Yong Jin and Kyong Yoon, 'The social mediascape of transnational Korean pop culture: Hallyu 2.0 as spreadable media practice', *New Media and Society*, Vol. 18, No. 7 (2016), pp. 1277–92

18. Courtney McLaren and Dal Yong Jin, ' "You Can't Help But Love Them" : BTS, transcultural fandom, and affective identities', *Korea Journal*, Vol. 60, No. 1 (2020), pp. 100–27

19. Julia Lee, 'K/DA, Riot Games' pop girl group, explained', Polygon, 5 November 2018, polygon.com/2018/11/5/18064726/league-of-legends-kda-pop-stars-video-akali-ahri-evelynn-kai-sa (accessed 31 January 2022)

20. Yoon So-Yeon, 'Virtual reality gets dose of reality as metaverse stocks drop', The JoongAng Daily, 28 July 2021, koreajoongangdaily.joins.com/2021/07/28/business/tech/metaverse-stock-market-fluctuation/20210728190600358.html (accessed 1 February 2022)

21. Tamar Herman, 'K-pop's virtual future: aespa, eternity, the rise of digital performers and the AI technology that allows stars to perform as avatars', *South China Morning Post*, 29 June 2021

22. Dal Yong Jin, *Artificial Intelligence in Cultural Production: Critical Perspectives on Digital Platforms* (London 2021)

韓劇、條漫與電影

1. Meichen Sun and Kai Khiun Liew, 'Analog hallyu: historicizing K-pop formations in China', *Global Media and China*, Vol. 4, No. 4 (December 2019), pp. 419–36, journals.sagepub.com/doi/full/10.1177/2059436419881915 (accessed 20 February 2022)

2. 'The "K" magic is taking over India: people find comfort in Korean dramas, music and food', *Economic Times of India*, 7 October 2021, economictimes.indiatimes.com/magazines/panache/the-k-magic-is-taking-over-india-people-find-comfort-in-korean-dramas-music-and-food/articleshow/86836620.cms? from=mdr (accessed 1 February 2022)

3. 參見Netflix全球非英語電視節目排行榜（2021年9月13日至9月19日以及後續排行）：top10.netflix.com/tv-non-english/2021-09-19 (accessed 20 February 2022).根據Netflix的統計，《魷魚遊戲》是史上收視率最高的非英語電視節目；參見Joan E. Solsman, 'Netflix's All of Us Are Dead Isn't the next Squid Game yet, but it's big', *C|Net*, 8 February 2022, cnet.com/tech/services-and-software/netflix-biggest-shows-and-movies-ranked-according-to-netflix (accessed 20 February 2022)

4. Netflix全球非英語電視節目排行榜（2022年1月24日至1月30日以及後續排行）：top10.netflix.com/tv-non-english/2022-01-30 (accessed 20 February 2022)

5. Lee Donghu, 'The 1990s' "mediatization" and the organization of the public', 2016, as men-

tioned in Kim Chang Nam, *Hanguk Daejungmunhwasa* [History of Korean Popular Culture] (Paju 2021), p. 301

6. 同上。

7. 這種製作模式指的是每一集劇集會在一週內完成劇本、拍攝以及製作，並根據觀眾對上週播出內容的反應進行調整。參見 Let's talk ethics: the live-shoot system', Seoulbeats, 21 March 2013, seoulbeats.com/2013/03/lets- talk-ethics-the-live-shoot-system (accessed 20 February 2022)

8. Youna Kim, 'Hallyu, Korean Wave Media Culture in a Digital Age', in Dal Yong Jin and Nojin Kwak (eds), *Communication, Digital Media, and Popular Culture in Korea* (Lanham, MD 2018), p. 425

9. 新儒家思想曾經被視為韓國現代化的障礙，如今卻促進了經濟發展，原因是觀眾認為這些傳統價值觀撫慰人心。

10. Koichi Iwabuchi, 'From western gaze to global gaze: Japanese cultural presence in Asia', in Diana Crane, Nobuku Kawashima and Kenichi Kawasaki (eds), *Global Culture: Media, Arts, Policy and Globalization* (London and New York 2002), p. 270

11. 'Use of Korean dramas to facilitate precision mental health understanding and discussion for Asian Americans', europepmc.org/article/med/33582752 (accessed 3 March 2020) and email exchanges with the V&A in July 2021.

12. 2015年左右韓國千禧世代流行的網路用語，意指他們在嚴峻的社會經濟條件下對未來不抱有任何期望。這個世代也被稱為「三拋」或「五拋」世代，指的是他們因生活成本過高而放棄談戀愛、結婚或生小孩，如今還加上放棄找到好工作和擁有自己的家：medium.com/revolutionaries/bts-hell-joseon-and-the-give-up-generations- fef9f2ba2377 (accessed 3 March 2022).

13. 這支統一隊並未獲得所有人的認同，同時也引發了性別歧視問題。

14. Youna Kim, *The Soft Power of the Korean Wave: Parasite, BTS and Drama* (London 2021), pp. 318–21

15. Cho Junhyoung, 'A brief history of Korean cinema' (2019) in Lee Sang-joon (ed.), *Rediscovering Korean Cinema* (Ann Arbor, MI 2019), p. 55

16. Darcy Paquet, *New Korean Cinema: Breaking the Waves* (New York 2009), pp. 110–12

17. Jean Noh, 'Korean international film sales up 43% during tough 2020', *Screen Daily*, 22 February 2021, screendaily.com/news/korean-international-film-sales-up-43-during-tough-2020/5157292.article (accessed 20 February 2022)

邁向《寄生上流》之路

1. 本文所有的票房統計數據皆來自韓國電影振興委員會。在韓國，通常會以觀影人次而非總票房收入作為票房表現的指標。2000年以前，由於首都以外地區的數據蒐集並不精確，票房數據一般僅限於首爾地區。自2001年起，韓國電影振興委員會開始定期報告全國各地的觀影人次。

2. 2001年，韓國本土電影的票房表現占整體電影市場的50.1%。韓國本土市場的占比更在2006年達到63.8%的歷史最高點，這要歸功於奉俊昊的《駭人怪物》和李濬益的《王的男人》（*The King and the Clown*）等電影的成功。

條漫：從網路漫畫到串流影音

1. Patrick Frater, 'Netflix opening studio facilities to expand Korean content supply', *Variety*, 6 January 2021, variety.com/2021/biz/ asia/netflix-opening-studio-facilities-in-korea-1234880370 (accessed 1 February 2022)

2. Park Dae-ui and Choi Mira, 'K-drama Hellbound tops Netflix' global ranking in just a day after release', *Pulse by Maeil Business News Korea*, 22 November 2021, pulsenews.co.kr/view. php?year=2021&no=1088279 (accessed 1 February 2022)

3. Nancy Miller, 'Minifesto for a new age', Wired, 1 March 2007, wired.com/2007/03/snackminifesto (accessed 1 February 2022)

4. Hong Nan-ji and Lee Jong-beom, *Webtoon Seukul: webtoon changjakgwa seutori jakbeobe gwanhan modeun geot* (Webtoon School: All Things Related to the Webtoon's Creation and Story Writing) (Seoul 2021), p. 50

5. 'Korean webtoon market jumps to top 1 trillion won in sales in 2020', Korea Times, 24 December 2021, koreatimes.co.kr/www/art/2022/01/398_321104.html (accessed 20 May 2022)

6. 本質上被定義為「跨越多種媒介的故事」，參見 Henry Jenkins, Katie Clinton, Ravi Purushotma, Alice J. Robison and Margaret Weigel, 'Confronting the challenges of participatory culture: media education for the 21st Century' (Chicago, IL 2006), macfound.org/media/article_pdfs/jenkins_white_paper.pdf (accessed 1 February 2022), p. 46.引自 Carlos Albertos Scolari, 'Transmedia story-telling: implicit consumers, narrative worlds, and branding in contemporary media production', International Journal of Communication, No. 3 (2019), pp. 586–606 (587).

7. Baek Byung-yeul, 'Korea's "webtoon" industry: boom or bust?, *Korea Times*, 20 February 2014, koreatimes.co.kr/www/news/cul-

8. Brian Yecies and Shim Ae-gyung, *South Korea's Webtooniverse and the Digital Comic Revolution.* (Lanham, MD 2021), pp. 42–4

9. 在此之前，許多日本漫畫和動畫已經在韓國流通，但流通的並非原版，而是由當地藝術家創作的複製品。這些日本文化作品直到1998年才正式獲得官方准許。

10. 作者與李鍾範（Lee Jong-beom）的訪談，2021年12月28日。

11. Minihomepy於2002年由社群平臺Cyworld（成立於1999年）推出。

12. Park Kyung Ae, 'Development of ICT indicators in Korea', Service Statistics Division, Korea National Statistical Office, for the IAOS Satellite Meeting on Statistics for the Information Society, 30-31 August 2001, Tokyo: stat.go.jp/english/info/meetings/iaos/pdf/park.pdf (accessed 21 May 2022)

13. 一些先前的漫畫藝術家轉型為條漫藝術家，但多數人仍難以將作品調整為這種新格式，因此許多人決定留在紙本出版領域。

14. Webtoon Canvas是Naver的一個平臺，提供「展開故事的六個簡單步驟」，讓任何人都能快速上傳自己創作的內容：參見webtoons.com/en/creators101/webtoon-canvas (accessed 1 February 2022).Webtoon Originals也是Naver的一個平臺，主張「由創作者授權內容」，指的是以合約為基礎的委託創作，將專業素人轉變為專業人士。

15. Charles W. Leadbeater and Paul Miller, *The Pro-Am Revolution: How Enthusiasts are Changing Our Society and Economy* (London 2004), p. 12

16. Hong and Lee（引自注釋4），p. 3

17. 如今多數的條漫仍然免費，收入也來自「等待或付費」系統，即讀者可以支付少量費用立即欣賞下一集，而不必等到下週的免費發布。

18. Yoon So-Yeon, 'Daum Webtoon becomes Kakao Webtoon as competition intensifies', *Korea JoonAng Daily*, 20 July 2021, koreajoongangdaily.joins.com/2021/07/20/business/tech/Kakao-Webtoon-Daum-Webtoon-Kakao-Page/20210720175007618.html (accessed 2 February 2022)

19. Hong and Lee（引自注釋4），pp. 30–2.如今，許多中小型的獨立網站如 Lehzin 和 Ant Studio 為條漫世界帶來許多作品。

20. 本研究基於六十七家條漫公司以及七百一十位藝術家。

21. 《愛情故事》首次在條漫史上吸引了三千兩百萬的瀏覽次數，鞏固了條漫作為一種敘事手法的地位。

22. 與李鍾範的訪談，2021年12月28日。

23. 李鍾範早在2012年就開始在《神探佛斯特》的紙本書中使用 QR 碼。

24. Sohn Ji-young, 'Stepping into the webtoon world, literally', *Korea Herald*, 17 December 2017, korea-herald.com/view.php? ud=20171217000267 (accessed 2 February 2022)

25. Shin Jin, '"Augmented reality" Naver Webtoon Phone Ghost is a hot topic..." Surprised by a video call from a ghost"', *Mediapen*, 7 November 2016, mediapen.com/news/view/204030 (accessed 21 May 2022)

26. 李鍾範指出，不同於日本，南韓沒有真正的動畫產業，因此許多條漫被改編成電影或電視劇。

27. 近期這項趨勢出現逆轉，韓劇開始衍生出條漫作品，例如《那年，我們的夏天》（*Our Beloved Summer*, 2021）。這次觀眾被轉化為讀者，條漫情節與韓劇相輔相成。

28. Choi Min-young, 'What's the largest profit for Naver Webtoon writers? BTS and Superman webtoons are coming out too,' *Hankyoreh*, 18 August 2021, hani.co.kr/arti/economy/it/1008134.html (accessed 21 May 2022)

29. Kim Hyung-won, 'Focus on "super IP and global expansion" in the webtoon industry for 2021', *IT Chosun*, 1 January 2021, it.chosun. com/site/data/html_dir/2021/01/01/2021010100297.html (accessed 21 May 2022)

30. Chae Hee-sang, '"*Story universes*" for cross-media entertainment', *Koreana* (Spring 2021), p. 26

31. Natsuki Edogawa and Erina Ito, 'Fresh Korean wave sweeping world, powered by Netflix hits', *Asahi Shimbun*, 5 July 2020, asahi. com/ajw/articles/13468714 (accessed 2 February 2022); Ockoala, 'Japan confirms remake of hit JTBC drama Itaewon Class with male lead Takeuchi Ryoma', *A Koala's Playground*, 6 September 2021, koalasplayground.com/2021/09/06/japan-confirms-remake-of-hit-jtbc-drama-itaewon-class-with-male-lead-takeuchi-ryoma (accessed 2 February 2022)

32. Wendy Lee, 'This South Korean studio has big Hollywood plans', *LA Times*, 20 July 2015, latimes.com/entertainment-arts/business/story/2021-07-20/known-for-korean-dramas-jtbc-aims-to-be-a- bigger-hollywood-player (accessed 1 February 2022)

33. 2020 Cartoon Industry White Paper, pp. 21–30. 值得注意的是，這項調查包含紙本漫畫產業，參見

34. 'Korean webtoon market jumps to top 1 trillion won in sales in 2020', *Korea Times,* 24 December 2021, koreatimes.co.kr/www/art/2022/01/398_321104.html (accessed 20 May 2022)

35. Dong Sun-hwa, 'BTS webtoon "75 Fates: CHAKHO" to be unveiled next year', *Korea Times* (4 November 2021), koreatimes.co.kr/www/art/2021/11/732_318245.html (accessed 2 February 2022); Kim (cited note 29

韓流的難題：從《魷魚遊戲》看全球熱潮下的矛盾

1. Irhe Sohn, 'Sacred translations: Parasite (2019), english subtitles, and Global Korean Cinema', virtual seminar at the Association for Asian Studies Annual Conference (23 March 2021)

2. 《魷魚遊戲》對《*Produce 101*》的視覺引用也暗示了在生存遊戲的場景中，公平往往只是一種幻想，正如《魷魚遊戲》所描繪的景象。參見koreajoongangdaily.joins.com/2020/11/18/entertainment/television/produce101-mnet-cjenm/20201118180500444.html6 (accessed 28 April 2022)

3. Hong Yang-ja, 'Hangukui eoriniga bureugo inneun ilbonui warabe uta' (Japanese Children's Songs Sung by Korean Children), *Minjok* eumakui ihae, Vol. 5 (1996), pp. 77–156.

4 Gu Ja-chang, 'Hyangto hakja Yim Yeong-su, "il si nmun 'Ojingeogeim' bareon waegok"' (Folklore scholar Yim Yeong-su argues that the Japanese newspaper distorts the facts about Squid Game), *Kukminilbo*, 11 November 2021, news.kmib.co.kr/article/view.asp?arcid=0016455773&code=61121111&stg=ws_real (accessed 2 February 2022)

韓國流行音樂與粉絲社群

1. Dal Yong Jin, '*The rise of the New Korean Wave*' in *New Korean Wave: Transnational Culture in the Age of Social Media* (Chicago, IL 2016), pp. 3–19

2. 這個三人組合由徐太志（前 Sinawe 樂團貝斯手）創立，後來加入了頂尖舞者和歌手李真路（Lee Juno）以及梁鉉錫（Yang Hyun Suk）。隨後梁鉉錫創立了YG娛樂公司，培養了BIGBANG和BLACKPINK等團體。

3. Park Sun-Young, 'Shinsedae: conservative attitudes of a "new generation" in South Korea and the impact on the Korean presidential election', *East-West Center*, 5 September 2007, eastwestcenter.org/news-center/east-west-wire/shinsedae-conservative-attitudes-of-a-new-generation-in-south-korea-and-the-impact-on-the-korean- pres (accessed 1 March 2022)

4. Michael Fuhr, *Globalization and Popular Music in South Korea: Sounding Out Pop Music* (New York 2016), pp. 532–5

5. 同上，p. 55

6. 雖然韓國被評為最先進的經濟合作暨發展組織國家之一，但在性別平等方面卻落後其他國家。

7. 參見西方音樂產業中布蘭妮·斯皮爾斯（Britney Spears）、惠妮·休斯頓（Whitney Houston）、泰勒絲（Taylor Swift）以及王子（Prince）等備受關注的案例，或者在體育、芭蕾或古典音樂等領域的案例。

8. Dal Yong Jin, 'Comparative discourse on J-pop and K-pop: hybridity in contemporary local music', *Korea Journal*, Vol. 60, No. 1 (2020), pp. 47–9, dbpia.co.kr/journal/articleDetail? nodeId=NODE09378564 (accessed 9 March 2022)

9. Gilbert Cruz, 'A brief history of Motown', *Time*, 12 January 2009, content.time.com/time/arts/article/0,8599,1870975,00.html (accessed 1 March 2022)

10. Mick Brown, 'Berry Gordy: the man who built motown', 23 January 2016, s.telegraph.co.uk/graphics/projects/berry-gordy-motown/index.html (accessed 9 March 2022)

11. Tomasz Sleziak, 'The role of Confucianism in contemporary South Korea', *Annual of Oriental Studies – Rocznik Orientalistyczny*, No. 66 (2013), pp. 41–3, researchgate.net/publication/272389562_The_Role_of_Confucianism_in_Contemporary_South_Korean_Society (accessed 9 March 2022)

12. 1896年，為紀念朝鮮高宗的生日，一首「唱歌」（changga）將韓國國歌旋律與蘇格蘭的《友誼地久天長》（*Auld Lang Syne*）融合，並搭配新韓文歌詞來讚頌這位皇帝。參見Fuhr（引自注釋4），pp.39–43

13. 「生產性消費者」（prosumer）和「生產性使用者」（produser）的概念源自於Axel Bruns in 'From prosumer to produser: understanding user-led content creation', paper presented at the Transforming Audiences conference, *London, September 2009*；另見 Axel Bruns, *Blogs, Wikipedia, Second Life and Beyond: From Production to Produsage* (New York 2008)

不只是挪用與欣賞：K-POP風靡世界的跨文化力量

1. 'How K-pop is responding to its longstanding appropriation problem', *Dazed Digital*, 12 August 2020, dazeddigital.com/music/ article/50045/1/how-k-pop-is-responding-to-cultural-appropria-

2. Kendra James, 'Justin Timberlake has gotten away with cultural appropriation for years now', *Cosmopolitan*, 29 June 2016, cosmopolitan.com/entertainment/celebs/a60737/justin-timberlake-cultural-appropriation (accessed 2 February 2022)

3. Claire Clements, 'Korean festival promotes unity in South Korea, United States', *Coppell Student Media*, 12 November 2018, coppell-studentmedia.com/83292/entertainment/korean-festival-promotes-unity-in-south-korea-united-states (accessed 2 February 2022)

4. Kang Myoung-Seok, '[Interview] Record producer Yoo Young-jin – Part 1', *AsianEconomy*, 6 November 2011, asiae.co.kr/news/print.htm?idxno=2010061109310268065 (accessed 2 February 2022)

5. Joe Palmer, 'SM Entertainment: the "Brand"', Kultscene, 20 April 2015, kultscene.com/sm-entertainment-the-brand (accessed 2 February 2022)

6. 同上。

7. Oh Ingyu, 'The globalization of K-pop: Korea's place in the global music industry', *Korea Observer*, Vol. 44, No. 3 (Autumn 2013), pp. 389–409 (p. 399)

8. Alicia Lee, 'You know your K-pop stars. Now meet the American producers and songwriters behind them', WFSB, 20 March 2020, wfsb.com/you-know-your-k-pop-stars-now-meet-the-american-producers-and-songwriters-behind-them/article_36191671-509f-5a25-8930-fdc1171719f1.html [limited access]

踏入新世界：K-POP粉絲文化與全球南方的公民行動

1. Zoe Haylock, 'K-pop stans spammed the Dallas Police Department's app with fan cams', *Vulture*, 1 June 2020, vulture.com/2020/06/k-pop-stans-crashed-dallas-police-app-with-fan-cams.html (accessed 2 February 2022)

2. Barbara Ortutay, 'Did TikTok teens, K-pop fans punk Trump's comeback rally?', *AP News*, 21 June 2020, apnews.com/article/pop-music-music-donald-trump-us-news-united-states-2f18f18a8b40a4635fd3590fd159241c (accessed 2 February 2022)

3. '17 ways deadheads can change the world', Headcount, headcount.org/music-and-activism/17-ways-deadheads-can-change-the-world (accessed 2 February 2022)

4. Abby Ohlheiser, 'TikTok teens and K-pop stars don't belong to the "resistance"', *Technology Review*, 23 June 2020, technologyreview.com/2020/06/23/1004336/tiktok-teens-kpop-stans-trump-resistance-its-complicated (accessed 2 February 2022)

5. Ashley Hinck, *Politics for the Love of Fandom: Fan-based citizenship in a digital world* (Baton Rouge, LA, 2019)

6. Youkung Lee, 'How sparks at S. Korean women's school led to anti-Park fire', *AP News*, 14 March 2017, apnews.com/article/f26782acb46246a0835ecfc412ed7db1 (accessed 2 February 2022)

7. 'Ewha students singing "INTO THE NEW WORLD (SNSD)" right before brutal crackdown of the police', 31 July 2016, youtube.com/watch?v=eBCBht6_C4E&ab_channel=ThinkWe (accessed 22 February 2022)

8. Tamar Herman, '9 K-pop songs that recently became part of South Korean politics', *Billboard*, 2 May 2018, billboard.com/articles/columns/k-town/8436957/k-pop-songs-politicized-south-korea (accessed 2 February 2022)

9. 參見 'Protest site at Gwanghwamun. Girls' Generation's "Into the New World"', youtube.com/watch?v=6Qus3mxcumQ (accessed 2 February 2022)

10. IATB, 'TWICE's "Cheer Up" used as protest song by younger Park Geun-hye protesters', *Asian Junkie*, 31 October 2016, asianjunkie.com/2016/10/31/twices-cheer-up-used-as-protest-song-by-younger-park-geun-hye-protesters (accessed 2 February 2022)

11. 參見twitter.com/pengjeongnam/status/795196821379293185?s=20 (accessed 2 February 2022)

12. Patpicha Tanakasempipat, 'K-pop's social power spurs Thailand's youth protests', *Reuters*, 2 November 2020, reuters.com/article/us-thailand-protests-k-pop/k-pops-social-media-power-spurs-thailands-youth-protests-idUSKBN27I23K (accessed 2 February 2022)

13. 同上。

14. 參見twitter.com/BTS_algeria/status/1106621117970739200?s=20 (accessed 2 February 2022)

15. 參見instagram.com/p/B6bavX0J56Y/?hl=en (accessed 2 February 2022)

16. Camilo Diaz Pino, "K-pop is rupturing Chilean society": fighting with globalized objects in localized conflicts', *Communication, Culture and Critique*,

17. remezcla.com/music/gabriel-boric-k-pop-fans-help-chile-new-president-elected/ (accessed 2 February 2022)

18. news.abs-cbn.com/life/02/20/22/halalan2022-k-pop-fans-lead-voter-ed-efforts-fight-disinformation (accessed 13 June 2022)

19. Tamar Herman, 'Pride Month 2021: support from K-pop stars including Tiffany Young of Girls' Generation and Kevin Woo for LGBT community', *South China Morning Post*, 21 June 2021, scmp.com/lifestyle/entertainment/article/3138170/pride-month-2021-support-k-pop-stars-including-tiffany (accessed 2 February 2022)

20. Ashley Hinck, *Politics for the Love of Fandom: Fan-based citizenship in a digital world* (Baton Rouge, LA, 2019), p. 15

21. 參見twitter.com/BTS_EGYPT_ARMY/status/1211307807921836039?s=19 (accessed 2 February 2022)

22. Amira Mittermaier, 'Beyond compassion: Islamic voluntarism in Egypt', *American Ethnologist*, Vol. 41, No. 3 (August 2014), pp. 518–31, anthrosource.onlinelibrary.wiley.com/doi/10.1111/amet.12092

23. twitter.com/BTS_EGYPT_ARMY/status/1229420874480091136?s=20 (accessed 2 February 2022)

24. twitter.com/BTS_EGYPT_ARMY/status/1334512840603029506?s=20 (accessed 2 February 2022)

25. twitter.com/BTS_EGYPT_ARMY/status/1315649243642818560?s=20 (accessed 2 February 2022)

26. Hinck（引自注釋20）, p. 9

27. twitter.com/Blink_OFCINDO/status/1452265980453920770?s=20 (accessed 2 February 2022)

28. youtube.com/watch?v=MNUM88GxSWo (accessed 2 February 2022)

29. Thana Boonlert, 'Fans tuk up tuk-tuk cause', *Bangkok Post*, 5 May 2021, bangkokpost.com/life/social-and-lifestyle/2110475/fans-tuk-up-tuk-tuk-cause (accessed 2 February 2022)

30. Danial Martinus, 'People are keeping Thailand's small businesses afloat with K-pop ads', *Mashable SE Asia*, 5 July 2021, sea.mashable.com/culture/16488/people-are-keeping-thailands-small-businesses-afloat-with-k-pop-ads (accessed 2 February 2022)

31. Tamar Herman, 'BTS add date at NYC's Citi Field, become first-ever K-pop act to play U.S. stadium', *Billboard*, 8 August 2018, billboard.com/articles/columns/pop/8469396/bts-nyc-love-yourself-nyc-concert-first-ever-kpop-stateside-stadium-show (accessed 2 February 2022)

K-POP的虛構宇宙：MV中的符號與隱藏線索

1. 這種類型的音樂錄影帶包含Pipi Band的〈Supermarket〉（1995）、紫雨林（Jaurim）的〈Magic Carpet Ride〉（2000）、徐太志和孩子們的〈I Know〉（1992）、Crying Nut的〈Let's Ride a Horse〉（1998），以及No Brain的〈You Have a Crush on Me〉（2004）。

2. 在1990年代末以及2000年代初的韓國，「音樂劇情片」的類型非常流行。這些音樂錄影帶通常是三至八分鐘的短片，以音樂作為影片的配樂。悲傷和緩慢的歌謠講述著猛烈而淒慘的情節，伴隨著致命疾病、悲傷愛情故事、戰爭與死亡的視覺影像。代表性的例子有曹誠模（Jo Sungmo）的〈Do You Know〉（2000）和〈Thorn Tree〉（2002），以及 Wax 的〈Fixing my Make-up〉（2001）。第一代的韓國流行音樂偶像團體 H.O.T. 在備受喜愛的〈Hope〉（1998）中描繪了悲慘少年的生活。

3. 相關案例請參考Buck的〈Barefooted Youth〉（1997）、S.E.S.的〈Dreams Come True〉（1998）、李貞賢（Lee Junghyun）的〈Wa〉（1999）以及嚴正化（Um Jungwha）的〈I Don't Know〉（1999）。

4. 例如寶兒的〈ID; Peace B〉（2020）以及g.o.d.的〈Sky Blue Balloon〉（2000）。

5. 這種類型的例子較少，但H.O.T. 的〈The Promise of H.O.T.〉（1998）即為一例。

6. EXO以雙團體的形式出道，由EXO-M和EXO-K組成，每個分隊各有六名成員。每個成員在另一個分隊中都有一個對應成員。在〈Mama〉中，EXO-K的 Baekhyun對鏡子發出耀眼的光芒；在鏡子的另一端，EXO-M的Lay能夠吸收並運用這股力量。同樣地，每個成員都能揭開並影響其對應成員的存在和力量：在EXO的第二十支預告片中，Chanyeol發現一塊刻有Suho標誌的石頭，而在〈What is Love〉（2012）的影片中，他在另一塊石頭上發現了Lay 的標誌。儘管後來有幾名成員離開了團體，但故事情節仍能適應這些變化並延續至今。

7. 在〈I Need You〉（2015）中，身為青少年的防彈少年團受到殘酷世界的惡意對待。成員之一RM拒絕保持年輕，試著想成為大人。當RM把棒棒糖掉在地上時，棒棒糖瞬間變成了菸頭。棒棒糖是不成熟的象徵，就像香菸代表成年一樣，這個符號在許多防彈少年團音樂錄影帶中反覆出現。另一個重要的符號是神祕而珍貴的想像花朵「Smeraldo」，只存在於防彈少年團宇宙中，作為推動故事發展的重要元素。

8. 影片中的場景包含許多臉孔圍繞著Jimin以及龐大的防彈少年團出現，顯示了成員們透過自愛而成長，自豪地脫離虛假的幸福。

9. 在防彈少年團宇宙中，防彈少年團從自愛開始，逐漸擴展到對彼此的關愛，實現了成長。如今他們轉向外在世界，與所有曾經像他們一樣受苦的人分享能量。在〈Dynamite〉的影片中，防彈少年團展現了向世界各地的人們傳遞幸福和希望的決心。憑藉這首歌，防彈少年團成為第一個同時登上美國《告示牌》百大單曲榜、《告示牌》百大藝人榜以及和《告示牌》兩百大專輯榜的韓國團體。

10. 除了音樂錄影帶，aespa也藉由歌詞闡述她們的故事。在〈Black Mamba〉的歌詞中，「aespa就是我，我們無法分離」表明了真人與其虛擬化身之間的緊密連結。這是一種新人類的誕生，如「這就是演化」所示。黑曼巴利用人們的貪婪，威脅著世界；aespa則是保護世界免受黑曼巴侵害的戰士。

11. 曠野是SM娛樂虛擬宇宙中的無限空間。SM正在曠野中構建龐大的故事，包含了所有SM音樂人。2022年初，一場在YouTube上直播的特別SM演唱會呈現了所有韓國流行音樂團體在曠野的表演。（在網路上搜尋「曠野」會顯示SM娛樂公司首爾總部的地址。）

K-POP樂與YouTube

1. 相關案例請參考'Artist on the rise: aespa'（2021），youtube.com/watch? v=hmZbsfel4jM (accessed 8 February 2022)

剛柔並濟：K-POP的陽剛美學

1. Mark James Russell, *Pop Goes Korea: Behind the Revolution in Movies, Music, and Internet Culture* (Berkeley, CA 2012) p. 297

2. 參見Joanna Elfving-Hwang 'K-pop idols, artificial beauty and affective fan relationships in South Korea' in Anthony Elliott (ed.), *Routledge Handbook of Celebrity Studies* (London and New York 2018), pp. 191–201

韓國美妝與時尚

1. 'YSL gets free ride on drama sensation', Korea Times, 24 March 2014, koreaherald.com/view.php?ud=20140324001347 (accessed 9 March 2022)

2. International Trade Administration, South Korea – Country Commercial Guide: Cosmetics, 13 August 2021, trade.gov/country-commercial-guides/south-korea-cosmetics (accessed 13 June 2022)

3. Valérie Gelezeau, 'The body, cosmetics and aesthetics in South Korea: The emergence of a field of research', 2015, academia.edu/27213827/The_body_cosmetics_and_aesthetics_in_South_Korea_The_emergence_of_a_field_of_research (accessed 3 March 2022), p. 10

4. 許多文化都具備這種觀念，包含希臘、印度以及中國。

5. Lee Soohyun and Ryu Keunkwan, 'Plastic surgery: investment in human capital or consumption?', *Journal of Human Capital*, Vol. 6, No. 3 (Autumn 2012), pp. 230–5

6. 參見Ruth Holliday and Joanna Elfving-Hwang, 'Gender, globalization and aesthetic surgery in South Korea', *Body Society* (May 2012), pp. 58–81

7. 同上，p. 71

8. Park Ju-young, 'Seoul Metro to remove plastic surgery ads', *Korea Herald*, 27 November 2017, koreaherald.com/view.php?ud=20171127000800 (accessed 10 March 2022)

9. 參見Monica Kim, 'The story behind seoul's latest street style staple', *Vogue*, 23 October 2015, vogue.com/article/hanbok-street-style-seoul-korean-traditional-dress (accessed 3 March 2022)

10. Lee Hyo-won, 'Renaissance of hanbok', *Korea Times*, 12 July 2007, koreatimes.co.kr/www/news/art/2007/07/203_6384.html (accessed 3 March 2022)

11. 'Hanbok designer Kim Kyesoon', *KBS News,* 15 January 2007, news.kbs.co.kr/news/view.do?ncd=1283685 (accessed 3 March 2022)

12. Jang Nam-mi. '"Hanbok's modernity"by Creative Director Suh Young-hee', 26 November 2021, for Craft+Design No. 50, blog.naver.com/kcdf2010/222579334053 (accessed 3 March 2022)

13. Kim Bo-eun, 'Hanbok returns with modern charm, *Korea Times*, 12 August 2015, koreatimes.co.kr/www/culture/2021/11/316_184704.html (accessed 3 March 2022)

14. 呂寅海與鄭允基的訪談，2021年9月。

韓國美妝的崛起：現代韓國美容的新世紀

1. Mary-Ann Russon, 'K-beauty: the rise of Korean make-up in the west', *BBC News,* 21 October 2018, bbc.co.uk/news/business-45820671 (accessed 16 February 2022); 'Exporting beauty', Korea JoongAng Daily, 22 June 2021, koreajoongangdaily.joins.com/2021/06/22/business/industry/kbeauty-cosmetics/20210622165700350.html (accessed 16 February 2022)

2. Basia Skudrzyk. , 'Korean beauty market is booming! Are you taking note?', *LinkedIn Pulse,* 15 June 2021, linkedin.com/pulse/k-beauty-market-boom-

3. Xu Jing, A Chinese Traveller in Medieval Korea: Xu Jing's Illustrated Account of the Xuanhe Embassy to Koryo, trans. Se Vermeersch (Honolulu, HI 2016), p. 32

4. Yoo Seungjae, 'Bakgabun'., Birth of the 'Hit': 100 Years of Korean Brands, (Seoul 2021) p. 22.

5. 韓國自1908年開始能夠註冊商標。

6. 1926年，日本化妝品廣告通常占據韓國主要大報《朝鮮日報》（Chosun Ilbo）頭版廣告空間的16.3%。

7. 這個名詞最早是由作家莎拉·格蘭德（Sarah Grand）於1894年提出，隨後由奧維達（Ouida，原名為瑪麗亞·路易莎·拉梅[Maria Louisa Ramé]）沿用。參見 Sally Ledger, The New Woman: Fiction and Feminism at the Fin de Siècle (Manchester 1997)

8. Seop Li-gi, 'How to Look Modern', Sinyeoseong, p. 71

9. 引自 'Yeopju Beauty Salon', gubo34.tistory.com/184 (accessed 13 June 2022)

10. Kim So-yeon, Changes in Attire and Clothing (Seoul 2006), p. 351

11. Yu Dong-hyeon. 'Incheon Story. First productions of domestic cosmetics, beauty soap… 'beauty city', birthplace of beauties', Chosun Ilbo, 14 September 2011, chosun.com/site/data/html_dir/2011/09/13/2011091301319.html (accessed January 2022)

12. Kyunghyang Shinmun, 1963, youtube.com/watch?v=jb79bMqXlgw&list=PLyM501lkwOfPf5Zj-FO1pn-0NRGgvX2wj&index=13 (accessed January 2022)

13. Kim Jae-hun, 'LG Household & Health Care will beat Amorepacific soon in cosmetics sector', Korea Times, 30 January 2020, koreatimes.co.kr/www/tech/2021/12/129_282675.html(accessed 19 February 2022).我們更正了文章中錯誤的貨幣換算，原文提供的數字為一百六十八億美元。

14. Casey Hall, 'K-beauty giant Amorepacific sees profit jump 727% in 2021', Business of Fashion, 10 February 2022, businessoffashion. com/news/global-markets/k-beauty-giant-amorepacific-sees-profit- jump-727-in-2021 (accessed 19 February 2022)

15. Liz Flora, 'How a hero product is born', Business of Fashion, 28 February 2020 https://www.businessoffashion.com/articles/beauty/how-a-hero-product-is-born/ (accessed 19 February 2022)

韓服：韓國傳統與當代時尚服飾

1. 'Interview with a hanbok designer who designed hanbok for BLACKPINK's "How you like that" music video', HaB Korea, 12 July 2020, habkorea.net/interview-of-a-hanbok-designer-who-designed- hanbok-for-blackpinks-how-you-like-that-music-video (accessed 1 March 2022); Susan-Han, 'Netizens are head over heels for BLACKPINK's gorgeous, modernized Korean hanbok outfits in "How You Like That"', AllKPop, 27 June 2020, allkpop.com/article/2020/06/netizens-are-head-over-heels-for-blackpinks-gorgeous-modernized-korean-hanbok-outfits-in-how-you-like-that (accessed 1 March 2022)

2. Hahna Yoon, 'A centuries-old Korean style gets an update', New York Times, 19 October 2020, nytimes.com/2020/10/19/style/hanbok-k- pop-fashion.html (accessed 1 March 2022)

3. Kyungmee Lee, 'Dress policy and western-style court attire in modern Korea' in Kyung-hee Pyun and Aida Yuen Wong (eds), Fashion, Identity and Power in Modern Asia (Cham 2018), pp. 47–68

4. Twentieth Century Hanbok of Korean Women, exh. cat., Daegu National Museum, 2018

5. Kim Hyejeong, 'A study on the customs in Han Hyungmo's film Madame Freedom', Journal of Fashion Business, Vol. 17, No. 1 (2013), pp. 98–113

6. Ryu Hui-gyeong et al., Two Thousand Years of Korean Fashion (Seoul 2001), pp. 142–3; Velvet, exh. cat., DTC Textile Museum, Daegu, 2017

7. H. Yeom, 'The style and beauty of Korean hanbok: focusing on the trend of reformed hanbok', Jeontong-gwa hyeondae (Traditional and Contemporary), No. 16 (2001), pp. 184–202

8. Jilkyungyee 的網址為 jilkyungyee.co.kr (accessed 1 March 2022)

9. Yunah Lee, 'Fashioning tradition in Korean contemporary fashion', International Journal of Fashion Studies, Vol. 2, No. 2 (2017), pp. 241–61

10. Lee Young-hee, The Hanbok Jaengi Who Went to Paris (Seoul 2008), pp. 15–16

11. 同上，p. 24.

12. Sung So-young, 'Fashion's first lady focuses lens on Asia', Korean JoongAng Daily, 3 June 2013, koreajoongangdaily.joins.com/2013/ 06/03/features/Fashions-first-lady-focuses-lens-on-Asia/2972536.html (accessed 2 March 2022); Nicole Phelps, 'Carolina Herrera Spring 2011 Ready-to-Wear', Vogue Runway, 12 September 2010, vogue. com/

13. Kim Jae-hun, 'American designer collaborates on hanbok', *Korea Times*, 26 February 2017, koreatimes.co.kr/www/culture/2021/11/199_224720.html (accessed 2 March 2022); Rosemary Feitelberg, 'Carolina Herrera creates three customized hanboks for New York and Seoul installations', *Women's Wear Daily*, 14 February 2017, wwd.com/fashion-news/fashion-scoops/carolina-herrera-hanboks-for-new-york-and-seoul-installations-10799072 (accessed 2 March 2022)

14. Tchai Kim press package (2016)

15. Anne Marie Leshkowich and Carla Jones, 'What happens when Asian chic becomes chic in Asia?', *Fashion Theory*, Vol. 7, No. 3/4 (2003), pp. 281–300

韓國流行音樂風格

1. Anna Chan, 'BLACKPINK now has more YouTube subscribers than Justin Bieber: "We will continue to bring positivity"', *Billboard*, 10 September 2021, billboard.com/music/music-news/blackpink-most-youtube-subscribers-9627584 (accessed 16 February 2022)

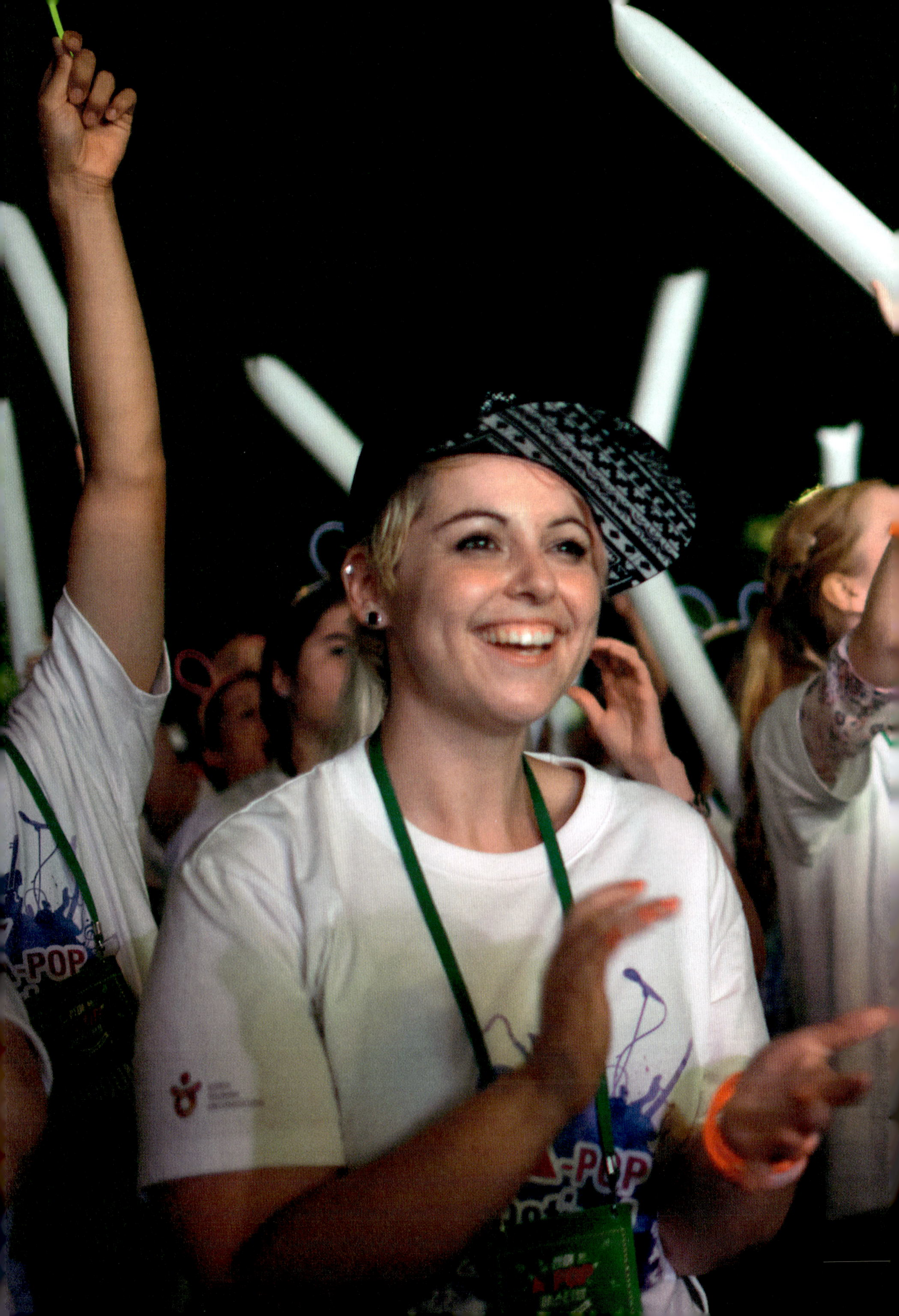

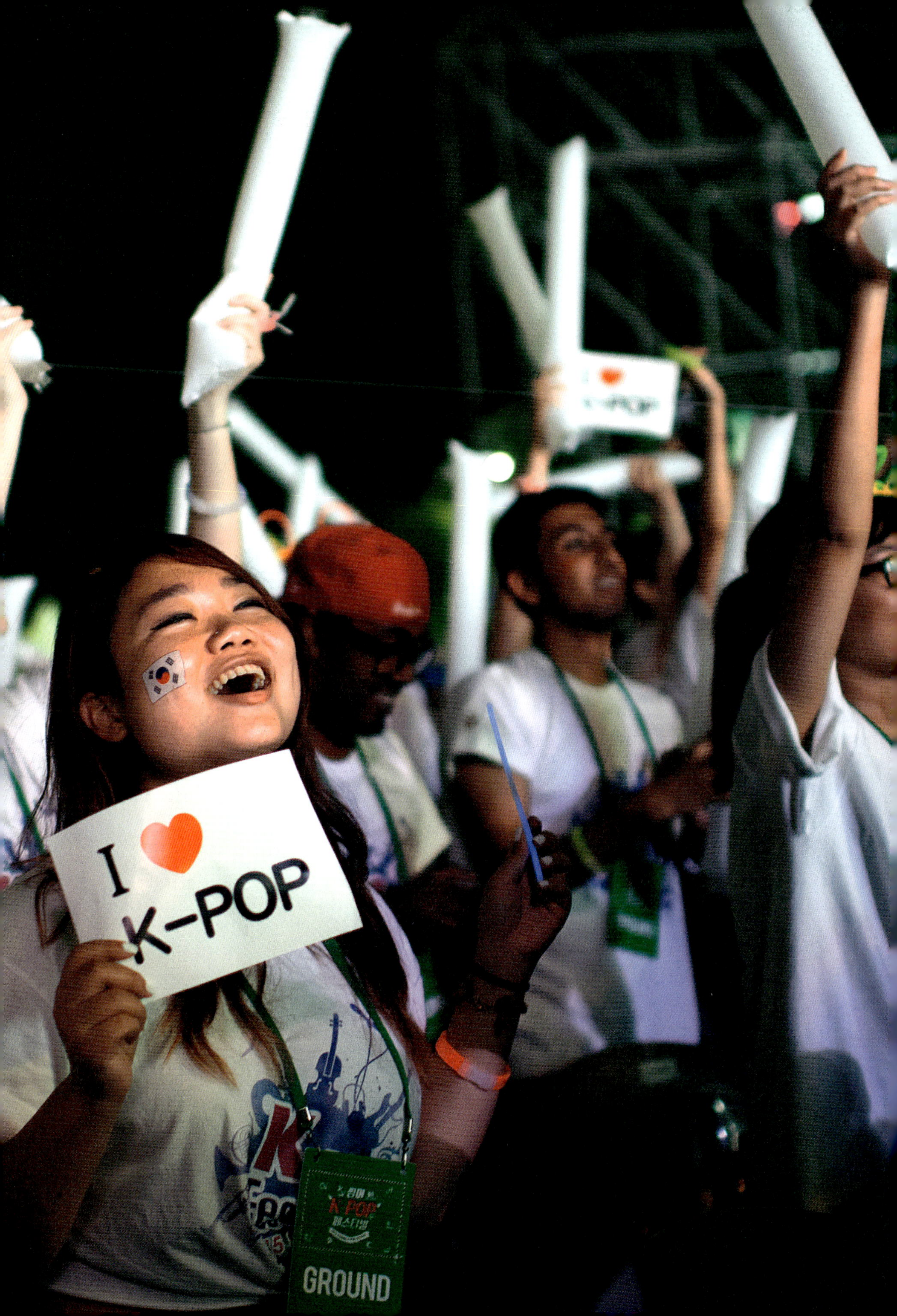
I
K-POP
GROUND

作者簡介

克莉絲朵・安德森（Crystal S. Anderson）

喬治梅森大學（George Mason University）非洲和非裔美國研究與藝術學院合聘教師。著有《首爾的靈魂：非裔美國音樂與韓國流行音樂》（暫譯，*Soul in Seoul: African American Music and K-pop*, 2020），探討非裔美國流行音樂對當代韓國流行音樂、節奏藍調與嘻哈音樂的影響，以及全球粉絲在音樂媒體中的角色。

崔維真（Yoojin Choi）

英國V&A博物館「韓流！韓國浪潮」（Hallyu! The Korean Wave）展覽的專案策展人。在此之前，她擔任英國V&A博物館亞洲部門的助理策展人，主要研究高麗陶瓷化妝盒。她關注的領域包含韓國當代藝術以及日本占領時期的韓國。

瑪麗安・艾巴（Mariam Elba）

ProPublica的研究記者，負責為當地調查進行研究。她也是韓國流行音樂的「粉絲人類學家」（fanthropologist），研究世界各地的韓國流行音樂粉絲社群如何透過粉絲行為來運作並展現認同。

Joanna Elfving-Hwang

澳洲珀斯（Perth）科廷大學（Curtin University）的韓國社會與文化學系副教授兼韓國研究與參與中心主任。她的研究重心是韓國的美容文化和身體社會學，以及韓國社會與流行文化中的性別議題。

池恩（Gee Eun）

THEBLACKLABEL經紀公司的視覺總監，曾在YG娛樂公司任職超過二十年。她最初擔任Big Bang的私人造型師，曾在2016年佳音流行音樂排行榜大獎（Gaon Pop Chart Awards）贏得「年度造型師」（Stylist Of The Year）的獎項，之後為G-Dragon等韓國流行音樂巨星設計造型。

陳達鏞（Dal Yong Jin）

西門菲莎大學（Simon Fraser University）的特聘教授，也是高麗大學（Korea University）媒體與傳播學院的全球教授。他著有《文化生產中的人工智慧：數位平臺的批判性視角》（暫譯，*Artificial Intelligence in Cultural Production: Critical Perspectives on Digital Platforms*）以及《跨國韓流：韓國數位與流行文化的全球化》（暫譯，*Transnational Hallyu: The Globalization of Korean Digital and Popular Culture*），兩者均於2021年出版。

Lia Kim

首爾江南區1MILLION舞蹈工作室的首席編舞家，其YouTube頻道已獲得數百萬的觀看次數。她也曾在JYP、YG以及SM娛樂公司擔任韓國流行音樂編舞。

金炫敬（Rosalie Kim）

英國V&A博物館亞洲部門的韓國藏品策展人。她擁有建築與哲學背景，關注的領域包含數位時代韓國當代文化、工藝與設計的形成。在加入英國V&A博物館之前，她曾在韓國與歐洲擔任建築師，並曾在倫敦金斯頓大學（Kingston University）領導建築師工作室。

金韶慧（So Hye Kim）

高麗大學韓國語言、文學與文化研究推廣中心的研究教授。她的研究重心是韓國和東亞的離散主題電影，以及跨國東亞電影和獨立電影運動。

Youna Kim

巴黎美國大學（American University of Paris）的全球傳播學系教授。Youna Kim在倫敦大學金匠學院（Goldsmiths, University of London）完成博士學位後，自2004年起任教於倫敦政經學院（London School of Economics and Political Science）。她出版並編輯了十本韓國與亞洲媒體文化書籍。

CHANHEE
THEBOYZ
happy
birthday
@WE_THE_BOYZ
@OFFICIAL_THEBOYZ BY @JYDONJONG
4WD
4WD

李松 (Lee Sol)

自由撰稿人，關注的領域為流行文化、設計與科技的碰撞。她經常為《設計月刊》(*Monthly Design*) 寫稿，也曾擔任英國V&A博物館韓國基金會的實習生。

李善貞 (Sun Lee)

YouTube韓國與大中華地區音樂合作夥伴及亞太地區藝人關係總監。她負責領導與韓國、中國、臺灣以及香港音樂合作夥伴的業務，並支持亞太地區藝人的推廣。在擔任目前的職位之前，她負責YouTube在亞太地區的行銷業務以及 Google 在韓國的行銷業務。2019和2021年，她獲選為《告示牌》的「國際權威人物」之一。

李尹兒 (Yunah Lee)

布萊頓大學 (University of Brighton) 人文與社會科學院的首席講師。她的研究探討了東亞和英國設計與物質文化中的現代性、現代主義以及國家認同。她與其他人合編了《亞洲設計與現代性：國家認同與跨國交流1945–1990》(暫譯，*Design and Modernity in Asia: National Iden-tity and Transnational Exchange 1945–1990*) (Bloomsbury, 2022)。

達西·帕奎特 (Darcy Paquet)

著有《新韓國電影：破浪而出》(暫譯，*New Korean Cinema: Breaking the Waves*, 2010)。他在釜山亞洲電影學院 (Busan Asian Film School) 任教，並為多部韓國電影翻譯字幕，包含《下女的誘惑》(2016) 和《寄生上流》(2019)。

宋鍾喜 (Song Jong-hee)

獲獎無數的妝髮指導，也是導演朴贊郁的長期合作夥伴，兩人合作的電影包含《原罪犯》(2003)、《親切的金子》(2005) 以及入圍坎城金棕櫚獎的《分手的決心》(Decision to Leave, 2022)。

成達森 (Dasom Sung)

英國V&A博物館的韓國藝術助理策展人。她曾於2020至2021年間擔任首爾大學講師，現為韓國首爾大學工藝理論博士候選人。

呂寅海 (InHae Yeo)

韓國Vestiaire Collective的資深品牌行銷經理，該公司是頂尖的全球二手時尚應用程式。她曾在英國的韓國傳播顧問公司Oikonomos Club Ltd擔任時尚顧問和作家。

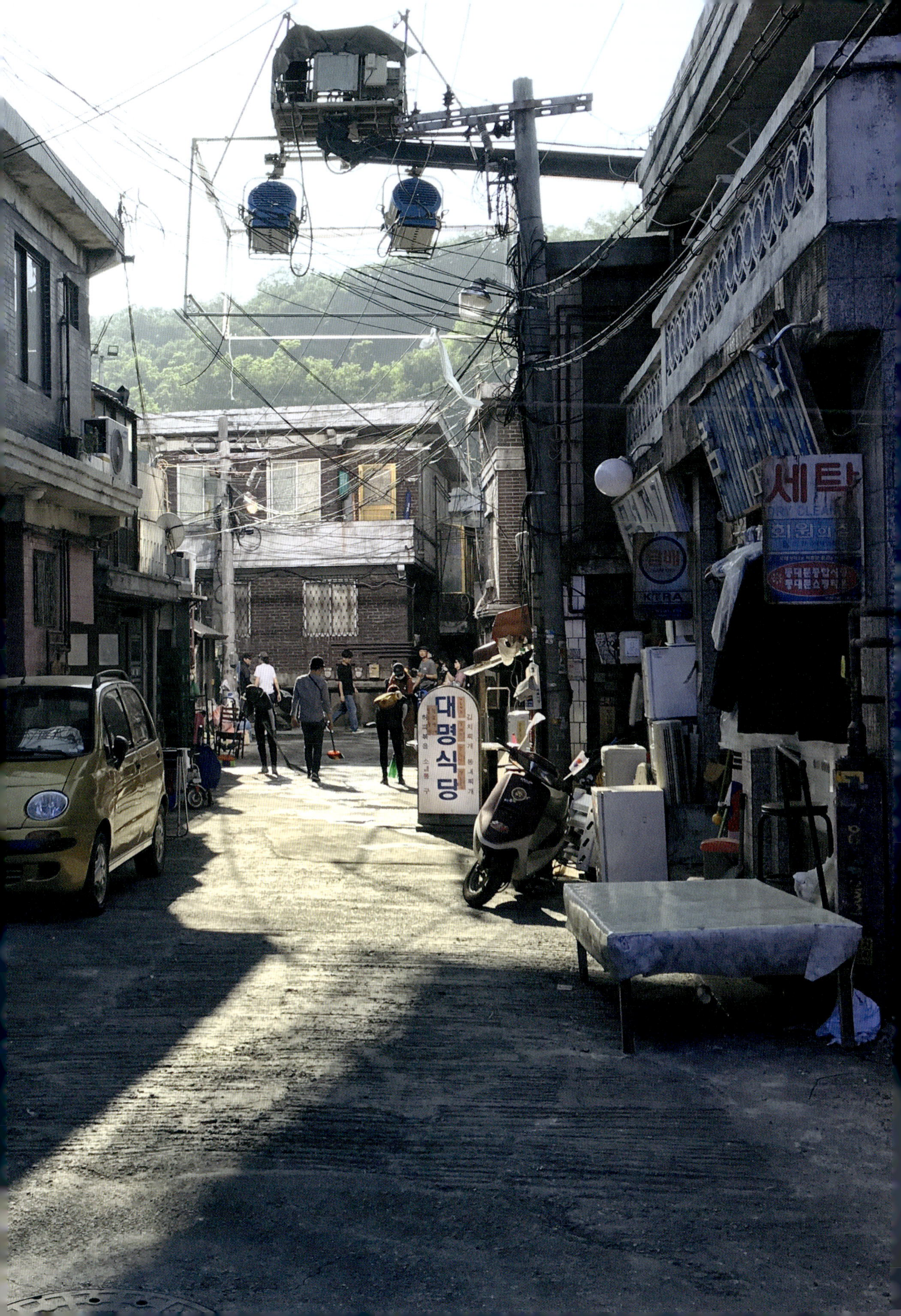
세탁
대명식당

致謝

如果沒有英國V&A博物館裡裡外外這麼多支持者和合作夥伴的熱心支持和共同努力，這本書及其展覽是不可能完成的，我對他們深表感謝。

我想特別感謝展覽專案策展人崔維真，沒有她的知識、投入以及熱情，這本書和展覽都不可能成功。此外，我也想特別感謝展覽經理奧莉薇亞·歐德洛伊(Olivia Oldroyd)、曼努艾拉·布提格里奧內(Manuela Buttiglione)以及露絲·康諾利(Ruth Connolly)，她們以極大的耐心和熱忱確保這項專案能夠順利完成。我也非常感激成達森(韓國藝術助理策展人)、李松以及珍妮·金(Jenny Kim，前英國V&A博物館韓國基金會實習生)，他們在展覽和出版的每個階段都不遺餘力地提供寶貴的支持。

我要感謝所有為本書付出時間並用心研究的作者與受訪者：Youna Kim、陳達鏞、李秀滿、達西·帕奎特、宋鍾喜、金韶慧、克莉絲朵·安德森、瑪麗安·艾巴、李松、Lia Kim、成達森、李善貞、Joanna Elfving-Hwang、崔維真、池恩、李尹兒、呂寅海、朴凡塔以及鄭允基。感謝英國V&A博物館出版社(V&A Publishing)的蕾貝卡·福提(Rebecca Fortey)、安德魯·圖里斯(Andrew Tullis)和艾瑪·伍迪維斯(Emma Woodiwiss)以嚴謹和專業的態度指導出版工作，以及馬爾萬·卡布爾(Marwan Kaabour)令人驚嘆的設計。

也感謝所有的策展人、學者、作家、文化評論家、業界人士、思想家以及粉絲們大方地分享知識，並協助引導策展對話與內容：札拉·艾爾沙德(Zara Arshad)、李尹兒、呂寅海、芝妍·伍茲(Jiyeon Woods)、趙知恩(Jieun Kiaer)教授、西蒙·巴恩斯—桑德勒(Simon Barnes-Sadler)博士、權五祥、池恩、徐英姬、元雪樂(Won Seol Ran)、朴玄任(Park Hyun Im)、艾莉西雅·洪(Alissia Hong)、李鍾範、文沇秀(Moon Yeonsoo)、卞智慧(Pyun Jihye)、姜秀晶(Kang Soojung)、李炫助(Lee Hyunju)、楊基(Yang Ki)、盧善熙(Noh Sunhee)、林殷海(Eunhae Lim)、博納·朴(Bona Park)、蘇諾克·菲利普斯(Sunok Phillips)、金贊洋(Chan-yang Kim)以及在科萊特·巴爾曼(Colette Balmain)舉辦的防彈少年團會議上認識的朋友。特別感謝我在英國V&A博物館的同事安娜·傑克森(Anna Jackson)和張弘星(Hongxing Zhang)對展覽中的敏感內容提供堅定不移的鼓勵和寶貴建議；還有山田雅美(Masami Yamada)、麗迪亞·加斯東(Lydia Caston)、娜塔麗·肯恩(Natalie Kane)、約翰娜·阿格曼·羅斯(Johanna Agerman Ross)、布蘭登·科米爾(Brendan Cormier)、克里斯蒂安·沃爾辛(Kristian Volsing)、多納塔·米勒(Donata Miller)以及賈桂琳·施普林格(Jacqueline Springer)。

我要感謝所有慷慨出借或捐贈物品的公共機構、私人收藏家、廣播公司、音樂唱片公司、娛樂經紀公司、創意公司、出版商、藝人以及設計師：2018年平昌冬奧會暨帕運會紀念館(2018 Pyeongchang Winter Olympic and Paralympic Games Memorial Hall)、A24、愛茉莉太平洋檔案館(Amorepacific Archives)、愛茉莉太平洋藝術博物館(Amorepacific Museum of Art)、Arumjigi文化守護者基金會、金寶高(Kim Balko)、Barunson、暴雪娛樂、博德利圖書館(Bodleian Library)、大英博物館(British Museum)、香奈兒、丁海遠(Chung Hae Weon)、CL/Baauer Holy、CJ ENM、C-Zann E、國立大邱博物館(Daegu National Museum)、李永熙、黃義志(Eui Jip Hwang)、G-Dragon、池恩、Genesis、漢服推廣中心(Hanbok Advancement Center)、韓美半導體公司(Hanmi Semiconductors)、韓英秀基金會(Han Youngsoo Foundation)、Whoo后、帝國戰爭博物館(Imperial War Museum)、獨立紀念館(Independence Hall Museum)、趙峻民、清州古印刷博物館(Jikji Cheongju Early Printing Museum)、Jimmy Choo、珍德、趙淳愛(Jo Soon-ae)、Kakao Webtoon、韓國廣播公司、旗安84、金韓樫(Kim Hanguen)、金惠順、金玄石(Kim Hyun-suk)、高明進(Ko Myung Jin)、韓國電影資料館(Korean Film Archive)、韓國工藝與設計基金會、韓國觀光公社、Kukje Gallery、慶雲博物館(Kyungwoon Museum)、KQ娛樂、李河俊(Lee Hajun)、李珍熙(Lee Jinhee)、Leesle、LeoJ、LG顯示、LG電子、路易威登、約翰·佩吉(John Page)少將家族、馬克·亨利(Mark Henley)、五一八紀念基金會(May18 Memorial Foundation)、文化廣播公司、文化廣播公司藝術中心(MBC Arts)、Miss Darcei、Miss Sohee、索菲婭王后國家藝術中心博物館(Museo Nacional Centro de Arte Reina Sofia)、Myung Films、Moho Films、白南準財產、韓國國家記錄院

韓流憑什麼！

（National Archive of Korea）、國立國樂博物館（National Gugak Museum）、國立無形遺產中心（National Intangible Heritage Center）、國立韓國當代歷史博物館（National Museum of Korean Contemporary History）、國立韓國現代與當代藝術博物館（National Museum of Modern and Contemporary Art［Korea］）、Naver Webtoon、Netflix Korea、OCI 美術館（OCI Museum）、吳允財產、Onjium基金會、P-Nation娛樂、Pledis 娛樂、Pulse9 娛樂、Riot Games、李思杯（Risabae）、羅伯‧聶夫（Robert Neff）藏品、柳成熙（Ryu Seong-hie）、三星創新博物館（Samsung Innovation Museum）、首爾廣播系統公司、Scholastic、徐太志、首爾模特兒公司（Seoul Model Factory）、首爾大學美術館（Seoul National University Museum of Art）、首爾文化社（Seoul Munhwasa）、Shutterstock、申光、SM娛樂、SOAS圖書館、宋鍾喜、Studio Dragon、Studio Lululala、水原美術館（Suwon Museum of Art）、Tablo、The Black Label、崔維斯‧懷斯（Travis Wise）、Twitter使用者（@SenyumArmy、@BTS_National、@Senyum、@Kpop4Planet、@KenyaShinee、@BtsFazkook、@BTS_ARMY_EGYPT、@filoblinksph、@armymonterrey.official）、環球音樂集團（Universal Music Group）、《Vogue》韓國版、威廉‧奧德羅伊德（William Oldroyd）、Yak films、YG娛樂以及YouTube。

這次展覽也展現了所有英國V&A博物館參與部門廣博而專精的知識技能以及應變能力。由衷感謝克萊兒‧巴蒂森（Clair Battisson）、蘇珊‧卡徹（Susan Catcher）、史蒂芬妮‧潔米森（Stephanie Jamieson）、勞拉‧梅雷迪斯（Lara Meredith）、蘿拉‧萊德溫（Laura Ledwin）、羅伊辛‧莫里（Roisin Morris）、綺拉‧米勒（Keira Miller）、勞拉‧弗萊克（Lara Flecker）、卡特里娜‧雷德曼（Katrina Redman）、由紀子‧吉井‧巴羅（Yukiko Yoshii Barrow）、達娜‧梅爾查（Dana Melchar）、奈吉爾‧巴姆福斯（Nigel Bamforth）和亞德里安娜‧弗朗西斯庫托‧米羅（Adriana Francescutto Miró）及其文物保護部門團隊對本展覽的精心安排，並以驚人的天賦讓展覽中各式各樣的作品得以精美呈現；感謝詹姆斯‧麥克涅夫（James McNeff）和梅根‧維瑟（Megan Visser）及其技術服務團隊；感謝攝影工作室的莎拉‧鄧肯（Sarah Duncan）。我還要感謝設計部門的伊芳‧麥肯齊（Evonne Mackenzie）；行銷部門的艾瑪‧澤特林（Emma Zeitlyn）和西恩‧詹寧斯（Cian Jennings）；媒體部門的索菲‧斯蒂爾（Sophie Steel）和夏農‧納許（Shannon Nash）；發展部門的卡蜜拉‧卡特（Camilla Carter）、史黛西‧鮑爾斯（Stacey Bowles）、伊芙琳‧柯廷（Evelyn Curtin）以及貝森‧科勞施（Bethan Korausch）；學習部門的凱瑟琳‧楊（Katherine Young）、艾莎‧麥克勞林（Asha McLoughlin）、蘭尼‧切瑞（Lenny Cherry）以及布萊歐尼‧謝柏德（Bryony Shepherd）；數位媒體部門的基斯‧黑爾（Keith Hale）和湯姆‧溫德羅斯（Tom Windross）；以及英國V&A博物館的登錄員羅西奧‧馬約爾‧桑切斯（Rocio Mayol Sanchez）。我很感謝克萊兒‧英格利斯（Clare Inglis）、丹尼爾‧史萊特（Daniel Slater）、珍‧勞森（Jane Lawson）、菲利帕‧辛普森（Philippa Simpson）、喬安娜‧諾曼（Joanna Norman）、尼克‧馬爾尚（Nick Marchand）以及蘿拉‧麥基漢（Laura McKehan）。我也要向崔斯坦‧杭特表達最深的謝意，感謝他從一開始就支持並鼓勵這項專案。

對於展覽創新和沉浸式的設計，我要感謝設計主管金娜（Na Kim）及其團隊成員李藝朝（Lee Yejou）和全山（Jeon San）所負責的平面設計，以及Studio MUTT的亞歷山大‧透納（Alexander Turner）、葛拉漢‧伯恩（Graham Burn）及其團隊所負責的3D設計。我們很榮幸能與Studio ZNA的澤琳娜‧休斯（Zelina Hughes）和索米亞‧蒙加（Saumya Monga）共同設計燈光，並與Fraser Randall的技術專案經理莎拉‧海恩斯（Sarah Haines）、蕾貝卡‧德琳（Rebecca Derrine）以及李‧史塔林（Lee Starling）合作。此外，還要特別感謝大衛‧霍根（David Hogan）、馬可‧卡里尼（Marco Carini）和西蒙‧格羅斯（Simon Gross）負責影音製作與剪輯，也謝謝Luke Halls的查莉‧戴維斯（Charli Davis）及其團隊的影音設計。

金炫敬

圖片來源

文中數字代表頁碼

照片：英國V&A博物館攝影工作室，由莎拉・鄧肯和基隆・波伊爾(Kieron Boyle)提供，除非另有說明。
© Courtesy Gwon Osang 5
Photo: HYEA W. KANG, courtesy Vogue Korea 7
Squid Game Artwork © 2021 Netflix. All Rights Reserved 8
© SM Entertainment Co., Ltd 10, 124–5
© Shin Gwang 14–15
Photo: Kevin Mazur/WireImage/Getty Images 17
Photo: Jun Min Cho, courtesy Museum of Contemporary History of Korea 18
© Kyungah Ham. Courtesy artist and Kukje Gallery.
Photo: Chunho An 20
Photo: Archive Image/Alamy Stock Photo 20
Courtesy Seoul History Museum 22
Photo: Bettmann/Getty Images 23 (above)
Courtesy Samsung 25 (above)
Photo: National Folk Museum of Korea, Seoul 25 (below)
Photo: Lee Chang-soon, courtesy Hankook Ilbo 26 (left)
Photo: Na Kyung-taek (provided by the May 18 Memorial Foundation) 26 (right)
Photo: David Madison/Getty Images 27 (left)
Photo: Str Old/Reuters Pictures 27 (right)
Courtesy LG Electronics 28, 47 (right)
©Estate of Kim Ki Chang/Woonbo Foundation of Culture. Photo © Christie's Images/Bridgeman Images 24
© Mark Henley/Panos Pictures 28
Courtesy Museum of Contemporary History, Seoul 29
© Estate of Emil Goh, courtesy Xavier Goh 31
© CJ ENM 37
© KBS, Winter Sonata / Licensed by KBS Media Ltd. All Rights Reserved 38
Photo: THE WHITE HOUSE/ADAM SCHULTZ 39
Courtesy Korea Tourism Organisation/ HS Ad 40
Photo: REUTERS/Alamy Stock Photo 43
© sahachat/123RF 44-45
Photo: Edd Thomas 47
Blizzard Entertainment 48
Photo: Jean Chung/Bloomberg via Getty Images 48
Riot Games 49
Courtesy Pulse9 52-53
Image courtesy Curzon Film 57, 74
Photo: ©Weinstein Company/Courtesy Everett Collection Inc/Alamy Stock Photo 58
Photo: Erick W. Rasco /Sports Illustrated via Getty Images 59
© Studio Dragon/CJ ENM 59 (below)
Photo: National Folk Museum of Korea, Seoul 60-61 (above)
© Nam June Paik Estate. Photo: Kristina García/Museo Nacional Centro de Arte Reina Sofia, Madrid 62
Courtesy Contents Panda 65 (above)
© 2018 2x19HD. All Rights Reserved 65 (below)

Photo: © Samuel Goldwyn Films/Courtesy Everett Collection Inc/Alamy Stock Photo 67
Courtesy MYUNGFILMS 68
ShinCine Communications 69
Photo: Photo 12/Alamy Stock Photo 70
Courtesy Next Entertainment World 72
Courtesy Lee Ha-jun. Photo: © 2019 CJ ENM Corporation, Barunson E&A. All Rights Reserved 76-77
Kingdom Artwork © 2020 Netflix. All Rights Reserved 79
© Kang Full published by Kakao Entertainment Corp 80
Kian84/Naver Webtoon 81
Ha Il-gwon/Naver Webtoon 82
© Studio Dragon/CJ ENM 83
Photo: Everett Collection Inc/Alamy Stock Photo 84
©Kwang jin published by Kakao Entertainment Corp 85
Courtesy Hybe Corp./Webtoon 86 (left)
© DUBU(REDICE STUDIO), Chugong, h-goon 2018/D&C WEBTOON Biz, published by Kakao Entertainment Corp. 86 (right)
Courtesy Naver Webtoon 88 (left)
© CJ ENM 88 (right)
Courtesy Song Jong Hee 91 (above right)
Courtesy Song Jong Hee 91 (below left)
Photo: AF Archive/Alamy Stock Photo 91 (below right)
© 2003 EGG FILMS Co., Ltd. All Rights Reserved 92
Courtesy Song Jong Hee 94
Photo: Photofest 97
© CJ ENM 88 (above), 99
Squid Game Artwork © 2021 Netflix. All Rights Reserved 98 (below)
Photo: Kim Dong-kyu, YONHAP/AP 102
Squid Game Artwork © 2021 Netflix. All Rights Reserved 103
Courtesy Song Jong Hee 105
YG Entertainment 107
Photo: Philip Gowman 109
Courtesy Hybe Corp. 110-111
YG Entertainment 113
RBW Entertainment (Rainbowbridge World) 114
Photo: Newscom/Alamy Stock Photo 115
© SM Entertainment Co., Ltd 116
Photo: Estate of David Gahr/ Getty Images 117
© SM Entertainment Co., Ltd 118
Photo: Lee Young-ho/Sipa US/Alamy Stock Photo 120 (above)
Photo: Rick Diamond/WireImage for The Recording Academy Grammy Foundation/Getty Images 121
Photo: Scott Gries/Getty Images 120 (below)
Source: Instagram, @filoblinksph 123
Source: Twitter, @Kpop4Planet, accessed on 19/09/2021 124(left)
Source: Twitter @BtsFazkook, accessed on 19/09/2021

124 (right)
Source: Twitter, @BTS_ARMY_EGYPT, accessed 19/09/2021 124 (left)
Source: Twitter @KenyaShinee, accessed on 19/09/2021 125 (right)
Source: Twitter,@BTS_National/@SenyumArmy, accessed on 19/09/2021 126 (left)
Photo: Chalinee Thirasupa/Reuters Pictures 126 (right)
Source: Facebook, Tuk-up, accessed on 19/09/2021 128 (left)
Source: Twitter, @SenyumArmy, 19/09/2021 128 (right)
Courtesy 1MILLION Dance Studio/Yak Films 131
JYP Entertainment 132
1MILLION Dance Studio 133
1MILLION Dance Studio/Ministry of Culture, Sports and Tourism Republic of Korea 134
Photo: Cho Gi-Seok 137
© SM Entertainment Co., Ltd 139
Courtesy Hybe Corp. 140
Courtesy Hybe Corp. 140
© SM Entertainment Co., Ltd 143
YG Entertainment 147
JYP Entertainment 148
Photograph: Travis Wise 149 (above)
Courtesy SM Entertainment & YouTube 151 (below)
© SM Entertainment Co., Ltd 153
Photo: JUNG YEON-JE/AFP via Getty Images 154
Courtesy KQ Entertainment 155, 157
Courtesy Hybe Corp. 159
Courtesy LG Corp History of Whoo 161
© CHANEL/Photo: Karl Lagerfeld, Courtesy Vogue Korea 163
© OCI Museum, Korea 164–165
Courtesy Suh Young Hee 167 (left)
© KBS, Hwangjini / Licensed by KBS Media Ltd. All Rights Reserved 168
Photo: © Ryukonuk, courtesy CJ ENM 169
Photo: Jihoon Jung, courtesy Darcygom 170
Photo: © Hasan Kurbanbaev 171 (above)
Courtesy Korean Ministry of Culture, Sports and Tourism/ Korea Craft and Design Foundation (KCDF) 171 (below)
Photo: Francesca Allen, courtesy Adidas 172-173
© Kim Seo Ryong 175
© KYE 176
© Minju Kim/Photo: Sangmi An/Model Leehyun Kim 177
Photo: Daniel Sachon 178
Photo: Young-Hun, Kim, courtesy D-Antidote 179
© IMAXtree.com 180–181
Photo: National Folk Museum of Korea, Seoul 184 (left)
Dong A Ilbo Newspaper Archive 184 (right)
Courtesy LG Corp. 185 (below)
© Amorepaci#c Corporation 186
Photo: e-Video History Museum/ Ministry of Culture, Sports and Tourism Republic of Korea 187
© Amorepaci#c Corporation 188
© Estate of Oh Yoon 191 (left)
© Amorepaci#c Corporation 191 (right)
Photo: SeongJoon Cho/Bloomberg via Getty Images 192 (left)
© Amorepaci#c Corporation 192 (right)
Courtesy CLIO Cosmetics and Mari Kim 193
YG Entertainment 195 (left)
© Park SoHee, courtesy Jaedam Media Co. 195 (right)
Courtesy Korean Film Archive 196
Photo: Kyungwoon Museum, Seoul 197
Photo: Shin Sunhye, courtesy Jin Taeok 199 (right)
Photo: Kim Jung-man, courtesy Maison de Lee Young Hee 200
© IMAXtree.com 202 (left)
Photo: Kyungsoo Kim, courtesy Vogue Korea 203
Photo: Hyungsook Kwon 205
Photo: Hanna Lassen/Getty Images 206
Courtesy Aaron Seong/Boon the Shop Casestudy/Shinsegae 207
Shin Gwang (Air Max 97 Neon Seoul) 208 (left)
Photo courtesy KANGHYUK Photo by Sangmin Yu 208 (right)
Photo: Amanda Schwab/Starpix/Shutterstock 210
Courtesy Gee Eun/Black Label 213
YG Entertainment 214
The Black Label/YG Entertainment 215
Photo: Number G/www.number-gd.com 216
YG Entertainment 218
© IMAXtree.com 219
ED JONES/AFP via Getty images 234-235
Photo: Chalinee Thirasupa/REUTERS/Alamy Stock Photo 237
Courtesy Lee Ha-jun. Photo: © 2019 CJ ENM Corporation, Barunson E&A. All Rights Reserved 239

索引

按首字筆畫排列

1TYM 213,215
2NE1 133
AI 萬人迷挑戰賽 52
A.c.e 135
Add 4 21
Adidas 171,207
aespa 35,54,142-144,151
Ambiguous Dance Company 40
Anna Sui 215
ATEEZ 155,157,167,169
Baemin 176
Bangtan Egypt（防彈少年團粉絲）127
BewhY 210
Big Bang 213,236
BLACKPINK 17,50,106,123,150
BLACKPINK:THE SHOW 147
　　氣候變遷 32,127-128
　　服飾 202
　　Jennie 149,189,217
　　音樂錄影帶 195
　　成功 38
Blindness 品牌 174,180
Boon the Shop（精品店）206,207,209-211
Case Study（新世界採購團隊）206-207,209-211
CDG x Rolling Stones單品 213
Chugong 86
CJ 娛樂 73
Coway 35
Cyworld 33-34
C-Zann E 167,169
D-Antidote品牌 174,179
DarcyGom 167,170
DC漫畫 63,87,89
Dolsilnai 171
ENHYPEN 86
Eternity 52,54
EXO 121,128,183
　　社群媒體 33,50
　　成功 116
　　虛擬宇宙 139,141
Facebook 32,55,80,106,128
g.o.d. 156
G-Dragon 6,162-163,213,216-218,236
Goh, Emil 34
GOT7 128
H.O.T. 153
Hankook Cosmetics 33,153-154,156
Healer.B cosmetics 11,35
Hulu 58,64
Hybe公司 86,128
HYBE娛樂 89
Jack Ü 131

JYP 娛樂 35,119,128,131,133,236
K/DA 35,50
Kakao（數位平台）47-48,70,82,87,89
KPOP 4 Planet 128
KQ娛樂 157
Leenalchi 40
LG Prada（手機）32,47-48
Lucky Cream 185-186
〈Marketing II – Bal-la-la〉（吳允作品）190-191
〈MD03/Min Ji Jo〉（Goh 作品）34
Mamamoo 131,135
Melody Cream 186
Mino 210,218
Miraepa護膚產品 190
MP3播放器 32,46,48,
MPMan F10（MP3播放器）32,46
Münn 品牌 174,181
Mymy卡帶播放器 25
Naver（數位平台）47-48,54,70,82,84,86,89,
NCT 33
Netflix 38,55,58,64,75,79,87,97,102,174
Nike 207.208,211
One In An ARMY（防彈少年團粉絲）126,129
ONEUS 114
《Produce 101》（實境節目）98-100
Paco Rabanne 系列（2021年）214-215,
PC房遊戲中心 48-49,80
Peripera Cosmetics 193
Plave 35
PRISTIN 115
Psy，〈江南 Style〉17,38,50,126,150,206
Pulse9 54
QR碼技術 84
Rain 120
Red Velvet 33,139
Riot Games 49-50
S.E.S 119,156
Saehan Electronics 47
SE SO NEON 148
Senyum Army（防彈少年團粉絲）126,128
Seongmi Juria Cosmetics 189
Seventeen 139
SHINee 125
Sioris 35
SM風格音樂表演 119
SM娛樂 54,117,120,128,150-151,236
Somang Cosmetics 190
Ssam D 210
Stray Kids 125-126
SUPER JUNIOR 117
SUPERKIND 35
Tchai Kim品牌 201-202

The Underdogs 120-121
THEBLACKLABEL 213,236
TLC 119
TWICE 125-126,131,133,148-149
TXT 86
〈Until We Rise Again〉(2020年表演影片) 134,136
《Vogue》韓國版 6,163,166,171,201,203,217
Vister 護膚產品 190-191
Vivienne Westwood 215,217
Worksout 207,209
Yeezy Boost 系列 207,209
YG 娛樂 54,147,213,236
Zepeto（虛擬人偶應用程式）48,136
《一條鯰魚救地球》(2018年電影) 65
一源多用 87,89
人工智慧 33,47,50,54,136,236
三池崇史 100
三星 21,29,32,47-49,63,67
三國時代 183
《下女》(1960電影) 21
《下女的誘惑》(2016年電影) 73,91,238
《大長今》(電視劇) 38,42-43,58,193
《大浩劫》(2009年電影) 73
《大逃殺》(2000年電影) 97,99,100
大衛·鮑伊 (Bowie, David) 139
《女高怪談》(1998年電影) 67
《山茶花女士》(1963年廣播劇) 22
《不悔》(2005年電影) 70-71
中山美穗 91
中東 32,41,115
中國 58,64,69,73,89,100,107,115,124,185,190,201
丹尼爾·薩瓊 (Sachon, Daniel) 178
丹哈·金 (Kim Danha) 195,201
元宇宙 33,35,47-48,50,54,136
公民行動（全球南方）122,124,127
《六本木 Class》(日劇) 87
六月起義 (1987年) 25
分碼多重進接技術 47
化妝品 162,183-193
化妝品包裝 192-193
壬辰之戰 (1592至1599年) 21
《天堂 I》（線上遊戲）49
《太極旗：生死兄弟》(2004年電影) 69
太陽 113,218
《夫人》(電視劇) 24
少女時代 33,121,125,133
尹胎鎬 83
尹錫湖 38,
《心跳》(1997年電影) 179
心理健康 61,108
《手機鬼魂》(條漫) 84
手機 29,32,35,37,48,50,54,70,79,82,84,89,99,106,156

《文化遺產保護法》(1962年) 21
文化科技 33
文化體育觀光部 11,12,38,42,78,134,136,201
文在寅 38
日本亞洲音樂大獎 115
日本流行音樂 108
日本殖民時期 19,21-22,24,100,106
火星人布魯諾 (Mars, Bruno) 114
世界電競遊戲聯盟 50
代工生產公司 192
冊架圖屏風 60
《冬季戀歌》(電視劇) 38,41,58
《北京青年報》58
北韓 6,19,20-21,63,67-69
卡米洛·迪亞茲·皮諾 (Diaz Pino, Camilo) 126
卡爾·拉格斐 (Lagerfeld, Karl) 163,217
卡羅琳娜·埃雷拉 (Herrera, Carolina) 201-202
古斯塔夫·克林姆 (Klimt, Gustav)，《朱蒂絲》91
可攜式卡帶播放器 26
外國電影市場 26
《未生》(條漫／電視劇) 83
《末日列車》(2013年電影) 71,73,97
本町 22
札哈·哈蒂 (Hadid, Zaha) 171,206
民主 24-26,28,58,115
《玉子》(2017年電影) 75,97
玉南宮 100
《由美的細胞小將》(條漫／真人版影集) 88
甲申服飾改革 196
申光 6,208,211
申河均 68
申奎容 174,180
申相玉 21
申哲 69
申潤福 190
白南準 62
皮奇亞·普拉切托姆隆 (ichaya Prachathomrong) 129
示威 25-26,101-102,123,125,129
光州大屠殺 (1980年) 24,26
全斗煥，少將 24-26
全昭彌 215
全智賢 69
全道嬿 91
《共同警戒區JSA》(2000年電影) 68
印尼 58,126,128
《地獄公使》(韓劇) 79
多品牌精品店 207,209
〈安靜的聆聽〉(金基昶作品) 24
安錫俊 120
《成春香》(1961年電影) 21
收音機 22,25
「朱丹鶴淑女」189

朴正熙 21-22,24,26-27,100,189
朴家粉化妝品 184
朴容貴 25
朴海日 93-94
朴素熙 166,195
朴智宣 174
朴軫永 35,119,120
朴煥盛 174
朴載範 211
朴韶熙 174
朴槿惠 38
朴範信 92-94
朴贊郁 68,70,73,91-92,238
江南 18,26,206,209
百貨公司 19,22,185,187,190
《自由夫人》(1956年電影) 21,189,196-198
艾許莉・辛克 (Hinck, Ashley) 124,126
艾瑞莎・弗蘭克林 (Franklin, Aretha) 117
艾諾碧 (愛茉莉太平洋集團) 190,192-193
串流平臺 75,79,87
伯特・巴卡拉克 (Bacharach, Burt) 117
〈你所看到的是看不見的／五個城市的吊燈 SR 01-03〉(咸京我作品) 20
努魯・薩里法 (Sarifah, Nurul) 128,
吳允,〈Marketing II – Bal-la-la〉190-191
吳賢珠 198-199
吳燁珠 185
妓生 (宮廷藝伎) 166,183
妝髮 90,92-95
宋江 126
宋康昊 67-68
宋慧喬 166
宋鍾喜 90,238
《我的野蠻女友》(2001年電影) 69-70
《我們與愛的距離》(2019電影) 65
《我媽媽是美人魚》(2004年電影) 91
《我獨自升級》(網路小說) 86
抖音 133
折疊式屏風 60
李永熙 199-201
李玉燮 65
李成秀 151
李孝利 131
李秀滿 33,154
李明博 37
李東建 88
李河俊 6,77
李炳憲 68,70
李英愛 43,68,91,193
李晚熙 68
李棟旭 162
李舜臣將軍 21-11
李滄東 70
李鍾範 84
杜拜 116,192
狄安娜・竇萍 (Durbin, Deanna) 186
谷歌韓流音樂演唱會 150

「赤古里」(上衣) 165,167,171,195
車太鉉 69
防彈少年團 17,86-87,89,149,150
　宣傳活動 32,39
　演唱會 129
　服飾 175,202
　粉絲 125,128
　音樂錄影帶 139,141-142,158
　社群媒體 50
　成功 39
亞太地區 148,236
亞洲運動會 25,35
亞倫・成 (Seong, Aaron) 207,209-211
《來自星星的你》(電視劇) 162,171
《侏羅紀公園》(1994年電影) 28
具仁會 186
奉俊昊 21,64,70-71,73,75,97
尚一保羅・高緹耶 215
岩井俊二 91
延尚昊 72-72
延展實境 54
昆西・瓊斯 (Jones, Quincy) 119-120
《明星的誕生》(日本電視劇) 99
明洞「路邊商店」192-193
《朋友》(2001年電影) 69
《東亞日報》184
東大門設計廣場 6,171,206-207
東方神起 119
河一權 82,84
法國 73,183-184,190
直播演唱會 35
社會創傷的去脈絡化 101
肯德拉・詹姆士 (James, Kendra) 114
《花樣男子》(2009年韓劇) 190
「花樣男子」護膚產品 190
金大中 29,37,68,71
金元萱 27
金氏姐妹 19,21
金永真 201-202
金泳三 28,37
金知雲 70
金俊九 84
金俊煥 186
金星公司 25
金珉禧 91
金重晚 200
金倫珍 67
金基昶 24
金基德 70
金敏珠 174
金惠順 166-168
金瑞龍 175
金慶洙 203
金融危機 28,37,80,107
金寶拉 65
《阿里郎》(1926年電影) 19
阿里郎禮服 (諾拉・盧 [Nora Noh] 設計) 198-199

俞知仁 190
《前瞻時尚》(Netflix) 174
南宮遠 190-191
南韓國旗 (太極旗) 211
咸京我,〈你所有看到的是看不見的〉20
哈桑·庫爾班巴耶夫 (Kurbanbaev, Hasan) 171
姜丹尼爾 162
姜承赫 207,209,211
姜帝圭 63,67,69
姜草 80,84
宣美 132-133
《屍速列車》(2016年電影) 73,
《屍戰朝鮮》(韓劇) 38,79
拜登 (Biden, Joe) 39
政治 17-29,36-42,59,63,68,103,106,109,115,123-129
《星海爭霸》(線上遊戲) 49
洪常秀 70
洪梁子 100
珍妮雅·金 (Kim, Jenia) 167,171
珍德 199
《相遇》(條漫) 82,84
《約定》(1998年電影) 67
「紅綠燈」遊戲 100
《美國偶像》系列 99
《美夢》(1936年電影) 185
美軍 19,23,115,209
美國聯合服務組織 19,23
《英雄聯盟》(線上遊戲) 49-51
《要聽神明的話》(2014年電影) 100
軍事統治與文化保護主義 21
風裙 (李永熙) 200
飛行青少年 156
首爾1MILLION舞蹈工作室 131,133-136,236
首爾YK Jeong x Levi快閃店 207
首爾弘大區 206
首爾明洞 187,192
首爾時裝週 206,171
首爾梨花女子大學 124
香奈兒 163
《原罪犯》(2003年電影) 70,73,92,238
孫日惠 97
《宮》(漫畫系列) 165-166
《宮野蠻王妃》(電視劇) 166
徐太志和孩子們 106-107,154
徐英姬 167,201,203
徐惠仁 217,218
挪用與欣賞 112-113
時裝設計師 167,171,198-199,201
氣墊粉餅 (艾諾碧) 192-193
泰國 6,125-129
《海市蜃樓》(白南準作品) 62
消防車 27
消費主義 22,26-27
《班傑明的奇幻旅程》(2008年電影) 92-93
《神探佛斯特》(條漫) 84
神話 156

粉絲字幕 38,42
粉絲社群 104-109,124-129
納查蓬·查洛伊庫爾 (Natchapol Chaloeykul) 125
《純情漫畫》(2008年電影) 80
財閥 (家族企業集團) 21,24,39,47,49,63,107
〈迷你房間〉(Goh作品) 34
「迷你房間」(Cyworld) 33
《馬夫》(1961年電影) 21
高麗王朝 183,190
偶像生日與慈善活動 126
國際貨幣基金 28,32,37,115,192
《寄生上流》(2019年電影) 6,17,21,39,64,66-77,97,99,103,238
專業素人 80,82,87
崔民秀 27
崔岷植 67,92
崔姜赫 211
崔卿慈 198
崔智苑 167,171
張慶燮 18
《情書》(1995年電影) 91
推特 126
條漫 35,48,56-64,70,78-89
《梨泰院Class》(條漫/韓劇) 84,87,89
《殺人回憶》(2003年電影) 71
深作欣二 97,99
現代汽車 28
第二十六屆聯合國氣候變遷大會 32,127-128
統一 59,63,106
莎拉·華特絲 (Waters, Sarah),《指匠情挑》73
軟實力 17,28,29-42,109,115
郭在容 69
郭曔澤 69
雪花秀化妝品 190
《魚》(1999年電影) 39,63,67-69,75
凱瑟琳·桂 (Kye, Kathleen) 174
《喜歡的話請響鈴》(韓劇) 79
景福宮 6,22
朝鮮王朝 18-19,60,79,108,162,165-166,183,185,190,196
森本樂瑞 129
殖民主義與資本主義下的韓國 100
華莎 135
《虛實之間》(趙智石與Lia Kim著作) 136-137
虛構宇宙 138-142
虛擬化身 33,35,50,54,82,84,142
虛擬實境 33,54
街頭風格 106,205-207,209-211
街頭霸王 139
集體行動 123-124,129
《黃真伊》(電視劇) 165-166,168
黃東赫 75,101-103
黑人的命也是命 123,128
黑人流行文化 113-114
《愛的迫降》(韓劇) 59,63,171
《愛情故事》(姜草條漫作品) 80,84
《愛情是什麼》(韓劇) 58

「愛茉莉淑女」186,189,193
愛茉莉太平洋集團 186,188-190,192-193
「感受韓國的節奏」宣傳活動 40
「新女性」184-185
新鄉村運動（1970年代）100
新儒學思想 18
新羅王國 183
《禁止銷售特定外國商品法》（1961年）189,192
經濟合作暨發展組織 29,48
蒂妲・史雲頓（Swinton, Tilda）71
詹姆斯・卡麥隆（Cameron, James）67
賈斯汀・提姆布萊克（Timberlake, Justin）114
跨媒介敘事 35,84,87,89
路易威登 211,218
運動鞋 206-211
《電影法》（1986年）63
旗安84 81
漫威 63,87,89,139
瑪莉・官（Quant, Mary）215
瑪麗蓮・夢露（Monroe, Marilyn）19,23
維吉爾・阿布洛（Abloh, Virgil）210-211,218-219
維新改革 22
網石遊戲 35,86
《誤發彈》（1961年電影）21
趙光真 84,87
趙容弼 26
趙峻民 18
趙智石 136-137
《輕犯罪法》（1973年）22,26
辣妹合唱團 139
劉英振 117,119
嘻哈風格 211
德姆納・格瓦薩里亞（Gvasalia, Demna）216
《慾謀》（2013年電影）73
摩城唱片 108,115
數位娛樂 32
數位遊戲 47-50
「歐巴的部隊」26
歐瑪瑞恩 119-120
編舞 130-136
蔘美化妝品 188-189
蔡龍臣 164
《複讀王》（條漫）81
鄭允基 171
鄭具盛 135
鄭智宇 92-93
鄭智勳 170
《魷魚遊戲》（韓劇）6,17,58,75,96-103
學校制服 171
橙子焦糖 110
歷史劇（史劇）38,42,58,166,193
盧武鉉 37
《親切的金子》（2005年電影）91
諾拉・盧（Noh, Nora）198-199
錄影機 26,63
《駭人怪物》71
壓迫和壓制 27

《殭屍校園》（韓劇）58
縫紉用品店 205
聯合國兒童基金會活動 32,39
謎尚（Able C&C）192
韓石圭 67
韓亞航空 43
韓服（民族服飾）22,32,42,58,165-181,194-203
韓服裏裙 165
韓服褲子 165,196
韓國工藝與設計基金會 171
韓國文化產業振興院 79,89
韓國冰上曲棍球 59
韓國流行音樂 6,17,19,25,35,37,38,46,54,89,99
　　氣候變遷 127-128
　　跨文化力量 113-121
　　偶像 32,39,61
　　陽剛 152-159
　　社群媒體 33,50,104-109,123-129
　　影片中的符號 138-143
　　練習生 27,108
　　YouTube 146-151
韓國流行音樂節 37,38
韓國貿易投資振興公社 38
韓國奧運會 25,27,59,63
韓國電影振興委員會 64,71
韓國廣播倫理委員會 22
韓賢旻 174
韓戰（1950至1953年）19-21,26,67,189,196
韓瀅模 21,189,196
擴增實境 33,54,84
職業體育聯盟 25
雙龍汽車靜坐示威 101-103
羅雲奎 19
羅德娜・「奇卡」・貝爾（Bell, Rodnae 'Chikka'）120
寶兒 131
《鐵達尼號》（1998年電影）39,67,68
《蘿莉塔：情陷謬思》（2012年電影）92-95
體育（Sports）、性（Sex）以及螢幕（Screen）（「3S」的文化政策）25